一个媒体人的行与思

龚政文 著

湖南文艺出版社

图书在版编目（CIP）数据

一个媒体人的行与思 / 龚政文著. -- 长沙：湖南文艺出版社，2024.2

ISBN 978-7-5726-0876-6

Ⅰ. ①一… Ⅱ. ①龚… Ⅲ. ①传播媒介-中国-文集 Ⅳ. ①G219.2-53

中国版本图书馆CIP数据核字(2022)第178050号

一个媒体人的行与思

YI GE MEITIREN DE XING YU SI

作　　者：龚政文
出 版 人：陈新文
责任编辑：徐小芳　李雪菲
项目统筹：肖　旻　徐小芳
装帧设计：文　俊 | 1204设计工作室（北京）
内文排版：楚为科技
出版发行：湖南文艺出版社
（长沙市雨花区东二环一段508号　邮编：410014）
印　　刷：长沙超峰印刷有限公司
开　　本：710 mm × 1000 mm　1/16
印　　张：25.5
字　　数：283千字
版　　次：2024年2月第1版
印　　次：2024年2月第1次印刷
书　　号：ISBN 978-7-5726-0876-6
定　　价：72.00元

CONTENTS

目 录

01 第一辑

02 第二辑

01 第一辑

文化强国建设，广播影视何为

党的十七届六中全会把文化建设明确为国家战略，第一次提出建设社会主义文化强国的战略目标，意义十分重大，充分说明了中国共产党乃至整个中华民族的文化自觉、文化自信和文化自强意识。当下的中国在国际上是一个有影响的政治大国，经济上应该说已经或即将进入强国之列，但在文化上，我们还只能说是文明古国、文化资源大国，还远远算不上文化强国。建设文化强国，人心所向，此其时也。

文化强国，强在何处？广播影视工作又如何呼应？

我认为，文化强国，涉及诸多方面，但最主要的是，强在核心价值观，强在文化综合实力，强在标志性文化产品，强在文化名家大师。湖南广电应该在这四个方面发力，为建设文化强省、文化强国作出自己应有的贡献。

把核心价值观灌注到广播影视创作生产传播全流程

核心价值观的强大是根本性的强大，是关键性的软实力。党的十六届六中全会强调指出：社会主义核心价值体系是兴国之魂。西方讲普世价值，也讲核心价值。西方政治家一天到晚念叨“民主”“自由”“人权”，他们认为自己的核心价值就是普世价值。不可否认，这些价值在全世界确实有较为广泛的吸引力、感召力。中国讲核心价值，但对西方的所谓“普世价值”存有疑虑，因为一讲“普世价值”，就把我们自己的一些核心价值观消解了、淹没了，也体现不了中华文明中积淀下来的一些传统价值观。目前关于社会主义核心价值体系的表述，非常正确、非常全面，但并不是确立这个体系就万事大吉了。至少还有两个工作要做，一是要概括和凝练，将核心价值体系具体化为核心价值观，提炼出精练准确、简明易懂、普遍认同和自觉遵循的概念，如西方的民主、自由、人权，如中国古代的“仁义礼智信”。二是要推广和践行，“把社会主义核心价值体系融入国民教育、精神文明建设和党的建设全过程，贯穿改革开放和社会主义现代化建设各领域，体现到精神文化产品创作生产传播各方面”。特别是要内化为高度的公民素质，外化为良好的文明风尚。现在中国人无论是去西方，还是去日本、韩国，回来后最大的感受，已不是他们的高楼大厦、基础设施、现代化建设水平，而是其社会文明程度和公民素养。在这方面，我们的差距还很大，要走的路还很长。

对于广播影视来说，导向金不换，价值观是灵魂。应该把“导向立台、价值观立台”作为广播影视工作的根本要求，做到把核心价值观灌注到广播影视工作全流程，把引领思想道德风尚体现到广播影视全领域。所有栏目节目、所有电视剧、所有晚会活动都要弘扬正确的价值观，都要严肃考虑传播效果，最大限度发挥广播影视引领风尚、教育人民、服务社会、推动发展的作用。

尽管面临着新媒体的冲击，广播影视在老百姓的文化生活中仍然占有突出位置。据调查，当下人民群众的文化消费中有 75% 的时间是在看电视，在看电视的时间中有 75% 是在看电视剧，近几年广播重新进入上升通道，电影也在复兴。网络上的许多内容也来自传统的广播影视生产机构。在传播核心价值观和引领思想道德风尚方面，广播影视责无旁贷。而且广播影视产品不同于理论宣讲，主要是通过寓理于情、寓教于乐的方式，或者潜移默化，或者现身说法，来完成自己的传播和引领使命。这就要求我们心中有责，手上有活，坚持正确导向，创新表达方式，做到传播效果最大化、最优化。

把广播影视综合实力做大做强

文化的强是综合的强，既体现在公益性文化事业的繁荣，也体现在经营性文化产业的强盛；既体现在公共文化服务体系的健全、人民群众文化权益的保障，又体现在文化市场的活跃、人们多方面多层次多样化文化需求的满足；既表现为文化软实力，也表现为文化硬实力。

从广播电视来说，应该说兼具公益性与产业性、基础性与多样性。作为党和政府设立的电台电视台，湖南广电无疑承担着宣传方针政策、传播主流声音、通达社情民意的功能；作为公共媒体，无疑应该符合公共利益，承担社会责任，满足最大多数人的收听收看需求。但是广播电视绝不是纯事业的性质、纯公益的功能。随着社会主义市场经济的发展，广播电视已经发育出强大的产业功能，成为中国文化产业的主力军。美剧来袭，韩流汹涌，激烈的国际文化竞争不允许我们让广播电视仅仅停留在图书馆博物馆的状态。广大电视观众也不会满足于仅仅在电视上看看新闻联播和公益节目，而是需要丰富多彩的、雅俗共赏的或分众化的剧节目。这就需要我们尽快把广播电视的综合实力做大做强。没有强大的吸引力、影响力，没有强大的广告吸附功能，没有可观的经营收入，我们的广播电视无法在国际上获得话语权，文化强国也无从谈起。

因此，在确保导向正确、承担社会责任的前提下，应该理直气壮、坚定不移地开拓产业功能，做大做强广播电视产业。这首先是要把广播电视内容生产做好，增强剧节目的感染力、影响力，提高剧节目的收听率、收视率。其次是要开拓市场，尽可能放大优秀内容的经济效益。现在，优秀的电视剧、品牌性的电视节目，已经成为电视的两大广告支撑。湖南卫视的“金鹰剧场”，在未包括中插广告的情况下，2012 年冠名费即达近 2 亿元；江苏卫视的《非诚勿扰》，2012 年的广告总标额已达到 18 亿元，成为综艺节目“吸金王”。除广播电视自身平台外，新媒体特别是视频网站具有极大的开发价值，一集电视剧的网络版权可以卖到一百多万元。网络已经成为广播电视内容新的利润增长点。此外，广播电视的相关产业、衍生产品空间广阔，也需要我们把每一个链条做好，把每一个领域开发好。

不断增强综合实力，必须继续推进改革创新。改革创新是党的十六大以来湖南广电的主题词。20 世纪 90 年代以来，湖南广电经历了三轮改革，实现了体制机制的不断创新，体制机制的创新又催生了节目栏目和赢利模式的创新。这才有了《快乐大本营》《天天向上》，有了“超女”“快男”，有了一大批自制剧和独播剧。大力度的改革和高频度的创新，使湖南广电宣传大提质、产业大发展、品牌大升级。党的十七届六中全会通过的《中共中央关于深化文化体制改革、推动社会主义文化大发展大繁荣若干重大问题的决定》指出，文化是最需要创新的领域。展望将来，湖南广电要在如林的国内上星频道中继续保持领先地位，在国际电视领域占有一席之地，舍继续改革创新别无他途。

把广播影视精品创作摆到更加突出位置

党的十七届六中全会提出：“创作生产更多无愧于历史、无愧于时代、无愧于人民的优秀作品，是文化繁荣发展的重要标志。”三个“无愧于”，说起来容易，做起来难。人们都认为我们这个时代是应该出大作品的时代，人们又大多对当下的创作不满意。古代中国的文学艺术光彩夺目，1919—1949 年民国时代出了不少传世之作，就是新中国成立初期的十七年也还留下不少好东西，“三红一创”、老电影、“红歌”、一批革命现实主义美术作品，都有经典意义。相比之下，现在文艺界很热闹，作品数量很多，2010 年 526 部电影、14000多集电视剧、1000多部长篇小说，人们好评的不多，能留下来的更少。获奖的作品人们也不一定买账。当前社会文化氛围整体是浮躁的，创作者浮躁，受众浮躁，电台电视台出版商影视公司也浮躁，炒作得厉害的恰恰可能是水平低劣的东西。另一方面，创作者思想不够解放，视野不够开阔，有形无形的条条框框比较多，也是造成传世之作难出的原因。

电视本是一种快餐文化、娱乐文化、即时消费文化，电视从业人员有时候不得不顺应这种快餐性、娱乐性、即时性，但也要努力抵抗、超越这种快餐性、娱乐性、即时性。一段时期中，我国的广播电视存在一种“高台教化”的弊端，姿态比较僵硬，模式比较单一，语言比较干涩，面目不太可亲。湖南广电力图克服这一缺点，比较注重研究受众的文化需求和收视心理，在平民化、青春化、分众化、多样化上下了较多功夫；比较注意节目的收视率和黏性度，在娱乐性、休闲性上做文章，形成了独特的节目品牌，创新了电视文化形态，拓展了电视文化空间，丰富和满足了大众的精神文化生活。但是，人们确实期待电视不要尽是娱乐节目，特别是同质化、低俗化的娱乐节目，确实希望电视节目能做出一点深度，做得更有思想更有文化一点，做得更动情更感人一点，也就是要推出更多的电视精品。

持续不断地打造和推出影视剧精品大片，是社会各界对湖南广电的期待，是一个有影响力的主流大台的应有担当和文化使命，也是抢占文化产业制高点的需要，是提高湖南广电美誉度的需要。在这方面，我们现在有高度的自觉，有明确的战略，已经把精品大片生产作为立台的三大支撑（新闻、栏目节目、精品大片）来部署，也在扎实地推进。我们现在提出“两个对接”的思路来抓影视大片生产。一个是对接中央和湖南省委对文化精品创作的要求，瞄准党的十八大，站在影视领域的最高点、最前沿，集中精力抓出一批作品。另一个是对接湖南卫视的转型，推出一批能够制造收视亮点，有利于保持并提升湖南卫视品牌的电视剧。我们希望通过一段时间的努力，推出一批叫好又叫座的电影、电视剧、专题片，为建设文化强省、文化强国作出应有的贡献。

把培育名家作为品牌建设重点

人才强才是真的强，文化的竞争主要是人才的竞争。“屈平辞赋悬日月，楚王台榭空山丘。”一个美国总统对世界的长远影响没有乔布斯大，沈从文对凤凰的贡献超过熊希龄。袁隆平的品牌价值超过 1000 亿元，齐白石的影响遍及全世界。文化名家大师是一个国家的核心品牌。一个杰出人物的出现，对一个国家美誉度的提升、影响力的扩大，其作用远远超过 GDP、高楼大厦。

在文化人才方面，湖南广电不说有多少名家大师，但也汇聚、造就了一批高端人才，包括魏文彬、欧阳常林这样的文化产业领军人物，汪炳文、张一蓓这样的制片人，李兵、何炅、汪涵、张丹丹这样的主持人。这是湖南广电的核心竞争力，是我们制胜、领先的根本。但是目前湖南广电的人才队伍也存在后继乏力的危机，特别是主持人现状不容乐观。一是真正有全面的修养、有思想、有深度的主持人还不够多，像美国的名牌主播那种有长久的职业生命的主持人更是凤毛麟角；二是后继乏人，老面孔太多，新人出不来，顶不上。培育新的文化人才，需要我们有宏观的战略和扎实的推进，有资源、待遇向专业人才特别是一线人才倾斜的政策导向，有包容个性、允许失败的气度胸怀。一直以来，湖南广电有鼓励创新的文化，有能者上庸者下的机制，有拼搏坚韧的精神，有人才辈出的土壤。它造就了湖南广电过去的辉煌，也将支撑全台顺利完成正在进行的转型升级、自我超越，保持在全国的领先地位。

（2011 年 10 月）

带着思考走，怀着感情转，对着问题改

——湖南广播电视台开展“走转改”活动的实践与思考

2011 年 8 月以来，按照中宣部的统一部署，湖南广播电视台积极、深入、持久开展“走转改”活动，建立一百多个基层联系点，派出记者一千两百多人次赴基层采访，开设“走转改”专栏十八个，每天播发各类“走基层”稿件三十多条，共播发各类“走基层”新闻近四千条，以实际行动践行着新闻工作者的使命和担当。

做法

（一）上下联动一起走。在这场“走转改”活动中，从台长到刚刚入职的年轻记者，从从业 40 余年的老新闻人到刚走出校门的实习生，都深入田间地头、工厂矿山、建设工地、街巷小镇，他们脚踏在三湘四水的土地上，掬起生活源头的一泓泓活水清泉，做出了许多清新、亲切、朴实、温暖的新闻报道。2011 年 9 月，台长欧阳常林来到张家界乡村音乐节现场和长沙市开福区蔬菜生产基地，以一名普通记者的身份采访；同时要求全台“走转改”一定要长期坚持，新闻报道要有高度、有深度，更要有温度。台其他领导也深入生产生活现场进行采访报道和工作调研，以实际行动落实“走转改”要求。

（二）建立基地把根扎。全台建立了邵阳市隆回县虎形山瑶族乡、隆回县大水田乡香溪村、邵阳市城步苗族自治县、怀化市沅陵县沅陵镇馒头咀村、株洲市炎陵县下村乡同乐村、郴州市桂阳县特教学校、怀化市通道侗族自治县独坡乡新丰村等多个基层联系点。这些联系点已成为记者挂职或长期蹲点的基地，成为他们的新闻信息源、实践大课堂和作风训练营。湖南卫视编辑记者连续三年到沅陵、隆回等地挂职蹲点，很多好新闻就是在蹲点的日子里产生的，如袁隆平院士创亩产 926.6 公斤超级稻纪录、隆回县治理乡镇干部“走读”现象等；湖南经视、广播传媒中心等媒体也安排记者、主播分批深入基层一线，进行调查研究，形成了一批有价值的调研报告。

（三）新闻立台整体转。“走转改”的成果首先体现在新闻报道中。依托“走转改”，全台推出了一批新闻专栏，报道走基层采写回来的新闻。湖南卫视《湖南新闻联播》推出《和你在一起》专栏，湖南经视开设《走近夜归人》《经视记者在基层》等专栏，湖南都市推出《从心出发走基层》板块，广播传媒中心多个栏目挂牌播出《我们在身边》特别报道。2012 年春节，湖南广电卫视、经视频道、广播传媒中心三十多组记者深入红色老区、边远村寨、生产一线，推出了《武陵人家》《街拍十四城》《新村心声》等一百五十多条“新春走基层”系列报道。其次，借助“走转改”，我们坚决贯彻落实国家广电总局《关于进一步加强电视上星综合频道节目管理的意见》，提出“积极创新、主动调整、转型升级、自我超越”的口号，加强“新闻立台”，创新推出一批新闻栏目和纪实性节目。前者有《播报早看点》《新闻公开课》《新闻当事人》等，大力加强新闻资讯的引导性、服务性；后者有《变形计》《平民英雄》《辨法三人组》，节目定位贴近基层，关注平民百姓的现实生活、情感需求、道德信仰、价值追求，既做社会生活的记录者，也立志成为社会进步的推动者、社会稳定的护航者。

（四）从心出发解难题。走基层不是形式主义的应景文章，不是在城市待得无聊的作秀之举。不但身要下去，心更要下去；不但要付诸行动，更要投入情感；不但要完成报道任务，更要帮人民群众排忧解难。走基层让我们的记者成为老百姓的“心”记者，让我们的媒体成为社会的“心”媒体。湖南卫视在隆回县颜公中学启动“芒果青春励志基金”，筹集善款、图书，制订帮扶计划，激励学生立志成才。广播传媒中心记者在炎陵县采访时了解到当地黄桃滞销，急果农之所急，发回大量报道，为黄桃找销路，在短短 36 个小时内成功义卖黄桃近 2 万斤，为 8 名炎陵贫困大学新生筹集助学金 24.4 万元。都市频道记者张欣嬿到沅陵县馒头咀村蹲点时，发现这个村严重缺水，通过连续两个月的报道，引来社会各界的援助，为馒头咀村开通了清洁供水系统。村民们亲切地把张记者称作“张家小妹”。不仅如此，在老百姓遇到天灾人祸、面临严重困难的危急时刻，我们的新闻工作者秉持“人饥己饥，人溺己溺”的大爱情怀，紧急响应，媒体联动，开展救助，一盯到底，取得良好效果。2012 年 2 月 13 日，怀化市通道县两个村庄发生严重火灾，湖南广电多媒体联动，迅速打响了一场集结爱心、紧急驰援的新闻战役。湖南经视连夜派出 5 路记者深入救灾一线，反映灾民的生活状况和需求；金鹰 955 电台的 85 后年轻记者，独自在救灾一线坚守 7 天，发回大量感人至深的现场报道；广播传媒中心交通频道推出《爱心接力》特别节目，为灾区募集了 270 多万元善款；电视剧频道发起内部募捐，募集了 5 万元现金并及时送达灾民手中。

思考

“走转改”释放了新闻媒体弥合裂痕、促进和谐之功。当前，中国各方面都在不断发展进步，但社会裂痕也有进一步扩大的趋势，贫富差距的拉大、利益分化的加剧、发展模式的争论、价值观念的冲突，似乎从未像今天这么明显。这种社会现实给新闻媒体的职责承担带来了困扰。“把体现党的主张与反映人民心声统一起来，把坚持正确导向与通达社情民意统一起来，把坚持正面宣传为主与加强和改进舆论监督统一起来”，似乎成为不可能完成的任务。主流媒体的报道设限较多，模式化严重，公信力受到挑战。有时明明披露的是事情的真相、传达的是正确的声音，却得不到受众的认同；网络媒体那些不靠谱的消息、情绪化的议论、撕裂社会的语言，却不胫而走，引导着舆论的方向。这种现象让每一家有责任感的新闻媒体都在寻找突围方向。“走转改”活动的开展，让主流媒体找到了弥合裂痕、彰显价值、增强公信力和亲近感的最佳途径。

带着责任，带着思考，带着情感，我们的记者奔赴基层，脚踏在坚实的土地上，身沉潜在生活的深处，心贴近老百姓的喜怒哀乐，传达他们的诉求，让党和政府、主流社会倾听他们的声音；同时又把政府的作为、社会各界的力量激发出来，为他们实实在在地排忧解难。如此，戾气可以化解，鸿沟可以填补，社会的和谐稳定可以促进。“走转改”释放的这种力量，已经超出了媒体的传统职责。

“走转改”满足了新闻工作者认识社会、提升自我之需。在中国，一线新闻工作者是一个年轻化的群体，甚至被称为吃青春饭的行业，湖南卫视新闻联播的编辑记者平均年龄只有 26 岁。这样一支以“80 后”甚至“85 后”为主体的新闻队伍，思想活跃，感觉敏锐，专业素养和外语水平高，运用工具的能力强。但不可否认，他们很多是独生子女，来自大城市，生于温柔富贵之乡，长于锦衣玉食之家。他们的大局观，他们的历史文化修养，他们的生活经验，他们对国情的了解，都有很大的欠缺，有时甚至闹出一些笑话。这样一个年轻的新闻群体，要承担主流新闻宣传的重任，确实还需要更多的历练。过去新闻记者进台以后，我们有各种政治和业务培训，有艰苦奋斗精神的教育，但光有这些还不够，还必须“走转改”。“走转改”有助于扩大新闻工作者的视野。湖南卫视记者易军，先是挂职担任隆回县委宣传部副部长，后又兼任一个乡镇的副书记，每天与基层最具体最尖锐最复杂最难处理的矛盾打交道，眼界大开。“走转改”有助于增长新闻工作者的才干。新闻中心记者胡昌健在沅陵县挂职期间，利用信息技术，把蔬菜的生长情况和周边环境实时传输到网络上，为蔬菜合作社搭建网上实时供销平台，人称“直播放心菜”。如果不是“走转改”，他根本想不到也做不到这一点。“走转改”有助于增强新闻工作者的使命感。参加通道救灾报道的经视频道记者张倩说：“通过‘走转改’，我的职业理念有一次重大转变，去通道县采访前我是凭兴趣当记者，现在我觉得自己有一种职业使命。”“走转改”有助于转变新闻工作者的作风与文风。湖南卫视《变形计》记者刘仕卫说：“我现在的稿子不再刻意追求华丽的修饰，而是体现平实自然的感情，写文章这样，做人也这样。”

“走转改”找到了新闻节目（栏目）吸引受众、焕发生机之途。主流媒体的新闻节目（栏目）要服从和服务于党和政府工作大局，有所为有所不为。既不能搞那些耸人听闻的“猛料”式新闻，也不能一天到晚围着“一地鸡毛”式的生活转，搞“三破”（破碎情感、破碎家庭、破碎婚姻）式的民生新闻。但它又要发挥新闻的主阵地、主平台作用，把新闻做得鲜活生动，吸引受众，在与网络媒体的竞争中确立优势。怎么办？根本还得靠“走转改”。把镜头从会议室转移到田野大地，把焦点从“华威先生”转移到草根群众，把话题从官样文章转移到民生关切，同时切实改进报道的文风、语态，摒弃那些华而不实、不知所云的空话套话，增强报道的艺术性、感染力。在这方面，中央电视台同行给我们做出了榜样。他们用做连续剧的方式来做“走基层”，令人耳目一新。我们也从自己的实践中有所体会。今年（2012 年）以来，湖南卫视新上档的思想道德类节目《平民英雄》和《变形计》，带有强烈的新闻性、纪实性，完全是“走转改”的产物，也符合“走转改”的要求。《平民英雄》聚焦于生活中涌现出来的真实的草根英雄，还原他们的英雄行为，展示他们朴实而感人的高光时刻；《变形计》采取跟拍的方式，将城市与乡村不同环境下不同面貌的少年身份互换的过程、所带来的变化客观呈现在观众面前，既像纪录片，又如同故事片。两档节目获得同时段全国上星频道平均排名第四的表现，得到社会各界的认可。

打算

未来湖南广电将在总结既往经验的基础上，把“走转改”活动扎实深入地推进下去。主要的考虑是：（1）要把“走转改”与党和政府的中心工作、媒体的主题宣传结合起来。“走转改”不是为走而走，不是简单的原生态，不能搞那些看似感性但没有多少新闻含量、社会意义的生活记录。要围绕“稳中求进”“四化两型”“四个湖南”“两个加快”“两个率先”“学雷锋”“湖南精神”等做好“走转改”，寓理性于感性之中，寓主题于故事之中。（2）要把“走转改”向整个广播电视领域延伸拓展。“走转改”不能仅限于新闻栏目，科教、道德、文化甚至是综艺、娱乐节目都要开展“走转改”活动，贯彻“走转改”要求。（3）要推进“走转改”的常态化。“走转改”是新闻本质的回归，不是短期行为。必须建立领导和业务骨干带头机制、时段保障机制、考核激励机制，使“走转改”常态化，让广播电视工作者真正走得实，走得远，走得勤，走得久，走得亲。

（2012年4月）

舆论引导工作一定要把握好时、度、效

习近平总书记8·19重要讲话，提出了指导新闻宣传和舆论引导工作的一系列重要指导思想和方针原则，包括：坚持党性和人民性的统一；坚持党管媒体原则不动摇；坚持政治家办报、办刊、办台、办网站；把坚持正确导向摆在首位；坚持团结稳定鼓劲、正面宣传为主；要敢抓敢管，敢于亮剑，有理有利有节开展舆论斗争特别是网上舆论斗争；要增强阵地意识，坚持守土有责、守土负责、守土尽责，等等。在此基础上，习近平同志还提出了舆论引导工作的时、度、效问题。

所谓“时”，就是时机；“度”，就是尺度、分寸；“效”，就是效果。把握好时、度、效，就是要在最合适的时机，以最精准的尺度、最恰如其分的分寸，做好舆论引导工作，求得最佳的引导效果。首先，什么问题第一时间报道，什么问题看看后续发展再报道，这里有个时机问题。现在媒体竞争激烈，都在强调快速反应，

关于提升主流媒体“公信力、传播力、影响力”的调研报告

近年来，湖南广播电视台始终坚持正确导向，始终坚持责任担当，始终坚持改革创新，在放大主流媒体引领作用、提升主流媒体话语权方面积极探索，公信力、传播力、影响力不断提升。

一、湖南广电“公信力、传播力、影响力”基本情况

（一）湖南卫视领航业界

到 2012 年为止的连续 10 年，湖南卫视全天时段收视和广告创收稳居全国省级卫视第一。自 2011 年起，湖南卫视单频道广告创收突破 50 亿元大关。根据 CTR（央视市场研究）公布的报告，目前，湖南卫视品牌影响力居全国第二位，仅次于 CCTV-1；媒体影响力指数是平均水平的 4.8 倍，远超排名第二的省级卫视将近两倍。在 2013 年世界品牌实验室发布的“中国品牌 500 强”和“亚洲品牌 500 强”排行榜中，湖南广播电视台分列总榜第 108 位和 146

位，居媒体品牌前列；在亚洲电视 10 强品牌中，位居韩国 KBS 之前，列第 5 位。湖南卫视台标“”是迄今为止传媒业界唯一的“中国驰名商标”。湖南卫视还是唯一进入美国主流电视网的中国省级电视台。

（二）广播传媒与时俱进

广播传媒中心通过强化内部资源整合，构建起一个渠道多元、功能完整的全媒体融合传播平台，实现了传播效果的最大化。2012 年，广播传媒收听市场份额在长沙市超过 80%，长株潭地区接近 70%，其中交通频道市场份额达 35%，是全国广播单频率收听冠军。由广播传媒中心原创的“祥和中国节”系列活动还原中国传统节日的文化内涵，成为“声动”业界的经典。

（三）地面兵团各擅胜场

以湖南经视、都市及公共频道为代表的地面兵团，不断强化特色定位，通过对核心观众群的影响，壮大了湖南广播电视台的公信力、传播力、影响力。其中，湖南经视以专业的大事件直播活动和主题性特别报道打造品牌形象，收视名列湖南电视媒体前茅。都市频道坚持关注民生，以正能量的传播塑造影响力和公信力，连续两年获得地面频道长沙市场全天收视第一和“全国民生类省级频道十强”。公共频道专注打造湖南最具温度的公益慈善频道，先后两次荣获“中华慈善奖”。

（四）新媒体加速前行

以芒果国际、快乐阳光为代表，湖南广电新媒体后发赶超，全速前行。尤其是金鹰网，依托湖南卫视的内容、品牌优势，积极推进一流娱乐门户网站建设，影响力越来越大，目前，金鹰网日均独立用户 71 万，较上年同比增长 48%。

二、湖南广电“公信力、传播力、影响力”建设的理念和做法

（一）坚持做有责任感的媒体

新闻立台，以正确的舆论引导人。全台始终把新闻宣传摆在第一位，不仅人、财、物无条件保证新闻节目，在节目编排、激励机制等方面，新闻宣传也得到重点扶持。近年来，围绕建党九十周年、党的十八大等宣传主线，结合湖南省委、省政府中心工作，全台新闻队伍高扬主旋律，深化“走转改”，连续成功组织战役性宣传报道，有效发挥了主流媒体的舆论引导作用，为湖南经济社会发展营造了良好的舆论环境。新闻类节目公信力、传播力、影响力不断提升：2012 年卫视《湖南新闻联播》省内份额 13.96%，位居第一，2013 年推出的系列报道《县委大院》引发社会各界强烈反响；《平民英雄》平均份额 2.54%，居全国第四；《新闻大求真》平均份额 1.99%，居全国第七；《播报多看点》平均份额 2.35%，居全国第九；经视频道《钟山说事》之“高考天问”，仅网络点击量就超过两亿人次；都市频道《都市一时间》《世界大不同》等新闻节目收视居高不下，社会反响良好。

活动缤纷，以主流的文化鼓舞人。湖南广电通过连续成功举办金鹰节、“汉语桥”、“成人礼”、“与未来有约”等主流晚会和重大节庆活动，实现了收视、口碑双丰收，有力提升了广电形象和湖南

形象。2012 年第九届中国金鹰电视艺术节，创下了办节以来创新亮点最多、收视影响最大、传播效果最佳等多项纪录，将金鹰节的品牌提升到新的高度。其中的“主持人盛典”，放大电视主持人核心资源，打造了全新的节目形态，收视份额高达 6.74%，居全国同时段第一。第十一届“汉语桥”世界大学生中文比赛决赛吸引了 70 多个国家的 100 多名大学生参赛，有力地弘扬了中华文化。

娱乐升级，以励志的情怀感染人。早在 2002 年，湖南卫视就率先提出全力打造“最具活力的中国电视娱乐品牌”，湖南卫视因此成为国内所有电视媒体中，对自身品牌进行清晰定位与形象区隔的第一家。此后，通过对综艺、娱乐节目的不断创新升级，湖南卫视寓教于乐，传递正能量，受到了电视观众尤其是年轻观众的热烈追捧，在国内外产生了广泛影响。

特别是 2005 年开始，湖南广电推出了《超级女声》《快乐男声》等选秀节目，其传播力、影响力，远远超出一个电视节目本身，变成了公共话题。节目先后打造了李宇春、张靓颖、张杰等一大批青春偶像，李宇春还登上美国《时代》杂志封面。这些电视偶像健康阳光，激发了青少年观众青春向上的力量。2013 年，湖南卫视于上半年推出《我是歌手》节目，社会各界好评如潮。下半年推出的亲子励志真人秀《爸爸去哪儿》，感动了无数观众。

（二）坚持受众为本

我们深知：受众在媒体眼中的分量有多重，媒体在受众心中就有多重；受众对媒体的喜好程度，决定媒体“三力”的高低。多年来，我们坚持以受众为本，创新求变，千方百计满足受众的需求。

得到最大尊重的受众，反过来给予湖南广电最热忱的回报。传播者和受众之间新型关系的建立，让湖南广电的公信力、传播力、影响力始终拥有了最坚实的群众基础。观众将湖南台亲切地称为“芒果台”，湖南广电很快采纳了这个昵称，并迅速将“芒果”的标志拓展到全台各个领域。从 2010 年起，湖南卫视连续两届举办“金芒果粉丝节”，湖南卫视的忠实观众成为“粉丝节”活动中的最大主角。2012 年，湖南广电领国内媒体风气之先，专门为观众修建了一座粉丝楼，通过贴心的设施和服务，打造起粉丝们的专属空间。从此，粉丝们候场参加湖南卫视节目，不用再担心日晒雨淋，还可以享受各种贴心服务。湖南台还通过新兴的网络微博、微信平台与观众和粉丝亲密互动，打破了电视与观众间的“墙”，有效提升了自身的人气和观众缘。

实践证明，提升“三力”，媒体必须放下身段，真诚面对观众；如果高高在上，受众敬而远之，主流迟早变支流。

（三）坚持把创新作为第一动力

通过创新解放生产力。湖南广电在国内媒体中较早提出产业化发展的理念，为此进行了一系列的体制机制创新：最早推出制片人制度，把人、财、物权下放给制片人；最早创新内部体制机制，调动人才积极性。尤其是通过创办全新的湖南经视，给当时暮气沉沉的湖南电视台带来巨大压力，很快激活了内部的竞争。这才有了后来的湖南卫视。激活湖南卫视有两个结果：一是开始思考创新方向和路径；二是在节目创新上的成功，让湖南卫视有信心走出湖南，转向全国更广阔的市场。

通过创新塑造独特品牌。湖南广电主要采取引进消化吸收再创新的方式，不断从国外电视模式中汲取创新灵感，通过对新的模式和先进手段的融合，实现兼收并蓄、为我所用，先后推出了《快乐大本营》《天天向上》《超级女声》《我是歌手》《爸爸去哪儿》等知名栏目和节目品牌，《还珠格格》《宫》《麻辣女兵》《我家有喜》等自制电视剧品牌，《变形计》《天声一队》《成人礼》等励志公益活动品牌。

（四）重视高新技术引进和利用

技术和艺术的完美结合，是湖南广电一直以来追求的目标。以强大的产业实力为支撑，湖南广电不断加大科技投入，各种高、精、尖设备和“虚拟演播室”“在线包装”等高新技术被广泛应用于节目制作、传输和播出，不仅大大提升了节目的制作能力，而且，湖南广电也因此率先进入“大片”时代。

三、主流媒体公信力、传播力、影响力建设面临的困难与挑战

以互联网为代表的新媒体的兴起，使人们接受信息的方式和渠道发生巨大的变化，主流媒体的发展面临挑战，其“传播力、影响力和公信力”同样面临挑战。

（一）互联网崛起，广播电视受众流失

据艾瑞咨询公司调查，中国电视开机率不断走低。2012 年，央视少儿频道占据国内卫星频道收视第一的天数达 170 多天，说明电视观众已主要是老人、小孩等消费群体。在美国情况也是一样。据

尼尔森调查，在美国，18—34岁的年轻人收看电视时长已短于平均水平，2012年有500万个家庭彻底抛弃传统的电视，转而通过智能手机、平板电脑等新型流媒体接收信息，观看节目，这部分人被称为“零电视家庭”。

与电视观众下降相应的是网民人数特别是使用移动互联网的人数急速上升。2013年7月中国互联网络信息中心发布的报告称，截至2013年6月底，我国网民数量达到5.91亿人，互联网普及率已经达到44.1%；手机网民达到4.64亿人，手机已无可置疑地成为中国网民的“第一上网终端”。

（二）“两个舆论场”并存，舆论生态发生变化

从舆论格局看，中国已经形成两个舆论场。一个是以体制内的广播电视、报纸杂志为主的“主流媒体舆论场”，一个是以互联网、市场类媒体组成的“民间舆论场”。两个舆论场在新闻理念、关注点、传播速度与方式、管控方式上都有不同。而且，时常会形成两个舆论场博弈甚至“对立”的局面。就影响力而言，在全部人群中广播电视等主流媒体还起着主导作用；在特定人群中（知识精英和部分草根），网络影响力已经超过广播电视、党报党刊。

（三）体制机制障碍

中国主流媒体所依托的广播电视、报纸，在管理和经营上，一直沿用行业条块和行政地域分割的方式。这种体制机制的障碍使传统主流媒体的发展面临瓶颈，不仅制约了现代传媒做大做强，也形成严重的资源浪费。而与此形成鲜明对比的是，新媒体的发展，从创立之初，一出现就是全国甚至全世界的概念，所以发展的速度和

影响力都是惊人的。

跨地域、跨界、跨行业的新模式，是发展现代传媒绕不过去的坎。

（四）队伍素质局限

传统主流媒体与新媒体的竞争，核心是人才的竞争。传统媒体普遍的情况是：懂传统技术的人才多，懂现代新媒体技术的少；懂传统媒体管理的多，懂新媒体运作的少；懂国内管控模式的多，懂国际传播规律的少；懂节目内容生产的多，懂跨界融合的人才少。要改变这种状况，就必须大胆引进培育新型人才，以适应未来竞争和发展的需要。

四、如何进一步提升主流媒体“公信力、传播力、影响力”

（一）对党和政府而言，要善待主流媒体，改进管理方式

加大政务公开力度。政务信息要“以公开为原则，以不公开为例外”。各地应该强化新闻发言人机制，新闻发布要尽可能及时、翔实、具体，特别是影响很大的公共事件，要通过主流媒体第一时间发布信息，满足公众的知情权。

实行分类指导，资源配置对主流媒体倾斜。应该顺应媒体分众化、市场细分化的趋势，对不同性质功能、内容定位的媒体区别对待，分类指导，采取不同的领导方式、管理方式，促进多样化发展。

即使是同类媒体，也不能采取简单的一刀切的管理方式。比如，全国这么多省级卫星频道，按照一个模式去管理，就很容易形

成千台一面，应该鼓励各频道有不同的特色和定位，根据有主有次、奖优罚劣的原则进行管理，差异化配置资源。对新闻记录良好、影响力大的主流媒体，应优先配置新闻资源，进行特别授权。

尊重新闻规律和媒体特点。媒体需要管理，新闻需守纪律。但在新闻管理方面，应该尊重新闻规律和媒体特点。新闻报道要快速反应。不能网络上已经沸腾，广播电视还不能发声，或者只能发语焉不详的通稿。广播要有声音，电视要有画面，有现场。

避免被局部利益甚至个人私利绑架。主流媒体要讲政治，讲大局，守纪律，听招呼。但是，必须警惕一些部门甚至个人打着“维稳”“和谐”等旗号，对主流媒体的新闻报道进行干预，甚至提供虚假信息欺骗公众，导致官方媒体屡屡“失明”“失语”“失信”。

加快新闻法制进程，加强知识产权保护。应加快新闻法治建设进程，从制度上保护媒体发展和记者的采访权、知情权。应加强对知识产权的保护，出台政策，鼓励节目创新，惩罚抄袭复制。避免广播电视节目恶意侵权和同质化竞争。

（二）对媒体自身而言，要坚守责任和底线，加强改革与创新

要坚持社会责任担当。主流媒体要有自己的操守和底线，永远以对党和政府负责、对社会负责、对受众负责为出发点，担当社会责任，真诚面对人民，做社会舆论的引导者、社会良知的守护者、社会进步的推动者。要坚持党性原则、公序良俗原则和以我为主的原则，不能在追风中失去自我。同时，加强行业自我管理，规范职业行为，加强思想作风建设。

要坚持新闻真实性原则。真实是新闻的生命，也是公信力的基

石。要坚持做真新闻，真做新闻。要处理好导向性与真实性、时效性与真实性、收视率与真实性的关系，既不能为了宣传目的而故意粉饰现实，也不能为了抢时效、博眼球而不认真审察新闻的真实性，更不能为了利益输送而故意制造假新闻。

要加快技术升级，融合、利用好新媒体。要加快三网融合步伐和高清技术的运用，主动利用微博、微信、呼啦、视频网站、网络名人等，促进传统媒体与新媒体的融合，促进主流媒体的转换升级，提升传播力，扩大影响力。既要充分发挥广播电视自身直观、快速、易接受的优势，又要利用好新媒体互动性强、繁殖快速、到达便捷的长处。

要坚定不移改革创新，壮大自身实力。主流媒体必须直面新媒体和国际传媒集团的竞争，主动走融合传播、整合传播的路子。主流媒体在做好宣传的同时，还必须加快产业发展，勇于进行资本和市场运作，建立真正的市场主体。只有把主流媒体真正做大、做强、做活了，才会有持久的公信力、传播力和影响力。

（本文系与陈耿农、高金华、陈方正合作完成）

（2013 年 12 月 10 日）

深化影视文化交流，让两岸认同“天天向上”

文化是精神价值和生活方式的载体，是民族凝聚与国家认同的基础。大陆和台湾人民同文同种，既是血缘的共同体，也是文化的共同体、命运的共同体。在两岸关系和平发展新阶段，加强两岸文化交流，增进中华文化认同，是建设两岸共同精神家园、最终实现和平统一的必然途径。在这一过程中，影视的作用不可替代，媒体的角色不可或缺。

湖南广电是两岸文化交流的积极探索者、参与者、推动者

2013 年，湖南广播电视台最火的节目有两个，一个是年初的《我是歌手》，一个是年末的《爸爸去哪儿》。而这两个节目，台湾艺人的参与都功不可没。海外的节目模式、大陆的创意和制作水平、大陆和台湾优秀的艺人资源，是这两个节目获得巨大成功的三大原因。很难想象，没有林志炫，《我是歌手》能高潮迭起，精彩

连连，受到岛内那么大的关注；而林志颖和他的儿子 Kimi，也为《爸爸去哪儿》带来了特别的温情。《我是歌手》在台湾的收视人次是 346 万，这意味着台湾每 7 人中有 1 人收看过《我是歌手》这档节目。台湾“中央社”关于《我是歌手》总决赛的新闻在当天的点阅率排行榜中排第一，微博热搜次数近 15 万次。台湾音乐人、学者、媒体认为，《我是歌手》能够唤起很多人的美好回忆，让两岸音乐互相交流，这是很好也值得肯定的事。中华文化圈选手同台竞技引发的强烈反响，充分说明两岸的文化一脉相承，是具有认同基础的。

《我是歌手》《爸爸去哪儿》只是湖南广电推动两岸文化交流，增加认同感的两个例证。作为参与两岸影视文化交流时间最早、项目最多、影响比较大、效果比较好的内地电视媒体，湖南广播电视台一直致力于做两岸影视文化交流的积极探索者、参与者、推动者，20 多年来与台湾传媒界和文创界都保持着非常密切的合作关系。从当年的《六个梦》《还珠格格》，到今年（2013 年）热播的《花非花雾非雾》，我们和琼瑶女士的合作从没有中断过，其中《还珠格格》系列还创造了收视神话。湖南广电的王牌综艺节目《天天向上》中，台湾艺人欧弟一直在和汪涵搭档。这些年来，台湾的电视人，从幕后制作人，到演员、歌手、明星，纷纷北上西进，湖南广电成为他们来大陆发展的重要选择地。初步统计，湖南广电每年综艺节目邀请的台湾艺员超过 100 人次。

今年 9 月，2013 年湘台文化创意产业合作周在台北开幕。为期四天的活动，不仅举办了文创产业论坛和湖南文创产业的展览，更为重要的是我们与台湾中天电视首度合作，连续四天在中天娱乐台晚间时段播出《天天向上》、《奇舞飞扬》及《2013 快乐男声》三档湖南电视优秀综艺节目，每晚播出一小时。这是湖南电视节目首次登陆台湾媒体进行集中展播，从播出的效果来看，我们的节目在台湾的受众中相当受欢迎。文化创意产业合作周期间，湖南广电还与台湾 TVBS 签订了战略合作协议，今后双方在新闻、电视节目、电视剧以及人员的交流等方面将进一步合作。

除了综艺节目和电视剧的输出，湖南广播电视台还是国台办确定的大陆向台湾派驻驻点记者的五家地方媒体之一。从 2010 年到现在，我们总共向台湾选派了 9 批 35 人次驻点记者，三年多来通过湖南卫视等媒体发出来自台湾的报道 2000 多条，制作专题 20 多个，向大陆民众广泛报道了台湾的经济、社会、文化、民生情况及一些重大事件。

文化在两岸交流中发挥着特殊作用

毋庸讳言，当前台湾民众对身为中国人的认同度还不太高。2013 年台湾政治大学选举中心的民调显示：自认为是“台湾人”而不是“中国人”的为 57.5%；自认为是“中国人”的为 3.6%；自认为既是“台湾人”也是“中国人”的为 36.1%。显然，增进台湾民众对“中国人”的认同感任重道远。增进这种认同，靠政治宣传难以做到，经贸交流也不会自然而然地达到这种效果，还是需要文化的沟通和润泽。不同于“中国人”认同的低比例，两岸在中华文化与中华民族的认同上有相当大的交集。台湾《远见》杂志公布的民调显示，近几年来，台湾受访者自认是中华民族一分子的比例大约在八成上下，其中 2008 年为 75.4%，2009 年为 80.2%，2010 年为 79.6%。即使是政治立场倾向泛绿的民众，2010 年的调查显示，也有 70.1% 同意自己属中华民族。

事实上，由于文化具有感性的、情感的、柔性的力量，足以深入两岸人民的心灵，不受两岸政治经济发展不平衡的影响，容易被两岸各界人士所接受，是两岸之间化解敌意、消除对立心态的最佳方式。从这一点上说，文化交流给我们搭建两岸认同感的一个平台，使我们站在中华民族的高度审视两岸文化，在共通人性的基础上推动文化融合。林志颖和 Kimi 的父子情就是中国人的父子情，与张亮和天天、田亮和森碟、郭涛和石头、王岳伦和王诗龄的父子（女）情没有什么区别。在湖南卫视的节目中，早就没了大陆、台湾的身份区隔，不分你我，不分彼此。我们不是把台湾艺人看作异质化的元素，当作符号，当作卖点。汪涵和欧弟真的就如同兄弟，而林志炫、杨宗纬、彭佳慧、辛晓琪等台湾歌手参加《我是歌手》，是因为他们足够优秀并且愿意参加，而不是因为别的。

湖南广电的实践表明，借助于天时、地利、人和，两岸文化交流稳步向前，日益深入。以传媒为平台，以文创产品为载体，以艺人为使者，近年来，两岸文化交流已由点对点到面对面，由偶发到常态，由热闹的秀场、简单的推介，到文化市场的互相渗透、文化价值的深度融合。目前，两岸文化交流已经深入两岸民众的日常生活之中，满足着两岸人民渴望沟通的急切心情，实现着追求幸福生活的共同愿景。

以共通体验、共有价值打造共同市场

目前，两岸的文化交流如火如荼，但也还有一些壁垒需要打破，还有广阔空间有待拓展。从影视和传媒的角度，可做和要做的事情还很多，但有时还不是那么顺畅。就传媒自身而言，需要做的是，以两岸共通体验为基础，以两岸共有价值为核心，做好文创产品，打造共同市场，从而实现两岸文化共赢。

在这方面，九把刀的《那些年，我们一起追的女孩》是一个很好的例子。该片在大陆票房 8000 万元人民币，成为大陆史上最卖座的台湾电影，这是一个非常好的成绩。它靠青涩的爱情、持续的友情、中国式的情感表达赢得大陆观众。这些情感模式是我们共有的、中华式的、东方式的。

推而广之，如果电视剧在制作、投入、剧情安排上，首先就把大陆、台湾都看作本土市场，在背景、剧情、角色设计上，从立项阶段就予以考虑，一定会获得成功。比如最近两岸合拍的《兰陵王》，在大陆和台湾的票房都不错。湖南台和琼瑶女士合作的《花非花雾非雾》，在大陆收视率破 4，收视份额也超过 10%。以传统文化为内核的《新三国演义》，在两岸热卖，同时日本韩国也畅销。的确，建立在共通体验、共有价值基础上的共同市场，一定是一个广阔的市场、共赢的市场。

基于此，湖南广电希望能和两岸同仁一起推动两岸影视产业共同市场的构建。这里有两个核心要素，第一是市场定位，把两岸作为共同市场；第二是要用共同的文化价值、情感模式来做大共同市场。两岸的文化交流，不能老是停留在文化产品的引进上，而是要强强联手，优势互补，无缝对接，共同来做优产品，做大市场。为了构筑这样一个统一的影视文化市场，希望两岸的管理部门为两岸的影视产业合作、人员往来打造绿色通道，让资金、人员、要素能够自由流动。

除此之外，湖南广电还将继续依托驻点记者，传回第一手资讯，及时、充分反映岛内的新闻动向、社情民意；同时利用综艺节目、影视剧铸就的口碑，积极拓展台湾人脉关系，建立信息资源共享平台，来推动两岸文化交流、文化认同深入发展，天天向上。

总而言之，在文化的意义上，两岸间不存在“我们是谁”这个问题，也没有“我们”和“他们”的区分。两岸说一样的语言，秉承一样的历史传统，珍视一样的道德观念。我们有共同的历史使命：追求两岸中国人的幸福，实现中华民族的伟大复兴。两岸传媒人的真正挑战，是如何用我们的智慧与力量，把建基于共通文化价值的共同文化市场做大做强，既进一步加强两岸的文化认同，又让华语影视产品能够取得和世界第二大经济体匹配的地位，让文化华流在全世界广泛传播。

（2013 年 12 月）

坚持做真新闻，坚守主流价值观

真诚感谢中国记协和湖南省委宣传部为我们组织系列报道《县委大院》研讨会，感谢大家在两会这样繁忙的新闻工作中能够抽时间参加这次研讨会，这对我们而言是巨大的荣幸和鼓舞。

《县委大院》这个作品的主题确实是呼应了反“四风”、践行党的群众路线这样一个时代的要求，但它并不是主题先行的产物，它是从行走三湘中找到的题材，从历史中获得的感悟，从新闻现场中释放的激情。应该说它是践行“走转改”、弘扬社会主义核心价值观的一个新闻样本。报道播出之后它也得到了从中央领导到社会各界的一致肯定。我们自己总结 2013 年产生了三个“现象级”的作品，一个是《我是歌手》，一个是《爸爸去哪儿》，还有就是《县委大院》，前两个是综艺类节目，《县委大院》是一个新闻作品。

《县委大院》这个作品的出现，既是偶然，又是必然，因为湖南广电一直就有做新闻、做真新闻、做体现主流价值观的好新闻这样一个传统。

我们一直坚持新闻立台。在这样一个娱乐化的时代，我们新闻人的身上仍然顽强地流淌着新闻的血液。20 世纪 80 年代我们就开电视媒体监督的先河，创办了全国最早的焦点节目，当时叫《焦点89》《焦点 90》……后来央视创办了名牌节目《焦点访谈》，应该说我们先期做了一些探索。另外我们台创办了全国第一档晚间新闻，第一档轻松幽默的农村新闻专题《乡村发现》。1997 年湖南卫视上星以后，也从来没有放弃过新闻立台的理念，除了坚持做好主打时政栏目《湖南新闻联播》之外，我们还先后创办过《潇湘晨光》《财经快讯》《今日谈》《新青年》等一批有一定影响力的栏目。这些年又推出了《播报多看点》《平民英雄》《新闻公开课》《新闻当事人》《新闻大求真》等等这样一些节目。2013 年 4・20 雅安芦山地震的时候，我们是全国最早一批取消所有娱乐节目、启动直播报道的地方卫视，而且我们一直做了两天。

我们一直坚持做真新闻。紧跟新闻改革创新的大潮，我们新闻人的身体里一直流淌着创新的血液。《县委大院》的一个特点就是我们自主设置的议题，体现了新闻人自主创新的一种敏锐和担当。吕焕斌台长去年初从新疆回到湖南担任广播电视台台长，他到任以后的第一次调研就到新闻中心，提出来要“做真新闻、真做新闻”，要求编辑记者用勤快的双腿和灵敏的鼻子去做真新闻。我们的新闻不能满足于复制人家的消息，不能满足于应付各项宣传任务，更不能用假大空的内容来忽悠观众。真正有担当、敢负责的媒体就应该坚持做真新闻，做老百姓真正认同的爱看的好新闻，就应该学会主动设置议题、引导舆论。

在这样的理念指导下，去年《湖南新闻联播》进行了一种脱胎换骨式的变革，建立了新闻模式、快反模式、话题模式，摒弃官话、套话、空话，回归新闻常识，很多观众都说现在的《湖南新闻联播》敏捷了、鲜活了、好看了。去年全年获得了 140 多次湖南省网的收视第一。另外我们的广播和地面电视频道，特别是湖南经视和湖南都市进行了大量新闻投入和探索。现在的湖南广电形成了既统一协调，又各展所长、你追我赶的新闻格局。每年两会我们统一组织上百人的报道组，包括我们多个电视频道、广播频率，每天有十多档节目到北京做两会的报道，传递两会的好声音，传播湖南的好形象。这已经成了十多年的惯例。

我们一直坚持做体现主流价值观的好新闻。坚持正确导向，强化喉舌意识，做正能量的传播者，是我们对自己的清晰定位。我们认为在中国，主流媒体就应当做好党和人民的喉舌，主动担负起传播主流价值观、推动社会进步的使命。每年我们都要做大量的围绕党和政府的中心工作、人民群众的重大关切，以核心价值观为魂的主题报道。像去年我们不仅做了《县委大院》，还推出了“自主创新长株潭”“旱灾启示录”“骑行洞庭”“我是创客”“长江经济带，中国新动力”“活力民营经济”“整改进行时”等一系列主题报道。去年我们还推出了 50 集微纪录片《我的中国梦》，在全国也是比较早的。这次两会报道开辟的卫视栏目叫《中国梦 · 中国心》，我们推出的宣传片以中国梦“担当”为关键词，用京剧《智取威虎山》的音乐做了一个艺术形式上的包装，把从习近平总书记，到两会的代表委员，他们的担当、责任意识给形象化地体现出来，给人留下了比较深的印象。

为了响应湖南省委、省政府加强主流宣传的要求，我们在做好卫视新闻的同时，又全力对湖南经视进行全新的改版升级，把它打造成类似于央视一套和《湖南日报》这样的党媒，一心一意做好湖南的时政、经济、民生和文化报道，宣传好湖南的各项工作重点和各方面的政策，现在也已经初见成效。

其实不光是新闻宣传，我们的综艺和其他的节目，也非常注重以主流价值观为引领和内核，努力给大众提供高品质的节目，主动传播社会主义核心价值观，做敢担当、负责任、有良心的媒体。

在近些年的一些新节目的创作中，我们更加注重节目的内涵，注重引进和创新具有主流价值和正能量的节目，所以才有了去年《我是歌手》这样高品位的音乐竞技类的节目，才有了《爸爸去哪儿》这样的怡情类真人秀和亲子大片，也才有了教育励志类的专题《变形计》。《变形计》现在虽然是一个纪实类的节目，但是很多期的收视率都是第一，效果非常好。这些节目不仅具备了高大上的气质，赢得了良好的口碑，也取得了优异的收视率，形成了强大的品牌效益。国家新闻出版广电总局前不久对 2013 年度全国的 15 个电视节目进行表彰，《我是歌手》和《爸爸去哪儿》都入列其中。实践证明，越是符合社会主义核心价值观，越是有营养、有良心的好作品，就越能受到这个时代的欢迎，也才越有生命力和影响力。

2014 年，我们将着重从抒写中国梦的湖南篇章、传播社会主义核心价值观、聚焦全面深化改革和经济建设主战场、深化党的群众路线教育实践活动宣传，以及加强对中国和湖南的对外传播等方面再策划推出一系列主题报道，争取再出几个像《县委大院》这样的作品。

（2014 年 3 月）

当前的媒体格局与主流媒体的新闻宣传

一、当前的媒体格局与舆论生态

（一）媒体格局

由传播介质分，媒体有报纸、杂志、广播、电视、网络等。

由在社会生活中的性质和地位分，呈现三足鼎立的状态：主流媒体、市场化媒体、商业网站和自媒体。主流媒体由国有的广播、电视、报纸、杂志、网站组成，它们由党和政府及其部门出资开办，授权经营，承担党和政府喉舌（也是人民喉舌）的职能。其核心是党报党刊党台党网，是共产党重要的舆论阵地和执政资源。市场化媒体是指主流媒体派生出来的市场化程度比较高的那部分媒体，如潇湘晨报、三湘都市报、湖南都市频道、长沙政法频道、华声在线；还有纯粹在市场中诞生、搏击的那些媒体，如体坛周报及各种商业杂志。意识形态上比较中性，受市场、受众影响比较大，也受到党和政府的规制。商业网站和自媒体包括像新浪、腾讯、搜狐、网易这样的大门户网站及众多中小商业网站，自媒体依托微博、微信等社交类工具和公众平台，发布个人的信息和状态，呈现更为开放、活跃的面貌。

需要说明的是，对媒体进行分类是危险的，无论怎么分，都不够科学、不尽合理。因为一是在中国的制度背景下，没有泾渭分明的媒体，媒体的趋同性大于差异性；二是所有大媒体都在走全媒体发展、融合传播的路子。报纸办网站，广播电视走互联网路线，网站争相为视频砸下重金。

（二）舆论生态

与媒体格局相应，互联网时代呈现三个舆论场并存的格局：传统媒体舆论场、网络媒体舆论场、百姓（街谈巷议）舆论场。

传统媒体前些年短板很多，面临很大挑战：反应迟缓，新闻速度远远落后于网络；信息通稿语焉不详，不能充分满足公众的知情权；语态陈旧老化，官话套话多，受众不喜欢，有时陷入自说自话、自娱自乐的境地；传播信息的时段、平台都不够灵活，等等。但传统媒体体量很大，公信力还在，传播力强大，有党和政府的信任，有强大的资源优势，有获得权威信息的渠道，有多年建设而成的信息网络。一经改革创新，即焕发生机。

网络媒体以其即时性、交互性、移动性、智能化、海量信息提供让公众对新闻的提供与获取有了更好的方式。这些年网络媒体快速扩张，控制了年轻族群，咄咄逼人，但也危机重重，谣言泛滥，公信力不高（55% 的人不相信或怀疑网络新闻）；网络暴力、粗口、色情泛滥，乌七八糟。网上（特别是微博上）传得最多的并不一定就是最真的，网上吵得最凶的并不就是最对的。网络代表性也存疑，截至 2013 年底，我国互联网上网人数 6.18 亿人，其中手机上网人数 5.0 亿人。互联网普及率达到 45.8%。但 2013 年一项统计表明，经常上网发言的不足 20%，特别活跃的不足 2 万人，具有网络影响力的百万粉丝大 V 只有 3300 人，掌握话语权的（千万以上粉丝大 V，即意见领袖）只有 200 人。网络大 V 人数虽少，能量极大。一度，他们以其极强的话题性、煽动性、繁殖性抢占话语制高点，成为舆论场的“麦霸”。网络的强大影响力使得传统主流媒体一度失去了自信，不是在引导网络而是被网络所引导：新闻来自网上，话题来自网上，意见来自网上，评论来自网络大 V。但其实，网上的声音并不一定就是民意。

百姓舆论场自古就有，当然一部分进了主流媒体舆论场（接地气），一部分分流到网络舆论场，但还有绝大部分处于自说自话、街谈巷议的状态，是沉默的大多数，被遮蔽、被忽视的声音，需要我们去打捞、去传播、去放大。

二、关于新闻领域几个基本问题的探讨

（一）关于新闻自由与新闻规制

无论是西方的《人权和公民权宣言》（法）、《宪法修正案》（美），还是我国的宪法，都有新闻出版自由的条款。马克思也在《评普鲁士最近的书报检查令》（1842 年）一文中写道：“你们赞美大自然悦人心目的千变万化和无穷无尽的丰富宝藏，你们并不要求

玫瑰花和紫罗兰散发出同样的芳香，但你们为什么却要求世界上最丰富的东西——精神只能有一种存在形式呢？……每一滴露水在太阳的照耀下，都闪耀着无穷无尽的色彩。”这无疑是关于新闻自由最激动人心的论述。但在实际的新闻操作中，从来就没有绝对的新闻自由。新闻自由不能超越宪法与法律，不能与党的领导和国家利益相冲突，不能触犯社会伦理道德和民族、宗教、性别及特定群体的禁忌与习俗。英国《卫报》和美国《华盛顿邮报》因发表斯诺登揭露美国监听丑闻文章而获 2013 年度普利策奖，但大多数西方媒体还是和西方政客一样把斯诺登看成叛国者。

“新闻有自由，媒体有纪律。”在这个世界，不存在没有规制、没有纪律约束的媒体。即使是自媒体，也要受到法律的约束。习近平总书记在全国宣传思想工作会议上表示，西方国家标榜新闻自由，其实也都有意识形态底线，也都有利益集团的规制和政党倾向，没有什么完全独立的媒体。

中央要求，坚持党管媒体原则不动摇，牢牢掌握意识形态领域的领导权、管理权、话语权。如果丧失领导权、管理权、话语权，就会犯无可挽回的重大错误。这是由我们的政治制度和媒体性质决定的。

（二）关于党性与人民性

马克思主义新闻观公开认为，媒体要坚持党性原则。列宁、毛泽东都十分强调新闻、出版物的党性原则。在中国，所有的主流媒体都是党和政府及其部门设立的，是共产党重要的执政资源。坚持党性，核心就是坚持正确政治方向，站稳政治立场，坚定宣传党的理论和路线方针政策，坚定宣传中央重大工作部署，坚定宣传中央关于形势的重大分析判断，坚决同党中央保持高度一致，坚决维护中央权威。习近平总书记说“所有宣传思想部门和单位，所有宣传思想战线上的党员、干部都要旗帜鲜明坚持党性原则”，而且要求我们要大张旗鼓讲，理直气壮讲，坚持不懈讲，不要躲躲闪闪、扭扭捏捏。

与党性并提的一个概念是人民性。从根本上说，宣传思想工作要把实现好、维护好、发展好最广大人民根本利益作为出发点和落脚点，坚持以人为本、以民为本，坚持以人民为中心的工作导向；从主流媒体自身来讲，媒体是代表人民群众、面向人民群众、服务人民群众的，人民群众就是我们的衣食父母。媒体的党性与人民性并不矛盾。习近平总书记指出：党性和人民性都是总体概念，是一致的、统一的。要很好地体现党性，就必须体现好人民性；正确地体现了人民性，也就体现了党性。

（三）关于新闻规律与宣传规律

做新闻是有规律的，什么是新闻规律？五个 W（what，who，when，where，why）是新闻规律，真实准确客观平衡等也是新闻规律。我认为，当下做新闻，要讲“真、实、快、新、精、正”六字。对新闻素材，讲究一个“真”字，绝对不能做假新闻；对新闻题材，讲究一个“实”字，有泥土味、有质感、有抓地力，能够直击人心；对新闻时效，讲求一个“快”字，快反、快拍、快传、快播；对新闻表达，讲究一个“新”字，去掉陈词滥调、重复雷同；对新闻品质，讲究一个“精”字，精短、精致、精美，拒绝平庸；

对新闻效果，讲究一个“正”字，就是正能量。对新闻规律，我们要不断探索，不断总结。

但做新闻又不能只知道或只讲新闻规律，还必须讲宣传规律。因为我们的新闻不只是新闻。有人谈到央视《新闻联播》时说：“《新闻联播》是一个电视新闻栏目，我们应当按照新闻规律、电视规律去办好这个栏目。但《新闻联播》又不仅仅是一个简单的电视新闻栏目，它寄托了中国人太多的希望和诉求……不同于国外单纯的新闻节目，我们的《新闻联播》里要有许多看似不是新闻的东西，但是这些东西恰恰是中国人需要的。”这种不是新闻的东西，就是宣传。不要把宣传妖魔化，也不要把宣传看成和新闻水火不容的东西。有一段时间我们的新闻过度宣传化，后来又忌讳“宣传”这个词，要去宣传化，甚至认为西方“民主”国家是不用“宣传”这个词的。其实不然，他们也讲宣传，也有导向，只不过比我们来得巧妙。习近平总书记说西方国家搞“看不见的宣传”很有一套，“上乘的宣传看起来要像从未进行过一样，最好的宣传要让被宣传对象沿着你所希望的方向走，却认为是自己在选择方向。”他还指出：“讲好故事，事半功倍”。央视和湖南卫视联合做的《父子两代的“超级杂交油菜梦”》，湖南卫视《县委大院》《绝对忠诚》，就是讲好新闻故事的典范。

（四）关于新闻真实与新闻导向

新闻是客观与主观的结合。一件事发生了，这是客观的，但如何呈现、如何还原、如何讲述、如何报道，却有主观的印迹。这里有角度、有立场、有价值观。所以，新闻怎么播，除了新闻本身的新闻性以外，还有个导向问题。江泽民同志说：“舆论导向正确，党和人民之福；舆论导向错误，党和人民之祸。”胡锦涛同志指出：“舆论导向正确，利党利国利民；舆论导向错误，误党误国误民。”习近平总书记要求：“无论是理论研究、宣传报道，还是文艺创作、思想教育，都要把坚持正确导向摆在首位，始终绷紧导向这根弦，讲导向不含糊、抓导向不放松。”所谓导向要求，集中是这么几句话：坚持团结稳定鼓劲、正面宣传为主，把体现党的主张与反映人民心声统一起来，唱响主旋律，传播正能量。

习近平总书记要求，把握好时、度、效，做好舆论引导工作。所谓“时”，就是时机；“度”，就是尺度、分寸；“效”，就是效果。把握好时、度、效，就是要在最合适的时机，以最精准的尺度、最恰如其分的分寸，做好舆论引导工作，求得最佳的引导效果。

三、主流媒体的角色与使命

（一）社会真相的传递者

新闻工作者是寻找、发现、记录、传播新闻的人，是向大众传递真相的人。我们处在一个广博、复杂、急速变化的世界，每天都会发生很多事情。这些事情发生时，一般公众并不在现场，他们渴望了解这些事情的真相，更渴望获得如何评价这些事情的指引。这一切都建立在新闻真实的基础上。湖南广电提了一个口号“做真新闻，真做新闻”，同时，我们赞赏 BBC 总裁马克·汤普森的观点——“准确比速度更重要”，要在保证准确的基础上做最快的报道。

新闻真实有微观的真实，有宏观的真实；有现象的真实，有本质的真实；有单方面的真实，有双方或多方的真实。我们追求的是本质的、整体的、双方和多方的真实。为此要进行客观的、平衡的、深度的报道。真相并不容易抵达，需要我们有冷静的头脑、敏锐的眼光和勤快的双腿。

做社会真相的传递者，也就是做时代风云的记录者。

（二）社会舆论的引导者

主流媒体自身是舆论的生产者，舆论场的一部分，但又肩负着引导舆论的责任。主流媒体舆论场在引导网络舆论场和百姓舆论场方面肩负着重大的责任。习近平总书记特别强调主流媒体应该引导舆论，不要谎言传遍了全世界而真相“还在家里穿鞋”。他还要求把网上舆论工作作为宣传思想工作的重中之重来抓。央视评论员杨禹认为，传统主流媒体办官方微博，应力戒三样东西：（1）动摇。忘记了本媒体的基本属性，把自己整成了潜伏在执政党里的反对党。（2）迎合。一味顺着网上此刻最大声音说话，缺乏系统判断和理性思维的养成。（3）低俗。这三样东西有内在关联：因为动摇，所以迎合；一旦迎合，难免低俗。

（三）社会监督的参与者

舆论监督是社会监督的一部分，舆论监督是媒体的天职。毛泽东在回答黄炎培之问时说：“只有让人民来监督政府，政府才不敢松懈。只有人人起来负责，才不会人亡政息。”习近平总书记要求，各级党委对侵害群众利益、违反党纪国法的事情不能护着掩着，要支持新闻媒体进行报道。有的时候，问题出来了，有关党委要迅速分析，表明立场。特别对那些侵犯群众利益、违反党纪国法的事情，判断清楚了要迅速拿出态度。

如何加强和改进舆论监督？我们要求准确监督、科学监督、依法监督、建设性监督，注重舆论监督的社会效果。准确监督就是先要把事实搞准；科学监督就是要专业，不讲外行话；依法监督就是要在法律的框架下监督，不搞媒体审判，不侵犯监督对象的合法权利；建设性监督，就是要选取党委、政府重视，群众意见强烈，现阶段有条件解决的问题进行舆论监督，推动党委、政府重点工作的开展，形成媒体舆论监督与党委、政府工作的良性互动。这样的舆论监督，就绝对不是简单的负面报道。除准确、科学、依法、建设性之外，我个人认为还要加一个善意监督。居高临下的监督，自以为真理在手、道德在我、特权在身的监督，以损害他人隐私和尊严的方式开展的监督，都不可取。

（四）社会和谐稳定的维护者

建设和谐社会是中国党和政府的目标，维护稳定是各级党委、政府重要职责。媒体在维稳中承担着非常重大的责任。当然，除了维稳，民众也希望媒体反映他们维权的诉求，我们要努力做到维稳与维权相统一。

中国用几十年时间完成西方国家几百年完成的任务，累积的也是西方几百年中的问题，如不有效地管控，有序地疏导，社会完全有可能失控。如果中国来一次“阿拉伯之春”，发生利比亚、埃及的“革命”、叙利亚的内战，只能造成社会的混乱与倒退。媒体要站在这样的高度看问题，一般性报道和评论，要坚持团结稳定鼓劲，以正面宣传为主，唱响主旋律，传播正能量。在涉及群体性事件、敏感事件，和事关社会稳定和谐的报道上要特别谨慎。不要因为我们的报道而撕裂社会群体，挑拨社会情绪，激化社会矛盾，造成社会对立。

（五）社会进步的推动者

改革开放以来，中国取得了伟大的成就，但还有成堆的问题要解决。贪污腐败、假冒伪劣、环境恶化、食品污染、贫富差距拉大、社会分配不公，确是客观事实。事实上，中国党和政府以及全社会也正在以极大努力加强社会建设，解决影响社会公平正义的问题，推动社会文明进步。

媒体在推动社会进步方面任重道远。通过我们的报道，惩恶扬善，激浊扬清，揭露不合理、不文明的现象，推动社会一点一滴地进步，这是可以做到的。

推动社会进步要有耐心，不要急于求成。中国这样一个庞大的、古老的国家，社会进步必然是渐进的、长期的。要做谨慎的乐观主义者和务实的理想主义者。比起晚清，我们的变化有多大？比起“文革”，我们也有恍若隔世之感。20 世纪 80 年代会引发社会分裂的一些观念，如自由、民主、人权、人性，都已深入人心，形成共识。富强、民主、文明、和谐、自由、平等、公正、法治、爱国、敬业、诚信、友善的社会主义核心价值观的提出，体现了中国社会的巨大进步。

（第二、三部分以《主流媒体践行马克思主义新闻观的思考》为题刊发于《电视决策参考》2013 年 10 月第 19 期，有删改）

用新闻大片奏响社会主义核心价值观的黄钟大吕

一、湖南卫视新闻栏目传播核心价值观的探索

如何用电视新闻栏目做好正面宣传和社会主义核心价值观的传播，近年来，我们做了一些探索与思考。我们认为，有两点是十分重要的。一是必须有整体概念，不能碎片化甚至片面化。互联网是碎片化、浅阅读模式，主流宣传要反其道而行之，以整体、深度取胜。24 字 12 个词的社会主义核心价值观，把国家、社会、个人的价值追求融为一体，内涵极为丰富、完整，虽然不是每次宣传都要把 12 个词讲全讲透（事实上不可能），但也不能每次都把它做成“拾金不昧”、“扶危济困”、孝顺老人等凡人善举似的报道。为此，湖南卫视《湖南新闻联播》于 2014 年 4 月初专门推出了“解读社会主义核心价值观”系列评论，从历史与现实、释义与践行相结合的角度按次序对“富强”等 12 个词进行解说，并对每一个词配以

新颖别致、生动活泼的动画，每篇文稿500字左右，时长约两分钟，连续12天推出，播出后受到社会各界的广泛好评，多家报刊、网站转发了解读文稿。党的十八届四中全会召开后，我们又迅速推出了《中共中央关于全面推进依法治国若干重大问题的决定》系列解读，共七篇，从原文出发，联系中国法治建设的实践和理论热点，加上资料和动画，形成声、画、文相结合的电视短片，播出后反响也不错。二是必须浓墨重彩，不能蜻蜓点水，雨过地皮湿。当下社会价值观呈现多元化状态，一些非主流价值观在舆论场上喧嚣不已，病毒式传播，在这种情况下，核心价值观要树立核心地位，就不能过于温文尔雅，过于低调，而要理直气壮地发声，占据舆论场的高地。在众声喧哗中，丝竹之声会被淹没，唯有黄钟大吕之音，才能振聋发聩，振衰起敝。

为此，湖南卫视从去年到今年做了两个新闻大片。2013年做了反映基层干部艰苦奋斗、一心为民的《县委大院》，2014年推出了反映人民科学家优秀事迹和奉献精神的新闻大片《绝对忠诚》。

《县委大院》共11期，讲述了湖南境内的11个老旧的县委大院的故事。历经沧桑的大院、朴实无华的人物、代代传承的精神，让这组报道产生了远超图解式报道党的群众路线教育实践活动的效果。

《绝对忠诚》共分三季，报道了27位人民科学家的故事。第一季于4月8日至4月18日推出，首批推出坚守在沙漠、冰山、海洋和森林的11位科学家。第二季是“八一”前后，即7月30日到8月5日推出的，集中报道了7位为国铸剑的军工科学家。第三季于 9 月 29 日至 10 月 7 日推出，报道了 9 位科学家的故事。这些科学家的选取有三点考量，一是承担着国家重要使命，并且是顶尖专家；二是常年在艰苦环境中忘我奉献，精神高尚感人；三是因为保密等多种原因，过去几乎不为人所知晓。我们认为我们有责任将他们发掘出来，传播出去。

《绝对忠诚》集中展示的是这些人民科学家坚守信念、忠于祖国、甘于奉献、勇攀高峰的可贵精神。他们守得住清贫和寂寞，不为个人的利益和金钱得失所左右；他们没有随波逐流，一直守卫着理想的星空，用自己的青春和热血捍卫民族的自信与尊严，用毕生的付出，服务于他们所忠爱的科学事业和祖国人民！他们像“钉子”一样钉在祖国的海角天涯，像“赤子”一样践行着科学报国。他们是长年坚守主流价值高地，用实际行动树起“民族魂”、托起“强国梦”的可敬人群。因而我们认为，报道是对富强、爱国、敬业、诚信等社会主义核心价值观的一次集中展示与追寻。

报道播出后，引起社会各界的强烈反响。人民网、新华网、光明网、中国网、解放军报网、新浪、网易、搜狐、凤凰网、铁血网、红网、华声在线等 200 余家主要网站相继转载。中宣部《新闻阅评》、国家新闻出版广电总局相关刊物、湖南省委省政府领导、湖南省委宣传部对节目充分肯定，新华社、《人民日报》、《光明日报》、《解放军报》等纷纷刊发评论文章。《人民日报》在 9 月 9 日至 11 日连续三天刊发“从《绝对忠诚》引起强烈共鸣说起”的系列评论文章（《向生生不息的民族魂致敬》《让忠诚成为时代旋律主音符》《做守望民族精神的代言人》），10 月 9 日第三季播出后再发《谁说正能量没市场》的评论，深入阐发《绝对忠诚》的精神价值。社会各界肯定《绝对忠诚》是一组高品质的新闻报道，是“弘扬社会主义核心价值观的力作”，是“造就中国梦的生动写照”，传播了当今社会绝对需要的正能量。

二、《绝对忠诚》的新闻大片模式

从《县委大院》到《绝对忠诚》，我们探索了一种新闻大片的制作模式。

（一）专题化。每一篇报道，都有 8～12 分钟的体量，对每一位科学家的奋斗历程、专业造诣、科学贡献及家庭生活、心路历程都有比较充分的展示，对他们的团队成员、父母妻儿也多有观照，尽量把报道做成既是一篇人物传，又是一首抒情诗，更是一曲精神颂。没有这样一种体量，就无法做到酣畅淋漓，无法从海量的碎片化的转瞬即逝的网络式新闻中脱颖而出，形成气场，深入人心。

（二）连续剧。《绝对忠诚》三季共 27 篇报道，形成了规模效应和持续效应，有利于聚焦和发酵，不断吸附和黏住观众，达到我们追求的传播效果。事实上，这也是湖南卫视这些年来做主题报道的心得。如果报道规模过小，持续时间过短（3 集以下），观众还没来得及进入，或者刚进入还没咂摸出味道就没有了，就达不到传播效果。《绝对忠诚》第一季已经产生了一定反响，但真正让这个话题引爆舆论场的，是“八一”前后以军工科学家为主体的第二季。

（三）大片化。虽然是新闻报道，但不意味着不能在坚守真实性原则的前提下借鉴艺术大片的一些手法，以增强报道的冲击力和感染力。为了做出新闻大片的品质和效果，创作团队提出了“感天动地”和“惊天动地”的工作标准。所谓“感天动地”，就是要求记者一定要深入人物的内心深处，找到能震撼心灵的故事，每个主人公还要有一两句值得传颂的经典独白（“受命之时则忘其家，临鼓之时则忘其身”“失败就是差一点点成功，成功就是差一点点失败”）。在采访过程中，记者与主人公同吃同住同工作，和他们摸爬滚打在一起，采用双机位甚至多机位不停机的方式，通过“零距离采访”和“隐藏式拍摄”，记录了大量鲜为人知的细节和催人泪下的故事。所谓“惊天动地”，就是镜头要能上天、入地、下海，为此，数十名记者及摄录技术人员来到了科学家工作和生活的地方，克服远距离机动、风沙、高反、晕船、水土不服等困难，动用六角翼、动力伞、GoPro、5D 等特种装备和常规设备，采制的新闻素材达 300 多个小时。节目中鹰击长空、天体运转、导弹飞天、大漠长河、舰载机起飞、两栖坦克登陆等镜头，给观众呈现出一场场视觉的盛宴。在后期制作时，适时配上深情感人的音乐，使报道的声、画、乐、效浑然一体，很富感染力。

（四）组合拳。每一条报道，我们都采用主宣传片+导语+正稿+评论+副宣传片的模式，形成一种报道组合，更加集聚了宣传效能。做新闻宣传片是湖南卫视的传统，两季《绝对忠诚》的四个宣传片，也是集体重点打磨的精品，从音乐和画面的选择，到主题词的推敲，语不惊人誓不休，画不精美不罢手。

三、融合传播：互联网时代电视新闻的传播突围

互联网时代，电视主流报道要做出影响，非常需要走融合传播之路。这一点，我们在做《县委大院》时已经有了初步探索，并且尝到了甜头。到了《绝对忠诚》，我们已经形成一种传播时的自觉追求。每季报道，除了在湖南卫视《湖南新闻联播》播出外，还在湖南电台新闻频率同步播出，在湖南都市频道等省级地面频道重播，使观众有多次收听收看的机会。节目播出期间，我们每天都安排专人第一时间向军网、红网、芒果 TV、湖南在线等主流媒体提供节目的视频、文稿、高清图集，以及相关的评论等，同时创建专题网页，改善网民阅读体验。通过与优酷网的合作，我们向客户端推送视频，并抢在视频播放的 21 点高峰期到来前，将视频及时上线，使人们可以通过电脑、手机屏幕等进行反复的欣赏，传播力和影响力大大增强。通过网站、微博、微信等新媒体客户端的传播，引发了广大网民的热情参与。我们与铁血网策划军迷互动，并在活动中链接专题网页，引导网民进入视频播放专区，提高视频点击量。三季节目被 200 余家主要网站转载后，相关视频在网站上的点击量超过 8000 万人次，网络互动社区阅读讨论超过两亿人次。新媒体的复合式传播，有效弥补了《湖南新闻联播》作为一个地方卫视新闻栏目受众面的天然局限，极大地拓展了观众群。

（《中国广播电视学刊》2014 年第 10 期）

当今时代为什么需要忠诚

忠诚是中国传统文化最重要的基本价值之一，屈原“忠而被谤，信而见疑”，仍然“虽九死其犹未悔”；诸葛亮忠于蜀汉，“鞠躬尽瘁，死而后已”；至于花木兰代父从军，岳鹏举受母刺字，多少人毁家纾难移孝作忠，其嘉言懿行传颂至今。但“五四”以后，“忠”就不受人待见了。到了“文革”，基于个人崇拜的“忠”严重极化和虚伪化（“愚忠”和“伪忠”），更是让它的声誉一落千丈。于是，“忠”被看成封建糟粕和极“左”政治，似乎不抛弃它社会就无法进步，个性就不能解放，整个中华民族就不能走向现代化。

这诚然是有道理的。改革开放以来中国人民的思想大解放和社会大发展，与破除个人崇拜和封建迷信是有很大关系的。但走向另一个极端以后的坏处也是显而易见的。

我认为，至少有四种“忠诚”是不能抛弃的。

一是对国家的忠诚。“儿不嫌母丑，狗不嫌家贫”，爱自己的父母之邦，爱自己的故土家园，无论她富有还是贫穷，无论你对她满意还是不满意，这都是天经地义的。世界上哪个国家都把爱国当美德，视叛国为重罪。不能因为你对现实有不满，觉得别的国家好得多就糟蹋自己的国家、民族，就恨不能生为外国人或希望“再做三百年殖民地”。不要误会，我不是说不能批评自己的国家或者政府。

二是对职业的忠诚。忠于职守是做人做事的基本要求。你选择了某个职业，承担了某项职责，就要尽心尽力把它干好，对得住自己的良心和职业要求。不能尸位素餐，三天打鱼两天晒网，也不要这山望着那山高。当然，这不排除你翅膀硬了可以飞得更高。

三是对组织的忠诚。我是说合法和进步的组织。你既然选择加入某一组织，必定是认同它的宗旨、章程，愿意承担其责任义务。对组织忠诚恐怕是基本的一条。不能端着组织的碗，砸着组织的锅；甚至充当敌人的卧底，专拆组织的墙。

四是对婚姻家庭的忠诚。现在的婚礼都要宣誓，这可不仅仅是个仪式，而是一生的承诺。但相当长时期内，人们不把忠于爱情婚姻家庭当回事。不少人干着“家里红旗不倒，外面彩旗飘飘”的事。我们要重视家庭，忠诚于婚姻。

《绝对忠诚》里的 27 位科学家，这四个方面的忠诚都占全了。比普通人做得更好的，是他们对这个国家、对科研事业的绝对忠诚。为国家，他们是“献了青春献终身，献了终身献子孙”；为使命，是“受命之时则忘其家，临鼓之时则忘其身”。这些科学牛人，承担着国家复兴的重要使命，常年在艰苦环境中忘我奉献，几乎不为人所知晓。我们有责任将他们发掘出来，传播出去，让他们也风光一把。太长时间，占据媒体高光时刻的，是那些官员、明星、富豪等所谓公众人物，而杨红兵、车著明这些真正的民族脊梁却湮没无闻。这不公平。

有别于一般人物报道的是，这组报道采取了集束式新闻大片的方式，从四月到十月，分三季，系列化，又是主副宣传片，又是每天一评，电视网络平媒一起上，大张旗鼓，高举高打，而且命名为“绝对忠诚”。为什么？因为如前所说，这个社会对“忠诚”误解久矣，因为这些科学家的精神有这样的高度和纯度，因为他们配得上这样的力度。互联网时代嘻哈之风盛行，解构主义泛滥，各种信息浩如烟海，要建构一种我们需要的主流价值观，就不能过于温文尔雅，过于低调，而要理直气壮地发声，占据舆论场的高地。在众声喧哗中，丝竹之声会被淹没，唯有黄钟大吕的噌嗒之音，才能振聋发聩，振衰起敝。

不忘初心，终无挂碍。这组报道并非简单地怀旧，而是要回到精神的故乡；不是一般地在淘宝，而是在挖掘一座座金矿。绝对忠诚不是对一人一姓的愚忠，不是一时一地的投机取巧，不是所谓“精致的利己主义”，而是对国家、民族、使命终生的内心信仰与无悔付出。再市场经济，再互联网，再“我就是我”，也不能掩盖它的光芒。所以，《绝对忠诚》既是一种精神的正本清源，也是一次对网络时代碎片化、看过即忘信息模式的完美逆袭。

令人欣慰的是，《绝对忠诚》系列报道引起了从互联网到主流媒体的强烈反响，表明“吾道不孤”，表明我们的工作是有价值的。

（原载于《新湘评论》2015 年第 9 期，有删改）

关于主流媒体传播社会主义核心价值观的几点思考

社会主义核心价值观是2012年党的十八大提出，2014年中央正式发文明确的。3年来，在中国，社会主义核心价值观已经获得高度认可，得到广泛传播。为此，包括湖南广电在内的主流媒体做出了巨大努力。当然我们的工作还是初步的。习近平总书记对核心价值观的宣传十分重视，走到哪儿讲到哪儿，要求主流媒体通过各种方式对此进行传播，使之内化于心，外化于行，让核心价值观像空气一样，日用而不觉，失之则难存。如何让核心价值观深入人心，主流媒体任重道远。

一、中国为什么要提出自己的核心价值观

核心价值观是一个民族长期和共同形成的最关键、最重要的价值观。在我看来，所谓核心价值观必须具备三个特征。（1）它的核心地位即统御性，它是价值观中的价值观，或者说价值观之母。一

个社会的价值观可能是多种多样的，但总有一种居于统治性的地位，这就是核心价值观。（2）它必须被广泛认同，不会因年龄、种族、教育程度或政治及宗教取向不同而改变，它不是某个阶层或圈子的小众价值观，而是大众价值观。（3）它必须经过长时间的积淀与淬炼，保持基本稳定。尽管核心价值观并非绝对不可移易，但在相当长历史时期内它应该具有稳定性。

世界上成熟的国家和民族都有自己的核心价值观。中国古代的核心价值观是基于儒家学说的“仁义礼智信”。也有人将儒家价值观概括为“四维八德”。“四维”是管子讲的礼义廉耻，“礼义廉耻，国之四维；四维不张，国乃灭亡”。孙中山、蔡元培等提倡的“新八德”是“忠孝仁爱信义和平”。

美国的核心价值观毫无疑问是“民主”“自由”“平等”“人权”等等。它的哲学基础是17—18世纪法国的启蒙思想。从法国大革命、美国独立战争到南北战争，这一整套价值观念逐步形成。美国的历届总统在就职演讲和国情咨文中反复宣讲的就是这些观念。奥巴马2008年在其第一个总统任期的就职演说中将美国的精神和理想归结为一句话：“上帝赋予所有人平等、所有人自由和所有人充分追求幸福的机会。”他还说美国有一种“千真万确”和“由来已久”的价值观，那就是“诚实和勤奋、勇气和公平、宽容心和探索精神、忠诚和爱国”。他在2012年连任后的就职演说中宣示的也仍是这些概念。美国还把他们的这一套价值观宣传为“普世价值”，致力于在全世界推广这些价值观。

大家知道我们是反对“普世价值”那一套的。为什么？首先，价值是历史的产物，是不断演进、不断发展的，并不是从来如此，万古不易。美国等西方国家念念不忘的民主、自由、平等、人权等所谓“普世价值”，一直到20世纪60年代以后才最终确立。欧洲人初到美国去的时候，妇女是没有选举权的；独立战争的时候，华盛顿家里是有奴隶的；一直到20世纪60年代，黑人还没有和白人一样的权利。其次，世界是多元的，价值也是丰富多样的，不存在只由少数国家发明、垄断，又需要所有国家一体尊奉的价值观。新加坡、俄罗斯就有自己的价值观。新加坡提出：“国家至上，社会为先；家庭为根，社会为本；社会关怀，尊重个人；协调共识，避免冲突；种族和谐，宗教宽容。”俄罗斯的核心价值观是：“主权的民主、强大的经济、军事的威慑。”世界各国可以有共同价值，很难说有“普世价值”。再次，价值观牵涉一个国家的文化主权、文化尊严。凭什么我的核心价值观要由你来规定，由你来评判？如果我们承认“普世价值”，那么西方随时可以对我们指手画脚，予取予求，因为“普世价值”的发明权、解释权、评判权在他们那里。

对于我国来说，前些年比较尴尬的是，我们一直没有明确自己的核心价值观。你说不存在“普世价值”，那么你的价值观是什么？新中国成立后，我们长期宣传的是以马克思主义为指导思想、以共产主义为理想的革命价值观。但这些价值观一是比较高远，只能说是先进分子比如共产党人甚至党的领导干部的价值观，普通人难以做到；二是改革开放后有的已经不合时宜，例如阶级斗争之类。20世纪80年代以来，与社会的剧烈变化相比，我们的意识形态策略调整得太慢、太笨拙，所以出现了事实上的言行不一、理论与实际相脱离，或者叫不接地气。《编辑部的故事》里的“马列主义老太太”是个典型的隐喻。

很多人说新时期以来中国人处于一个价值断裂、迷茫的时期，革命价值观已经无法对全民产生凝聚力，新的价值观是什么，又并不明确和具有共识性，出现了精神上的无家可归。到底哪里才能安放我们的灵魂？何处可以找到心灵的栖息地？怎样才能结束漂泊无依的状态，妥妥地着地？有人倒向西方，有人皈依宗教，有人沉湎于各式心灵鸡汤。植根于儒家文化的传统价值观尽管在民间有强大的生命力，但在执政党的主流话语里，至少在党的十八大以前，它还没有恢复应有的地位；资本主义社会的价值观，尽管对知识精英和青少年学生有很大的吸引力，但它们不会，事实上也不应该成为中国的核心价值观。

这也不是，那也不行，那我们的核心价值观到底是什么呢？党的十七大以前，我们提出要建设“社会主义核心价值体系”，包括“马克思主义指导思想、中国特色社会主义共同理想、以爱国主义为核心的民族精神和以改革创新为核心的时代精神、社会主义荣辱观”，这个体系全则全矣，但仍不免过于宏大、抽象，缺乏具体性和可操作性。当然中央也意识到了这个问题，因而积极鼓励各地探索提炼各地的精神表达。在这种背景下，北京发布了北京精神：“爱国、创新、包容、厚德”；上海将上海精神概括为“海纳百川，追求卓越，开明睿智，大气谦和”；湖南精神最后确定为“忠诚、担当、求是、图强”。但是这些都只是地域性的精神或者价值，全国性、全民性的核心价值是什么？人们都在呼唤，都在期待。到党的十八大，正式提出“倡导富强、民主、文明、和谐；倡导自由、平等、公正、法治；倡导爱国、敬业、诚信、友善，积极培育和践行社会主义核心价值观”。经过一年多的观察和试运行，三个倡导24字基本得到全民认可，到2014年2月，中共中央办公厅印发《关于培育和践行社会主义核心价值观的意见》，正式确定24字表述为社会主义核心价值观。

由此可见，24字核心价值观的确定和发布有一个较长的历史过程，它是中国共产党和中国人民价值自觉的产物。

二、如何看待24字核心价值观

怎样评价24字核心价值观？我的看法是，它内生于中国人民鸦片战争以来的悲壮奋斗和正在进行的宏大实践，既继承、转化、发展了中国传统价值中的精华，也借鉴、吸收了世界其他文明中先进的价值理念，形成了一个既以我为主，又开放包容的丰富完整的价值体系，是当代中华民族在价值层面的最大公约数。

（一）24字核心价值观内生于中国近代以来的历史与实践。价值观是观念层面的东西，按马克思主义学说，它不是凭空产生的，一定是历史与实践的产物。对中国人民来说，24字核心价值观字字是近代以来所孜孜以求的。如果说问题是时代的声音，那么核心价值观就是时代的主题，而且是最重大最迫切的主题。没有对百年中积贫积弱、任人宰割的惨痛记忆，就不会把“富强”作为核心价值并置于首位。习近平总书记在美国、在联合国都讲，对中国人民当前所做的和所追求的，一定要放在鸦片战争以来的近现代史的框架下来理解。推而广之，包括整个富强、民主、文明、和谐在内，都是中国“两个一百年”的奋斗目标和国家使命。民主、平等、公正、法治，这些价值观，都是中国人民渴望已久、现实中有所缺失、社会各界正在合力推进的。这些东西，是我们这个国家、这个民族的集体自觉，并不是外来指令或者逻辑推演出来的。

（二）24 字核心价值观继承、转化、发展了中国传统价值精华。24 字价值观中，“和谐”是典型的中国传统价值，也是这些年我们无论对内对外都在极力推广的价值观。“爱国”“敬业”“诚信”“友善”等也闪烁着中国传统价值的光辉。这让核心价值观打上了深深的中国烙印。一个国家的核心价值观，理所当然应该植根于其传统文化，但我们认识到这一点却经历了曲折的历程。晚清以来，由于整个国家一次又一次的失败，中国的精英分子对自己的文化和价值极度缺乏自信，将之归咎于传统文化特别是儒家文化的失败。到了“五四”以后，打倒“孔家店”，儒教、礼教都被看成吃人的东西而被激烈地推倒，“文革”更是以“破四旧”的方式对此予以毁灭性的打击。一些党的领导干部，由于担心对马克思主义指导思想形成冲击，也不太敢理直气壮地、比较充分地重提优秀传统文化和优秀传统价值。毛泽东虽然深谙中国历史，提出要继承从孔夫子到孙中山的宝贵遗产，但他反对厚古薄今，推崇厚今薄古，到晚年还说“孔学名高实秕糠”，发动“批林批孔”和“评法批儒”。

这种情况到新世纪开始后才开始有明显改变。推动的力量首先来自民间，新儒家登场，国学热升温，《百家讲坛》火爆，《三字经》《弟子规》复活，孔子学院遍地开花。执政党第一次比较明确地释放对传统文化不一样的重视信号，是 2013 年 11 月，习近平去山东曲阜考察孔府和孔子研究院，媒体称这是要从传统文化中寻找“正心之治”。2014 年 2 月 24 日，习近平在主持政治局集体学习时特别强调要深入挖掘中华优秀文化的时代价值（讲仁爱、重民本、守诚信、崇正义、尚和合、求大同），让传统文化的核心价值成为涵养社会主义核心价值的源泉、基础。2014 年 9 月 24 日，习近平出席纪念孔子诞辰 2565 周年国际学术研讨会暨国际儒学联合会第五届会员大会开幕会，特别强调“从延续民族文化血脉中开拓前进”。他说，孔子创立的儒家学说以及在此基础上发展起来的儒家思想，对中华文明产生了深刻影响，是中国传统文化的重要组成部分。中国优秀传统思想文化体现着中华民族世世代代在生产生活中形成和传承的世界观、人生观、价值观、审美观等，其中最核心的内容已经成为中华民族最基本的文化基因，是中华民族和中国人民在修齐治平、尊时守位、知常达变、开物成务、建功立业过程中逐渐形成的有别于其他民族的独特标识。这里明确表述了优秀传统文化与核心价值观一脉相承的关系。

（三）24 字核心价值观吸收、借鉴了世界其他文明中先进的价值理念。尽管中国对所谓“普世价值”并不认同，保持警惕，但并不意味着我们不吸收借鉴西方的优秀价值。比如“民主”“自由”“平等”“公正”等等。应该承认，这些价值观虽然在中国传统文化中不是没有，但更多地染上了西方色彩。“法治”虽然在中国传统法家就讲，但与现代法治理念并不是一回事。现在我们把“民主”“自由”“平等”“公正”“法治”这些价值观堂堂正正地确立为核心价值观，表明我们对现代文明的吸纳与拥抱。当然，像“民主”这样的价值观进行了中国式的改造与解释，以与我们的国情相适应。民主不一定是选举，也可以是选贤任能；不一定是直接选举，也可以是间接选举；不一定是三权鼎立、轮流坐庄，也可以是多党合作与政治协商。事实上，在向其他文明学习方面，中华文明一直保持一种开放谦虚的姿态，倒是西方文明不太能放低身段，很难从骨子里接受我们的一些价值理念，比如“己所不欲，勿施于人”“协和万邦”“各美其美，美人之美”等等。

（四）24 字核心价值观是中华民族在价值层面的最大公约数。核心价值观本身应具有被广泛认同和推崇的特质，24 字核心价值观有这种广泛性。自党的十八大发布 24 字核心价值观以来，在中国，党政军民学，东西南北中，不管是精英还是草根，不管哪个民族、哪个地域的人，都比较认同这些价值。

三、主流媒体应该如何传播社会主义核心价值观

党的十八大前后，国家怎么走，新闻怎么做，社会上经历了一段困惑期。有些人想把中国往西化的道路上引，也有人想回到“文革”，左右之争至今都很激烈。在新闻方面，也有很多声音，例如有人认为新闻就是新闻，新闻不是宣传，新闻应该去宣传化。另一方面，网络新闻以其及时性、碎片化、民粹化以及惊人的繁殖力夺取眼球，网络大 V 十分活跃，地方媒体新闻资源不足。这一切都给传统媒体的主流新闻带来挑战。两年过去，党中央为中国建立了一种新常态，确立了一种新秩序，也给新闻宣传提供了新的参照系。

这种新常态和新秩序是全方位、全覆盖的。经济上，按习近平主席在亚太经合组织（APEC）工商领导人峰会上的说法，有三个主要特征：（1）速度，“从高速增长转为中高速增长”，7.5% 左右都可；（2）结构，“经济结构不断优化升级”，消费对经济增长的贡献率超过投资；（3）动力，“从要素驱动、投资驱动转向创新驱动”。党建上，是开展群众路线教育，出台八项规定，坚决反“四风”，开展“三严三实”，直至十八届五中全会前夕出台修订后的《中国共产党廉洁自律准则》和《中国共产党纪律处分条例》。反腐上，是刮起了真正的反腐风暴，既“拍苍蝇”，又“打老虎”，“三个凡是”，动真碰硬：“凡是影响党的创造力、凝聚力、战斗力的问题都要全力克服，凡是损害党的先进性和纯洁性的病症都要彻底医治，凡是滋生在党的健康肌体上的毒瘤都要坚决祛除”。意识形态上，主要是三点：一是提出“中国梦”以明确目标，整合力量。“中国梦”不是“美国梦”，不是“宪政梦”，而是国家富强、民族振兴、人民幸福。二是确立社会主义核心价值观以凝魂聚气，强基固本。三是整顿传播秩序，重塑媒体生态，对新闻敲诈、媒体寻租等进行打击。这些新常态确实有正本清源、拨乱反正的效果，它们一点一滴地、坚决地改变了中国的面貌，使中国社会从一个潜规则盛行的、温水煮青蛙的状态中逆转过来。

新常态理所当然受到中国人民的广泛认可和欢迎，但很多人没有意识到这是对整个社会的全面改造，而以为只是针对经济领域或贪官污吏的。为什么现在曝光的“四风”问题、腐败问题那么多，很多人的通报中都有一条“十八大后依然不收敛、不收手”？就是因为中央已经新常态了，很多党员干部还在按老习惯行事。

对我们宣传文化工作者特别是新闻人来说，应该认识到这一新常态，适应这一新常态，主动推动这一新常态。首先自身要自觉在新常态下履职从业，规范言行；其次在新闻宣传中要以社会主义核心价值观为支撑、为灵魂，要聚焦于、服务于中国人民实现“中国梦”的伟大历史实践。社会主义核心价值观要构成大众传播的底色。具体来说：

（一）必须有整体概念，不能碎片化甚至片面化。24 字 12 个词的社会主义核心价值观，把国家、社会、个人的价值追求融为一体，内涵极为丰富、完整，虽然不是每次宣传都要把 12 个词讲全讲透（事实上不可能），但也不能每次都把它做成“拾金不昧”、“扶危济困”、孝顺老人等凡人善举式的报道。为此，湖南卫视《湖南新闻联播》于 2014 年 4 月初专门推出了“解读社会主义核心价值观”系列评论，从历史与现实、释义与践行相结合的角度按次序对“富强”等 12 个词进行解说，并对每一个词配以新颖别致、生动活泼的动画，每篇文稿 500 字左右，时长约两分钟，连续 12 天推出，播出后受到社会各界的广泛好评，多家报刊、网站转发了解读文稿。红网专题点击量一个月内达到 1090 万，网友相关评论百余篇。截至 2015 年 8 月 12 日，百度搜索“湖南卫视《解读社会主义核心价值观》”有页面 79200 多个。党的十八届四中全会召开后，我们又迅速推出了《中共中央关于全面推进依法治国若干重大问题的决定》系列解读，共七篇，从原文出发，联系中国法治建设的实践和理论热点，加上资料和动画，形成声、画、文相结合的电视短片，播出后反响也不错。这几个系列从根本上建立了我们在核心价值观传播中的标高，受到国家新闻出版广电总局的肯定。

（二）必须浓墨重彩，不能蜻蜓点水，雨过地皮湿。当下社会价值观呈现多元化状态，一些非主流价值观在舆论场上喧嚣不已，病毒式传播，在这种情况下，核心价值观要树立核心地位，就不能过于温文尔雅，过于低调，而要理直气壮地发声，占据舆论场的高地。重要的事情说三遍，有时理念性的东西必须反复说。谎言重复一千遍就会变成真理，真理如果念得太少就会湮没无闻。美国总统、西方政要还不是反复在一切场合宣传他们的“普世价值”？所以主流媒体宣传核心价值观堂堂正正，天经地义，要用多种手段“奏响社会主义核心价值观的黄钟大吕”。

其中一个手段是新闻大片。湖南卫视从 2013 年到 2015 年做了几个新闻大片。2013 年做了反映基层干部艰苦奋斗、一心为民的《县委大院》。2014 年推出了反映人民科学家优秀事迹和奉献精神的新闻大片《绝对忠诚》，共分三季，报道了 27 位人民科学家的故事。2015 年又做了第四季，聚焦一批军队指挥官。2015 年还做了《湖南好人》，重回 20 世纪 80 年代的改革现场，向湖南一批焦裕禄、谷文昌式的老县委书记、县长致敬。

（三）必须尊重新闻传播规律和艺术规律，不能简单说教。主流媒体传播社会主义核心价值观，无非一是通过新闻手段，二是通过文艺手段。新闻就要尊重新闻规律，比如要有新闻性，要见人见物见精神，精神的东西必须有所附着，不能空对空。这些年央视做的家风、家训系列，湖南卫视做的《县委大院》《绝对忠诚》就是力图在历史、建筑、人民科学家、老百姓的家庭伦常中找到核心价值观的因子，将其发掘出来，彰显出去。要讲好故事。“讲好故事，事半功倍”，没有故事的概念说教，终究效果不佳。除新闻外，综艺节目和电视剧对传播核心价值观作用更大。好莱坞的大片都是宣传美国价值观的，而且效果很好。我们强调，湖南卫视的综艺节目和电视剧必须是宣传社会主义核心价值观的，绝对不能偏离甚至违背核心价值观。

（2015 年 10 月）

以高度的政治自觉和创新意识做强做优党报理论宣传

作为全省理论工作的主平台、理论宣传的主阵地，湖南日报社始终以高度的政治自觉，将理论宣传视为党媒必须承担的使命；以坚定的理论自信，加强对习近平总书记系列重要讲话和治国理政新理念新思想新战略的宣传；以强烈的创新意识，探索地方党报理论宣传的规律与路径，形成了鲜明的理论品格和强大的思想气场。

用习近平总书记系列重要讲话武装报人，用党的创新理论铸就底色

我们不认为理论宣传仅仅是理论评论部的工作，而认为是全报社的大事；不认为理论宣传仅仅是理论评论版的任务，而认为它构成了党报的灵魂和底色。因此，报社党组、编委会经常组织传达学习习近平总书记重要讲话，学习党中央治国理政新理念新思想新战略，提高全体报人的理论素养，提高党报的思想性和理论含量。

拓展理论阵地，确保理论版面

2015 年以来，《湖南日报》经历了三轮改版，每次改版，我们都将理论评论看成必保的内容，不是越改越弱，而是越改越多，越改越突出。现在的《湖南日报》，有《理论对话》《理论智库》《理论学习》三大板块，每周二、四、六推出，与每周一、三、五推出的评论专版《观点》一道，基本实现了理论评论见报“时段”全覆盖。去年共刊发理论专版 113 个，共计 70 余万字。

《理论对话》围绕中央和省委重大决策部署、社科研究重大课题、现实生活热点问题，邀请专家学者以对话的形式进行解读，成为我省理论宣传中“湘味”十足的拳头产品。《理论智库》为我省新型智库建设加油助力，始终坚持“问题导向，精彩建言，生动表达”。“新湖南”还与省社科院联办“湘智库”频道，及时发布我省新型智库的研究成果。《理论学习》版直接服务于学习习近平总书记系列重要讲话和治国理政新理念新思想新战略，刊发专家学者、有关方面负责人和实际工作者的学习体会和研究成果，营造浓厚的理论学习氛围。

除此之外，我们每周三期的《观点》、每天皆有的《三湘时评》，经常推出的社论、“晨风”文章、评论员文章，今年（2017年）新推出的《湘声》《好文》专栏，也都承担着理论宣传和舆论引导的功能。

强化策划意识、精品意识，提升理论宣传质量

我们始终坚持围绕重大理论宣传主题、重大热点话题，加强策划，主动出击，创新表达方式，反复打磨文本，推出了大量“解渴”又耐读的原创、独家理论佳作。比如，《必须用社会主义核心价值观引领校园思潮》《在中华民族伟大复兴中走好自己的长征路》《以思想道德建设引领社会全面转型》等一大批对话作品，彰显出理论的魅力，吹来了一缕缕沁人心脾的思想清风。《理论智库》“一期一主题”，坚持“热点、焦点、亮点、重点、痛点”兼顾的理念，将触角对准诸如脱贫攻坚、新农村建设、供给侧改革、应对老龄化社会挑战等事关经济社会发展等重要议题。所刊文章经常第一时间被人民网、新华网、光明网、中国社会科学网等国内主要新闻网站以及省内外官网转发。“理论并不枯燥，只要富有内涵；理论确实需要高大上，但可以表现得小而美”，我们在理论宣传中尽可能通俗化、形象化，淡化传统理论宣传的严肃面孔；讲求清新大气文风、简约流畅版式，文章长短虚实搭配得当，注重精细度、协调美。

在《湖南日报》，理论和评论犹如鸟之两翼、车之双轮，理论赋予评论以思想性、穿透力，评论让理论更有针对性、战斗力，二者珠联璧合，相得益彰。近年来，我们创新运用评论这一武器，抢占舆论制高点，做大观点话语权，取得不错效果。去年我们组织策划的阐释“2·19”讲话的“十评”“六论”，规模宏大，观点鲜明，得到了中宣部《新闻阅评》的高度肯定；《让我们不忘初心继续前

进》系列评论员文章，深入浅出，娓娓道来，引发国内社科理论界高度关注；围绕第十一次省党代会组织实施的系列评论，鲜活生动，精短有力，得到了省委主要领导的肯定。我们精心策划的《为了百年梦想照耀下的湖南愿景》《精神贯日月　接力新征程》等“晨风”大型政论文章，赢得了各方读者的点赞。去年一年，《湖南日报》共刊发各类评论 1400 多条近百万字。今年在一版重点打造的评论专栏《湘声》，言近旨远，大气从容，引起社会各界的广泛关注。

善借新媒体平台，实现理论评论的多次传播

报社通过新湖南、华声在线等平台，及时转载、推送《湖南日报》的理论评论报道。重要理论评论文章，新湖南、华声在线均放在首屏首页。今年上线的“新湖南评论”微信公众号，每天及时推送当天见报的理论、评论稿件，实现稿件线下线上同步传播；融媒体传播，让我们的理论评论插上了飞翔的翅膀，成倍放大了传播力、影响力。阐释“2·19”讲话的“十评”“六论”，经过线上线下共同推送传播，网络总点击量高达 3200 多万次。《让我们不忘初心继续前进》系列评论，网络总点击量达到 1200 多万次。

内拓外联，建立一支实力雄厚的理论评论队伍

在内部人员配备上，报社选派理论素养高、业务能力强的人员充实理论宣传报道一线，除理评部专职人员外，还建立了一支兼职理论评论队伍。这支专兼结合的队伍，刊发的文章多，质量好，因

而在报社享有很高的地位和较好的待遇。对外，我们十分注意与马克思主义理论研究和建设工程、中国特色社会主义理论体系研究中心、马克思主义学院等平台联动、互补，组成理论宣传矩阵，组建了一支召之即来、来之能写的理论宣传生力军。同时主动走出去，将中国社科院、中央文献研究室、中央党史研究室等权威部门的专家发展为特约撰稿人、对话者。与此同时，我们还与人民日报、重庆日报、湖北日报、四川日报等 10 多家省级党报开展业务协作，相互借鉴，共同探索新形势下党报理论宣传的新做法、新实践。

这是一个需要理论而且一定能够产生理论的时代，这也是一个需要理论宣传而且必须做好理论宣传的时代。我们将进一步增强使命感、责任感，更加自觉、更为坚定地担负起党的理论宣传的重任，进一步把湖南日报建设成为理论宣传的“大平台”、主阵地，以优异成绩迎接党的十九大胜利召开。

（2017 年 5 月）

让党报金话筒的声音更嘹亮

当今时代，评论已然是媒体生存、发展、壮大的“蓝海”。对于坚守舆论工作主阵地的党报来说，评论是党报的灵魂和旗帜，是党报直接影响社会舆论时最权威、最有力的宣传形式。

当前，社会思想观念和价值取向日趋多元，主流的和非主流的观点同时并存，先进的和落后的思想相互交织，思想舆论领域红色地带越来越巩固扩大，但也不乏黑色地带，还有一大片似是而非的灰色地带。在解放思想中统一观念，在多元价值中确立主导，在交流对话中凝聚共识，党报评论作为舆论利器，要发挥“一锤定音”的作用。

自媒体的兴起，给传统媒体带来巨大冲击，同样给党报评论带来巨大挑战。舆论场上也不是比嗓门，手里握着“金话筒”，并不意味着说什么别人都会听。同样，主流媒体的声音与主流舆论的目标间，并不存在着天然的“等号”，党报评论要想主导舆论场风向，既需要传承优秀文化基因，也需要去除陈陈相因积弊；既需要挖掘潜力盘活存量，也需要开拓进取做大增量，在与时俱进中更新评论思维，在因势而动中保持核心优势。

新的历史条件下，湖南日报在喧哗的舆论场上有强烈的导向意识，坚守主流价值；面对热点频发的社会矛盾，有强烈的问题意识，自觉把做大做强党报评论作为巩固党的新闻舆论阵地、提升党报核心竞争力的“重点工程”。

在人员架构上，形成了以理论评论部为“核心层”、集团评论员队伍为“紧密层”、社外评论高手为“伙伴层”的圈层结构；在工作布局上，把言论评论作为重点工作进行策划和部署，在重大评论中社长、总编辑躬身入局，亲自动手撰写评论、社论；在内容构成上，紧紧围绕党中央治国理政方略和省委决策部署密集、响亮发声，同时敢于触碰热点性、争议性甚至敏感性话题，及时介入、主动发声；在栏目设置上，形成了社论、编辑部文章、“晨风”署名文章、评论员文章、湘声、时评、评论专版等在内的全方位格局。

这些年来，湖南日报评论集中在及时、本土、高端三个重点上发力，推动整个党报评论工作扩容提质，让评论在整个报道中的占比大幅度提升，2016 年全年刊发各类评论言论稿件创下了 1400 多篇的纪录，刊发了不少有思想、有温度、有品质的扛鼎之作，实现从“高原”到“高峰”、从“低音”到“高音”的转变：比如，在阐释习近平总书记“2・19”讲话时，《湖南日报》成功刊发了“十评”“六论”，用通俗易懂的事例，用受众愿意接受的文本表达，诠释出党的新闻舆论工作的极端重要性。这套精心策划的系列评论得到了受众的点赞，并被中宣部《新闻阅评》专题点评；学习习近平总书记“七一”讲话时，《湖南日报》又策划了“让我们不忘初心继续前进”系列评论，整个系列评论创下了全网点击量3200多万次的纪录，是这些年来少有的现象级评论产品；《光荣属于中国共产党人》的“七一”社论，以不一样的语言回答了“中国共产党为什么能”的问题，直抵人心深处；纪念长征胜利80周年的大型政论文章《精神贯日月　接力新征程》，在省级党报赢得了“晨风现象”的赞誉；今年（2017年）湖南遭遇超历史纪录的特大洪水，《湖南日报》密集发声，短短十来天时间里，共刊发评论30多篇，做到了舆论引导有力，“雄壮之气”充盈。

做大做强党报评论，需要有一支政治站位高、业务精湛、作风过硬的评论员队伍。经过几年的实践，湖南日报已建立起一支集中全集团精锐的评论员队伍，采取直接点题点人，或发招募令、下英雄帖，在重头评论上召之即来、来之能战，用开放的姿态做大做强评论。为调动大家写评论、关心评论的积极性，湖南日报编委会在体制机制上始终向评论一线倾斜，畅通评论员参加省委省政府重要会议的渠道，以便及时“连好天线”，直接感受到省委主要领导的思想主张施政理念；建立起评论员参加省委宣传部战役性报道的机制和参与报社重大报道的机制，以便评论员接地气，帮助评论员实现素材积累和知识储备，提升评论的说服力和贴近性。在内部业务考评上，提升评论在优稿评定中的占比。

加大融合传播力度，实现党报评论的多维传播。集团所属的“新湖南”客户端、华声在线及时推送，强化力度，通过协调相关部门，对湖南日报的重要评论实现全网推送，力求让“金话筒”的声音覆盖新媒体、抵达移动端、影响新青年。理论评论部除经营好自己的“新湖南评论”微信公众号外，还积极主动与人民日报等其他党报党媒加强横向交流，更大范围内传播湖南好声音。

湖南日报从 2014 年开始推出自己的大型政论栏目《晨风》，聚焦重大事件、重要问题，在重要节点权威发声。比如，《为了百年梦想照耀下的湖南愿景》《湘约一带一路　通达美好未来》《湖湘热血沃中华》《纪念毛泽东　共筑中国梦》等，栏目推出 4 年多来，共刊发稿件近 30 篇，形成了一定的声势和品牌效应。

做大做强党报评论，我们着力在改造话语、创新表达上下功夫，不人云亦云，不讲空话套话；提高锐度，直面问题，直击痛点；增强亲和力，做到有温度、接地气、感人心；发扬工匠精神，将每一篇评论都打造成可读耐读的精品……

只有让每一篇评论都成为良心之作、诚意表达，党报评论“金话筒”的声音才能唱得更响，传得更远。

（2017 年 8 月）

担当起抗洪报道砥柱中流的责任

——在抗洪救灾新闻宣传座谈会上的发言

不平凡的 2017 年夏天，整个湖南日报社闻“汛”而动、向水而行，全员参与、全情投入，用笔和镜头，用心血和汗水，在报纸上、在网站上、在手机客户端和微信、微博上，记录、呈现了湖南人民抗击历史罕见的特大洪水的伟大斗争，彰显了党报砥柱中流的责任与担当，体现了党报人的大局意识、专业水准和职业精神。

报道组织情况

（一）动手早、行动快

还在 6 月 22 日，全省刚启动气象灾害（暴雨）Ⅲ级和防汛Ⅳ级应急响应，湖南日报立即启动新闻应急机制。6 月 24 日即对各部门作出紧急部署，6 月 25 日一版刊发评论员文章《闻“汛”而动，坚决打赢防汛抗灾这场硬仗》，吹响了防汛抗灾的集结号，省防指高度肯定这篇评论。也是在 25 日，报社编委会下发《关于进一步做好当前防汛报道工作的紧急通知》，要求各时政类媒体把主要精力投入防汛抗灾主战场。6月30日，湖南日报编委会再次专题研究防汛报道，定准了报道基调。

7月1日（星期六）上午，面对一夜未停、越来越猛的暴雨，报社领导层商量决定召开紧急会议。当日中午，我省防汛应急响应从Ⅲ级提升至Ⅱ级。报社召集紧急会商调度会，决定提高响应等级，组建抗洪救灾报道工作领导小组。编辑记者全员取消休假，各媒体各部门负责人到岗到位。报社编委会再次下发了《关于当前防汛报道工作的紧急通知》。随后的一周，湖南日报编委会坚持一天一调度，相关岗位人员24小时值守。

（二）全员上阵、全情投入

抗洪报道期间，湖南日报共组织200多名记者编辑和工作人员投入抗洪救灾报道之中，报道阵容前所未有。本部分社、新老媒体、前方后方、白班晚班，全员出动，全情投入。汛情在哪里，记者就在哪里；抗洪战场在哪里，记者就在哪里；受灾群众在哪里，记者就在哪里。他们不但身在现场，而且全力以赴，奋不顾身。

我们的驻省防指报道组，从6月23日至7月10日连续蹲守省防指，及时传递动态信息，权威发布独家新闻。我们的各分社，社长们宝刀不老，带头采访写稿，年轻记者不遑多让；娄底分社记者周俊开着私家车奔赴新化，坚守三天三夜，洪水让他差点迷路；影像中心记者唐俊追着雨水跑了12天，在资阳区，为拍摄官兵们堵口战斗的瞬间，他跳进了洪流中……

抗洪期间，连续十多天，湖南日报晚班工作量急剧增加，时间大大延长，每天都奋战到凌晨4时以后，有几天下班时东方既白。晚上再上班，又是斗志昂扬。

（三）全方位报道、全景式呈现

抗洪期间，《湖南日报》每天以4～5个版的规模报道抗洪救灾，一共刊发稿件630多篇，全方位、多角度报道全省抗洪救灾的实况。我们报道了省委、省政府的重大决策与部署，报道了省防指的权威资讯与调度情况，报道了解放军、武警官兵、党员干部、数百万群众奋起抗灾的壮举，报道了各市州群起抗洪的动人景象。

我们的报道，量多、质优、速度快、影响大，受到中宣部、水利部、省委、省政府及各市州领导和广大读者充分肯定。在多达上百万字的报道中，出现了一批或鲜活生动感人肺腑，或气势磅礴分量厚重的好稿。杨元崇的《“送孕妇也是抢险！”》一稿，得到国家防总副总指挥、水利部部长陈雷的点赞。柳德新、刘勇的综述性报道《洪水为什么这么猛》，得到水利部陈雷部长高度评价：要向湖南学习，多用大家都看得懂的老百姓的语言，向社会生动、准确介绍水情汛情。

7月5日至8日，湖南日报以一版倒头条通栏的方式，连续推出四个长篇通讯：《历史将铭记这个夏天》《标注的，不仅是洪水新高度》《洪流中，挺起不屈的脊梁》《总有一种情怀温暖人心》，全景式描绘波澜壮阔的抗洪救灾画卷，谱写了万众一心、众志成城，坚韧不拔、敢于胜利的抗洪抢险图景。

（四）权威发声，有力引导

抗洪期间，《湖南日报》强化舆论引导，共发评论言论近30

篇，包括评论员文章、湘声、晨风、三湘时评、观点等，有效引导社会舆论，发挥了党报在舆论场“定海神针”的作用。

《闻“汛”而动，坚决打赢防汛抗灾这场硬仗》《再接再厉，夺取防汛抗灾最终胜利》等评论员文章，吹响了不同阶段战斗的冲锋号。《防汛关头，造谣传谣就是添乱添堵》《灾害面前，请做传递正能量的理性公民》等观点文章，扶正祛邪，引导舆论。7 月 11 日，湖南日报刊发了气势恢宏的“晨风”文章《胜利属于英雄的湖南人民》，歌颂了英雄的湖南人民，总结和弘扬了伟大的抗洪精神。

湖南日报还策划了“为什么”系列，包括《6 月，湖南雨量为何破“历史极值”》《洪水为什么这么猛》等，科学分析，释疑解惑，服务性、引导性很强，引起广泛关注。

（五）融媒传播，效果空前

“党报专业权威+新媒体快捷发布”的融合传播，是此次报道的亮点。抗洪期间，湖南日报的稿件，在 PC 端、移动端和“两微”等互联网平台的总点击量逾 1.7 亿次，影响空前。翔实的汛情、高层的声音、军民的奋战、感人的场景，通过“新湖南”等新媒体快捷传播，鼓舞了士气，凝聚了磅礴力量。

长沙、岳阳、邵阳、怀化、湘潭、娄底、永州、益阳、常德等 9 个分社，在“新湖南”市州频道进行抗洪直播，效果前所未有。其中，邵阳频道“邵阳迎战特大洪峰来袭”一天点击量 94.1 万次，长沙频道“直播洪峰过长沙”连续直播 101 个小时。怀化频道的《零伤亡，怀化是怎样做到的》，累计点击量达 297 万次，怀化市委给湖南日报寄来感谢信。

我们的体会

（一）紧跟省委、省政府决策部署是天职

湖南日报作为党报，其喉舌功能在抗洪报道中体现得淋漓尽致。我们把及时准确报道省委、省政府的决策部署作为第一位的职责，第一时间把省委、省政府的权威声音、科学决策、周密部署、精准调度，迅速传递到三湘四水。对省领导防汛会商形成的指令，湖南日报也借助新媒体及时呈现。

（二）加强分析研判、及时科学调度是关键

抗洪报道，如同抗洪抢险本身，加强研判、科学调度至关重要。这次抗洪报道，湖南日报一是前期做了充分的准备和研判，密切关注水文、气象信息，做到未雨绸缪，提前布局，没有掉进“狼来了”的陷阱；二是过程中及时调度，排兵布阵，不打乱仗。今年的雨情水情汛情十分复杂，暴雨在湘北和湘中湘南摆了两个来回，省里的部署、抗洪的实况每天都在变化，编委会坚持每天调度，传达指示精神，分析报道情况，部署报道任务。

（三）一支作风过硬、功底深厚的采编队伍是基础

这次抗洪报道，湖南日报之所以佳作多、反响大，根本原因就是拥有一支作风过硬、功底深厚和执行力强大的采编队伍。关键时刻，这支队伍拉得出、顶得上、打得赢。

一声令下，我们的记者奔赴前线，有的还跳进滚滚洪流；一个任务接下，我们的记者立即动笔，四五千字的稿子一天成稿；一个报道计划做出，我们的白班晚班就夜以继日，通宵达旦……他们的

大局意识、反应速度、写作功力都是顶呱呱的。那段时间，记者泥水里淘稿子，编辑夜灯下磨稿子，分管老总连续多天守电脑到深更半夜，这才有一篇接一篇、一版接一版的抗洪报道。

“沧海横流，方显英雄本色”，越是急难险重的任务，越是关键时候，党报人越证明自己是一支能打硬仗、值得信赖的队伍，党报越能发挥重大而独特的作用。

（2017 年 8 月）

新闻人要讲政治，用好新闻讲政治

2016 年 11 月 7 日，习近平总书记亲切会见中国记协第九届理事会全体代表和中国新闻奖、长江韬奋奖获奖者代表并发表重要讲话，勉励广大新闻工作者坚持正确政治方向，做政治坚定的新闻工作者；坚持正确舆论导向，做引领时代的新闻工作者；坚持正确新闻志向，做业务精湛的新闻工作者；坚持正确工作取向，做作风优良的新闻工作者。

“四向四做”，从政治上、业务上、作风上对新闻工作者提出了明确要求，它和习近平总书记在有关意识形态工作的历次重要讲话特别是 2016 年 2 月 19 日在党的新闻舆论工作座谈会上的讲话，对新闻工作者的要求是一致的。在“2 · 19”讲话中他要求：“要深入开展马克思主义新闻观教育，引导广大新闻舆论工作者做党的政策主张的传播者、时代风云的记录者、社会进步的推动者、公平正义的守望者。”“要加快培养造就一支政治坚定、业务精湛、作风优良、党和人民放心的新闻舆论工作队伍。”

“四向四做”是一个统一的整体，不可偏废。仔细加以分析和概括，前“两向两做”是要求新闻工作者讲政治，听党话，跟党走；后“两向两做”是讲新闻工作者要提高素质，锤炼作风，用好新闻这个武器和阵地来讲政治。也就是“新闻人要讲政治”和“用好新闻讲政治”的问题。

坚持政治家办报，旗帜鲜明讲政治

“正确政治方向”是对中国新闻工作者的根本要求，也就是要在思想上、政治上、行动上和以习近平同志为核心的党中央保持高度一致，做党的政策主张的传播者。媒体负责人要牢记“政治家办报”，而不能书生办报，糊涂虫办报；所有编辑记者都要牢固树立“四个意识”，即政治意识、大局意识、核心意识、看齐意识；所有媒体、版面、稿件都要体现讲政治的要求。新闻工作者要坚持党性原则，坚持党媒姓党，绝对忠诚，坚定宣传党的理论和路线方针政策，坚定宣传中央重大工作部署，坚定宣传中央关于形势的重大分析判断，坚决同以习近平同志为核心的党中央保持高度一致，坚决维护中央权威。这一点必须毫不含糊。当前，主流媒体最大的政治任务，就是要兴起迎接党的十九大宣传热潮，宣传好习近平总书记系列重要讲话精神和党中央治国理政新理念、新思想、新战略。

以正能量为总要求，坚持正确舆论导向

“正确舆论导向”是坚持正确政治方向的必然要求。习近平总

书记在“2·19”讲话中提出“八个讲导向”的要求：新闻舆论工作各个方面、各个环节都要坚持正确舆论导向。各级党报党刊、电台电视台要讲导向，都市类报刊、新媒体也要讲导向；新闻报道要讲导向，副刊、专题节目、广告宣传也要讲导向；时政新闻要讲导向，娱乐类、社会类新闻也要讲导向；国内新闻报道要讲导向，国际新闻报道也要讲导向。

坚持正确舆论导向就要做到坚持团结稳定鼓劲，正面宣传为主，传递正能量，但并非不要舆论监督。因为准确、科学、依法、建设性的监督，注重社会效果的监督，同样能传递正能量。习近平总书记指出：新闻媒体要直面工作中存在的问题，直面社会丑恶现象，激浊扬清、针砭时弊，同时发表批评性报道要事实准确、分析客观。正确导向不是说没有批评、没有揭露、没有抨击，有时正能量恰恰是通过批评、揭露、抨击实现的，掌握好时度效就能释放最大的正能量。

用好新闻讲政治

前一阶段中央党校开展了“用学术讲政治”的大讨论，对中国特色社会主义条件下学术与政治的关系进行了厘清。新闻界同样有一个“用新闻讲政治”的问题。讲政治是根本要求，但我们是通过新闻这个载体、手段来讲政治，不是通过召开会议、宣读文件来讲政治，也就是要用好新闻来讲政治。

“用好新闻讲政治”的要点是什么？最基本的有三条：尊重新闻规律，落实“以人民为中心”，注重传播效果。

尊重新闻规律。做新闻要讲究新闻规律。什么是新闻规律？五个 W 是新闻规律，真实、及时、准确、客观、平衡是新闻规律。当然做新闻又不能只知道或只讲新闻规律，还必须落实宣传要求，寓宣传于新闻之中。

用符合新闻规律的方式搞宣传，就不能讲空话套话，不能照抄文件和报告语言，不能摆出一副灌输和宣传的架势。要善用比兴手法而不是直来直去；善于讲故事，用事例，见人见物见精神；语言要接地气，有味道，感人心。在新闻管理上，要疏堵结合，以疏为主；要注意发挥主流媒体公信力和引导力的优势，重大信息多授权主流媒体及时发布和评论；注意发挥人民群众的作用，用好舆论场的自净功能；注意发挥各种媒体的特性与自主性，在导向标准一致的前提下，不追求过度的同一性，以免造成同质化；注意用好新媒体，根据新媒体全天候、便捷性的特点，快速发布、滚动发布，让主流声音和事实真相跑赢传言与谣言。

落实“以人民为中心”。“以人民为中心”就是坚持人民立场。在我国，党性和人民性是统一的，强调新闻媒体做党的喉舌和坚持“以人民为中心”也是不矛盾的。“以人民为中心”是习近平总书记治国理政的重要理念，他多次要求新闻媒体坚持“以人民为中心”的工作取向。落实这一取向，首先要把镜头对准基层，把版面留给群众，让人民群众成为新闻的主角，也成为媒体的主角。其次要反映人民呼声，通达社情民意。人民群众通过主流媒体反映意见呼声，是对党和政府信任的表现，也是畅通信访渠道、促进问题解决的一种方式。网络时代，人民群众主要通过互联网反映情况，表达诉求，主流网站和客户端应承接这一功能。习近平总书记说，“老百姓上了网，民意也就上了网”，各级干部要通过网络走群众路线。落实“以人民为中心”，关键是媒体人要把思想感情移到人民群众一边，欢乐着人民的欢乐，忧患着人民的忧患。弘扬职业精神、恪守职业道德，自觉履行社会责任，做社会进步的推动者、公平正义的守望者。

注重传播效果。习近平总书记特别希望我国新闻工作者做出“上乘的宣传”和“看不见的宣传”：上乘的宣传看起来要像从未进行过一样，最好的宣传要让被宣传对象沿着你所希望的方向走，却认为是自己在选择方向。这就是说要讲究传播效果。一要把握好时、度、效，就是要在最合适的时机，以最精准的尺度、最恰如其分的分寸，做好信息发布和舆论引导工作。二要主动设置议题，引领舆论而不是跟着舆论跑。主流媒体一定是议题的设置者而不是被动的转载者，是舆论的引领者而不是跟风炒作者。三要加强新闻创新。习近平总书记指出，党的新闻舆论工作必须创新理念、内容、体裁、形式、方法、手段、业态、体制、机制，增强针对性和实效性。人民日报客户端的“军装照”融媒体产品，达到10亿级的传播量，成为真正的“爆款”，就是新媒体时代的创新范例。

（中国记协网 2017 年 9 月 20 日）

推进媒体深度融合的路径与思考

——以湖南日报社为例

历程

融合发展，是媒体行业近年来面临的最深刻的变革。从世纪之交互联网媒体出现开始，就存在一个媒体融合的问题，就开始了媒体融合的过程。但推进媒体深度融合发展，则是近年来移动新媒体出现以后的事。在这方面，中央的顶层推动是一个强大的动力。从2013年的“8·19”讲话到2016年的“2·19”讲话，习近平总书记多次就加快推进传统媒体和新兴媒体融合发展做出重要指示，提出明确要求：“要遵循新闻传播规律和新兴媒体发展规律，强化互联网思维，坚持传统媒体和新兴媒体优势互补、一体发展，坚持先进技术为支撑、内容建设为根本，推动传统媒体和新兴媒体在内容、渠道、平台、经营、管理等方面的深度融合。”2017年1月，中宣部召开推进媒体深度融合工作座谈会，明确移动优先战略，使传统媒体和新兴媒体深度融合进入了普遍性的操作阶段。

与兄弟党报一样，党的十八大以来，湖南日报社也开始了移动新媒体的建设，以及传统媒体与新媒体融合发展的探索。2015 年 8 月 15 日，由报社自主开发的“新湖南”客户端正式上线。近两年来，“新湖南”白手起家，目前累计下载用户量已达 1760 万，位居全国省级党报客户端前列，办出了一家有一定影响的党报新媒体，锻造了一支积极投身新媒体的队伍。以“新湖南”为融合创新引擎，湖南日报社积极探索再造采编流程，实现转型升级，加快深度融合。

对“新湖南”的发展，中宣部《新闻阅评》专文肯定，《人民日报》《中国记者》《新闻战线》和清华大学等媒体和机构也给予了积极的专业评价。今年（2017 年）5 月，“新湖南”客户端获得湖南省委省政府颁发的湖南省首届“文化创新奖”，是获奖项目中唯一的客户端产品，初步实现了建设“湖南移动传播第一端”的目标。

战略

2017 年初，中宣部召开推进媒体深度融合工作会后，我们更加积极行动起来，加速推动新老媒体融合。春节以后，报社召开的第一个大会，就是推进媒体深度融合发展大会。会后，我们出台了《湖南日报社加快推动媒体融合行动方案》，从战略层面规划了湖南日报社推进媒体深度融合的时间表、路线图、任务书。

战略目标。目前，报社有以《湖南日报》为旗舰的 11 家纸媒，有以“新湖南”为母体、包括100个左右“两微一端”在内的移动新媒体矩阵，有以华声在线为代表的10个左右互联网平台。我们的战略目标，就是以《湖南日报》、“新湖南”客户端、华声在线网站为核心，通过深度融合，在2017年开始的两年内实现“你就是我，我就是你”，融为一体，合而为一。

战略重点。中央政治局委员、中央书记处书记，中央宣传部部长刘奇葆在推进媒体深度融合工作座谈会上指出：“推动媒体融合发展，必须顺应移动化大趋势，强化移动优先意识，实施移动优先战略。”截至2017年6月，我国网民总数7.51亿人，其中移动网民7.24亿人，占比96.3%，移动化的速度之快、规模之大，世所罕见。面对这种趋势，湖南日报社明确“新湖南”优先的战略。在领导力量上优先，2015年即成立了新媒体工作领导小组，由时任总编辑兼任新媒体中心总编辑，用超常规、非对称的方式“猛烈扩大‘新湖南’”。在内容上优先，《湖南日报》重大时政报道、突发事件报道、重大舆论引导稿件优先“新湖南”刊发，独家策划的“深读”“观察”“好文”等优质内容，“新湖南”和报纸同步刊发；同时，鼓励“新湖南”积极打造基于移动互联网的爆款产品。在人才上优先，两年来，报社一批年轻新锐力量进入“新湖南”，现在，“新湖南”所在的新媒体中心，共有50多人，平均年龄33岁，是报社最年轻、最有活力的一个团队；同时，为延揽优秀人才，报社在薪酬待遇上向新媒体中心倾斜。在技术上优先，以搬迁到新大楼办公为契机，报社正在建设融媒体调度指挥中心，也就是“中央厨房”。这个“中央厨房”，以全报社媒体深度融合为目标，打破各个媒体采编系统的隔绝和壁垒，实现指挥协同、资源共享、流程再造。特别是优先满足新媒体的需求，为新媒体对大数据、云服务的需求做了技术设计和研发，预留了空间。

战略路径。在这方面可以用三句话概括："两年三步走""农村包围城市，地方先行先试""分进合击，中央突破"。从 2017 年开始，在两年时间内分三步走，实现传统媒体与新媒体各部门的资源重组、机制再造、合并相融。第一步，2017 年，建成"中央厨房"，实现采编资源全社共享，各媒体自身融合发展分进合击，市州全媒体分社先行探路。第二步，2018 年上半年，《湖南日报》、"新湖南"、华声在线先行实现报端网"三位一体"，构建深度融合核心平台。第三步，2018 年下半年，全社完成全面深度融合目标。组建全媒体垂直报道中心，各媒体在内容生产机制上融为一体，合而为一。

战略架构。在党组下面设立媒体融合发展工作领导小组，负责全社媒体融合的顶层设计，推进媒体融合工作的组织实施和目标考核。在编委会下面设立湖南日报社融媒体调度指挥中心，统领全社融媒体采编工作的宏观指挥调度，负责全社重大宣传任务统筹、重大选题策划、采编力量指挥。

战略枢纽。即"中央厨房"。"中央厨房"既是硬件基础和技术平台，也是大脑和神经中枢，具备集中指挥、采编调度、高效协调、信息沟通等基本功能。主要包括指挥调度中心、采编发联动平台这两个层级。目前我们利用搬迁新大楼之机，正在设计、建设"中央厨房"，既包括物理空间，也包括指挥协同系统及融媒体采编发平台。

战略支撑。全媒体传播需要全媒体人才，媒体的核心优势是人才优势。我们主要是盘活现有人力资源，立足于各媒体的持证新闻采编队伍，从中挑选，组织起一支新媒体团队，边干边学，在实战中锤炼新媒体能力。两年多来，报社还斥资 120 多万元，联合清华大学、复旦大学、中国人民大学、中山大学等高校主办了 4 期新媒体高级研修班，200 余名青年编辑记者分批到这些高校学习，夯实了融合转型的基本力量。今年以来，各市州分社的记者分批到“新湖南”跟班学习，掌握融媒体技术。

认识

（一）以内容建设为根本。进入互联网时代后，曾经有人认为不是内容为王，而是平台为王；今后不是内容驱动，而是技术驱动；不必要做原创内容，做内容的搬运工或聚合器就行。我们不否认平台的重要，但没有内容，光有货架不行；不否认技术的重要，但技术是为内容服务的；如果谁都不做原创，只去转载、聚合，那不是无源之水无本之木吗？都讲要振兴实体经济，新闻舆论的实体经济就是原创内容。作为党报人，我们一定要以提供原创、优质、新鲜、稀缺，能够导向、吸睛、益智、养心、启思的内容为根本追求。内容基础不牢，融合就会是空中楼阁。

（二）防控导向风险。正确导向是媒体的生命线。在媒体融合过程中，新老媒体交织，新旧话语体系并存，新老人员并用，流程在改造，技术在调试，有可能出现一定的导向风险，需要我们引起高度注意。特别是新媒体矩阵的扩大，各专业领域和市州区县垂直频道的增加，使新媒体的审稿把关任务呈几何级数增加。新媒体的导向要求和传统媒体是一个标准、一个尺度。尽管新媒体内容可能是采用短信、微信、语音等方式随时随地审稿，但决不能因为求快而简省程序、降低层级。不管媒体形态如何变化，导向掌控永远是党媒最重要的责任。

（三）抓住转型“窗口期”。“一打纲领不如一次行动。”稳妥把握，谋定后动，无可厚非。但媒体融合转型发展，作为一种革命性的变化过程，既无先例可循，更无十全十美的方案可复制。转型“窗口期”稍纵即逝，如果等所有的问题都想清楚再干，就会错失重要的战略机遇期。新技术发展所带来的传播生态的剧烈变化，迫使我们必须在行动中发现问题、解决问题。

需要解决的三个问题

（一）如何在媒体融合、门户独大的时代活下来？移动媒体优先、媒体深度融合加快了媒体更新迭代的过程，加速了传统媒体特别是纸媒的边缘化。现在，都市类纸媒如自由落体下降，党报虽有所保障，但广告也摸到了天花板；新媒体在传播格局中已经占据绝对优势，但它的盈利能力还没有跟上来。目前正是党报系统比较困难的时期，但必须咬牙挺过，必须想方设法先活下来。我们认为，实施移动优先战略，并不意味着纸质媒体的党报可有可无了，可以被替代或者削弱了。党报这张新闻纸及其背后的人才、内容、经验、广告及整个工作体系，仍然是报社的核心资源，是发挥党报

“中流砥柱”“定海神针”作用所不可或缺的。

（二）媒体融合、“中央厨房”运行中如何形成既统一指挥又发挥各个平台优势，既高度集中又激发微观活力的运行机制和工作模式？在一个媒体集团内，有不同的媒体定位，有不同的利益主体。如何协调矛盾，谋求最优秩序与效果，需要好好把握。有人说，媒体深度融合，重要的不是机构，而是机制，这是很有道理的。机构的整体性、颠覆性重组并不容易，而机制的创新、作战单元的重构相对容易实现。

（三）如何真正把新闻媒体的版权保护好，让内容的生产者获得属于自己的利益，有尊严地活下去？对做内容的人来说，最痛苦的莫过于优质的内容得不到回报。这需要版权保护制度的完善和版权保护行动的开展。随着大型门户网站越来越偏好做抓取、聚合、分发，传统主流媒体要更加重视新闻作品的版权保护。前一段传统媒体也发布了版权保护公告，声势不小，但实际效果并不理想。内容价值被低估，法律不完善，单打独斗，维权成本高，中国人免费阅读成习惯，等等，都是横亘在我们面前的大山。我们应该向中国音乐著作权协会等机构学习，成立类似的版权保护联盟，以集体谈判的方式与大型商业门户网站博弈，维护属于我们的正当权益。

（2017 年 9 月）

让党报的旗帜高高飘扬在舆论场上

习近平总书记在全国宣传思想工作会上指出，新形势下的宣传思想工作，要把统一思想、凝聚力量作为中心环节，把举旗帜、聚民心、育新人、兴文化、展形象作为使命任务。

完成好这一使命任务，主流媒体需要增强自身的传播力、引导力、影响力、公信力；同时要增强新闻舆论工作者的脚力、眼力、脑力、笔力。如何增强这 8 项能力，让党报的旗帜高高飘扬在舆论场上，笔者以《湖南日报》为例试加阐述。

把党报的旗帜高高举起来

这些年，一部分党报面临较大困难：受众迁移导致传播力下降；商业性新媒体冲击造成影响力萎缩；其主管主办的都市类媒体营收断崖式下降，连累整体财务状况不佳；精英人才流失造成队伍人心不稳，士气低落……党报纸媒被唱衰，新媒体盈利又没跟上，一些都市类和地方性媒体已经面临生死存亡的问题，党报队伍似乎弥漫着一股悲观气氛，甚至出现了“红旗到底能打多久”的疑问。

在这样的情况下，作为党报人，必须保持定力、坚守阵地，把党报的旗帜高高举起来。笔者认为，虽然党报面临许多困难，但党和政府对党报高度重视，大力支持；党报的品质和公信力仍然是商业性媒体所无法比拟的，人民群众对党报的信任度依然是很高的；大部分党报的营收是稳步增长的；党报新媒体发展迅速，在舆论场上开始显山露水；党报集团仍然拥有功底深厚、素质优良的优秀人才。因此，我们应该坚定信心，决不能惊慌失措，自乱阵脚；更不应丢盔卸甲，自毁长城。

习近平总书记指出，党的新闻舆论工作是党的一项重要工作，是治国理政、定国安邦的大事，承担着“高举旗帜、引领导向，围绕中心、服务大局，团结人民、鼓舞士气，成风化人、凝心聚力，澄清谬误、明辨是非，联接中外、沟通世界”的职责使命。新形势下，党的新闻舆论工作必须牢牢把握正确舆论导向，唱响主旋律，壮大正能量，做大做强主流思想舆论。党报是以新闻宣传为主业的媒体，也是一个地方最重要的主流媒体之一，如果党报人不坚守阵地，又怎能做大做强主流思想舆论？如果党报人不把党报的旗帜高高举起来，让党报的旗帜在舆论场上高高飘扬，又怎能做到把党的旗帜高高举起来，让党的旗帜在全社会高高飘扬？坚守阵地不能无所作为，必须坚持定位，坚决担当。

坚定“党报姓党”。《湖南日报》是湖南省委机关报，省委省政府的耳目喉舌。必须坚定“党报姓党”，坚持“政治家办报”，增强政治意识、大局意识、核心意识、看齐意识，坚决维护习近平总书记的核心地位，坚决维护以习近平同志为核心的党中央权威和集中统一领导。把宣传好习近平新时代中国特色社会主义思想及其实践成果作为首要任务，把报道好省委省政府的重大决策、重要部署、重点工作作为工作重点。

坚持以人民为中心。党性和人民性是统一的，党报姓党和党报以人民为中心是统一的，传播党的主张和通达社情民意也是统一的。我们不但要宣传省委省政府的重大决策、重要部署，而且要跟踪报道这些决策和部署的落实情况、实际效果；要坚持“走转改”，俯下身，沉下心，将镜头和笔触对准三湘大地，将版面和时段留给人民群众；要充分发挥公开报道、内参、信息专报的作用，加强问题反映和舆论监督，维护人民群众的根本利益，促进公平正义和社会进步。

做湖南的“通讯社”。自觉承担官方媒体的发布功能，充分利用好《湖南日报》政治站位高、信息渠道畅通的优势，当好省委、省政府的重大信息受权发布平台，做湖南的“通讯社”。一是刊发好省委省政府的重要政策性文件。中央要求：“各地各部门可公开的重大政策、重要信息，第一时间通过主流媒体发布。”二是发布好重大突发事件、热点问题口径稿和其他重要信息。三是加强对涉及湖南改革发展稳定重大问题的舆论引导。四是开展形势宣传、成就宣传、典型宣传，对湖南经济社会各领域进行深入权威报道。

写好湖南日记。毛主席当年对《湖南日报》的要求就是成为湖南的日记，习近平总书记也要求新闻工作者成为“时代风云的记录者”。既然是湖南日记，就要把必须记、值得记的东西记下来。报纸还是新闻纸，重大新闻不能缺失。为此，必须抢占新闻资讯第一落点，减少碎片化、同质化、缺乏新闻价值的报道，增加独家的、重大的、短小精悍的优质新闻。

让言论评论成为最亮的那抹红色

当下的舆论场，不缺信息，但缺乏对信息的深度分析；不缺声音，但缺乏理性正确的声音。党报要发挥举旗定向、凝聚人心的作用，必须用好言论评论这个工具。言论评论是党报的灵魂，是党报直接影响社会舆论最权威、最有力的宣传形式。高扬党报的旗帜，关键是高扬言论评论的旗帜。

近年来，《湖南日报》把言论评论作为提高舆论引导力和内容影响力的核心要素来抓，强化领导力量，充实评论队伍，扩大评论阵地，形成了社论、“湘声”、“晨风”文章、评论员文章、三湘时评、观点专版等在内的全方位评论矩阵。

敢于发声、及时发声。针对中央重大部署，面对重大社会现象和热点问题，党报评论应该敢于介入，表明态度，引领风向。过去一段时间，主要是求稳怕出错的思想作怪，一些地方党报很少主动对中央的重大部署、重要精神开展评论，更少主动介入社会热点。往往网络媒体已经舆论鼎沸了，或者错误观点在舆论场上招摇过市了，主流媒体还没有态度，故作高冷，把舆论引导权拱手让给网络大 V、意见领袖。近年来，《湖南日报》不待扬鞭自奋蹄，在评论上主动作为，取得良好效果。2016 年的《让我们不忘初心继续前进》

系列评论，全网点击量 3200 多万次；2017 年抗洪救灾，密集发声，短短 10 来天时间里，共刊发评论 30 多篇；十九大期间，及时推出双系列评论（即评论员文章系列和十九大时评系列），稿件发布数量居全国省级党报第一，转载落地量排名第二。2018 年全国两会期间，继续推出双系列评论，总共刊发 52 篇评论。至于重大社会热点，包括雾霾治理、问题疫苗、“花样美男”热等，《湖南日报》评论基本都有介入。

鲜明的战斗风格。党报评论要有力量，就不能只讲正确的废话、架子十足的官话、标准化的套话、你好我好的场面话，而要直面问题，直击要害，发扬斗争精神，体现战斗风格。从 2018 年 6 月 19 日到 7 月 19 日，在一个月的时间内，《湖南日报》分别就“促进长沙房地产平稳健康发展”、“守好网络舆论阵地”和“反对基础设施建设中的不切实际现象”，在一版重要位置发表了 3 组共 12 篇“晨风”评论文章；7 月 30 日至 8 月 15 日，《湖南日报》又就深入学习贯彻习近平总书记对湖南工作的重要指示精神和进一步做强做优广电和出版湘军刊发 10 篇社论和 3 篇“晨风”。这一系列社论和“晨风”评论，坚持问题导向，坚持立破并举，对湖南某些领域存在的问题进行了尖锐的揭露和直率的分析。在揭开种种乱象，澄清各种模糊观点和错误认识的同时，着眼于凝聚共识、科学引导、积极建言、推动问题解决。几组评论引发热烈反响，全网点击量超过 4000 万，几十万网友留言点赞。很多网友评价“‘晨风’说出了党委政府要说的话、人民群众想说的话、主流媒体必说的话，写到了人民群众的心里”。

新鲜活泼的文风。评论要征服人心，一靠说理，真理的力量；二靠表达，阅读的快感。面对今天的受众，党报评论一定要多接地气，从高入云端转向行走凡间，从端起架子变为亲切有味，从不走心转向贴心贴肺，从僵硬老套变为新鲜活泼。近年来，《湖南日报》推出的社论、编辑部文章、“晨风”评论、评论员文章、时评文章，都追求表达观点直接、鲜明，毫不吞吞吐吐，欲说还休。不堆砌大话空话，不说教、不矫情，做到有温度、接地气、感人心。以有灵魂、有文采的文字，让读者享受思想之美、语言之魅。湖南省委书记杜家毫肯定《湖南日报》的评论“导向鲜明，文风清新，体现了讲事实、摆道理、有风骨”。

通过几年的艰苦努力，言论评论已经成为《湖南日报》的核心优势，成为湖南卫视、红网等湖南主流媒体转播转发的头部内容，占据了湖南舆论场的第一高地，成为党报旗帜上最亮的那抹红色。

将红旗插到互联网主阵地上

截至 2018 年 6 月，我国网民规模达 8.02 亿人，占总人口的 57.7%；手机网民规模达 7.88 亿人，网民通过手机接入互联网的比例高达 98.3%；网络新闻用户规模为 6.63 亿人，网民使用比例为 82.7%，其中，手机网络新闻用户规模达 6.31 亿人，占手机网民的 80.1%。可见，互联网特别是移动互联网已经成为新闻宣传和意识形态工作的主阵地、主战场、最前沿。既然主阵地、主战场已从传统媒体转向新媒体特别是移动新媒体，我们就要适应这种变化，将红旗插到并使之高高飘扬在互联网阵地上。对党报而言，抢占互联网阵地，需要做两方面工作。

一是做大做强互联网平台。湖南日报社主要是“猛烈扩大”党报新媒体——新湖南客户端，拓展两微平台。大力推进融合发展行动计划，坚持移动优先。目前，新湖南客户端累计下载量超过1900万，日发稿量800条以上，日活率160万，成为“湖南新闻第一端”。完成14个市州融媒体分社建设，实现湖南日报社所有媒体驻市州机构和媒体平台的统一管理。首期投资4000多万元，建设“中央厨房”项目。积极参与县级融媒体中心建设，2018年7月，报社与中宣部试点地浏阳市合作成立了湖南第一家县级融媒体中心。以“新湖南云”为载体，积极推进“新湖南”从“端”到“云”的战略升级。到2018年8月，“新湖南云”已完成区县、省直、高校类签约项目总计达102个。在微博微信方面，目前报社共有79个媒体官方微博、微信公众号和外驻号，形成了立体传播矩阵，特别是“湘伴”微信公众号，已经成为湖南第一时政公号。

在媒体融合上，2017年初我们出台了《湖南日报社加快媒体融合行动方案》，目前，又制定了湖南日报社的融媒体架构方案，以“中央厨房”建设为契机，通过机构重组、流程再造，“两年三步走”，实现《湖南日报》、新湖南客户端、华声在线网站等媒体的深度融合。

二是做精做优内容，必须坚持两条腿走路，做好三篇文章。所谓两条腿走路，就是传统媒体和新媒体同时发力，双向出击。所谓做好三篇文章，一篇是充分利用《湖南日报》的人才优势、创优机制，源源不断提供头部内容。目前阶段报纸还是党报集团核心优质内容的主要源头，决不能把党报的内容做单薄了。第二篇是充分利用新媒体的传播优势，加强对传统媒体所生产内容的推送传播，利用诸如置顶、反复推送、进行新媒体化改造、各类公号同步转发等方式，提高到达率、阅读率和点赞率（转发率），形成刷屏、霸屏效应。第三篇是大力开发具有新媒体气质的爆款内容。新媒体光充当传统媒体内容的搬运工或改造者是不够的，必须经常设计开发一些具有网红魅力的爆款内容，用极简创意设计、无门槛全民互动等方式，实现主流宣传大众化、流行化。在这方面，人民日报客户端做出了示范。2017 年的军装照，累计下载达 10.74 亿次，创造了融媒体产品的世界纪录。

全面提高新闻队伍的战斗力

习近平总书记反复强调的脚力、眼力、脑力、笔力，的确是新闻记者的核心能力，也是新闻工作者的战斗力之所在。党报要提高舆论传播力、引导力、影响力、公信力，首先必须增强新闻工作者的脚力、眼力、脑力、笔力。

脚力是新闻记者的第一能力。“脚板底下出新闻”“新闻记者要像狗一样，有一只灵敏的鼻子和一双勤快的双腿”，说的都是腿勤的重要性。老一辈新闻工作者在这方面做出了表率。范长江行走大半个中国，写出《中国的西北角》和《塞上行》；穆青的传世名作《县委书记的榜样——焦裕禄》，是他带着新华社记者走访了兰考县的几十位干部群众后的产物。然而，一直以来记者中也有一种不好的风气：泡在会上抓新闻，用通稿当新闻，到网上扒稿洗稿当自己的作品，或者拿通讯员的稿子改改就发了。不愿吃苦，不愿下去，不愿到新闻现场，导致新闻越来越贫乏，“事实不够用了”。这种风气必须扭转。

眼力就是眼光。什么是新闻，什么不是新闻；什么是真新闻，什么是假新闻；什么是好新闻，什么是平庸的新闻，这需要有一双慧眼。练就这样一双慧眼，需要感觉，需要经验，也需要正确的新闻观、价值观。只有热爱新闻事业，既通晓新闻规律又了解人民大众，保持对社会生活敏锐的感知，才能捕捉到好的新闻线索，抓住稍纵即逝的新闻题材，写出好的新闻作品。

脑力就是要善于动脑筋，有深邃的理性思辨能力。不要以为只有理论工作者才需要理论素养和理性思维。延安时期，毛泽东同志为《新中华报》题词“多想”，鼓励报纸工作人员多动脑、多分析。处身信息爆炸、真伪莫辨的移动互联时代，更需要掌握披沙拣金、去伪存真的本领，练就拨云见日的功夫，在众声喧哗、乱云飞渡中直捣黄龙，探骊得珠。分析万象、引导舆论、写好典型、总结成就，这些都需要强大的“脑力”。

笔力就是写作能力。脚力、眼力、脑力，最后都要通过笔力来体现。一大堆素材，满脑子想法，最后写不出来，也是枉然。对新闻工作者来说，能写得一手漂亮文章太重要了，因为受众看的是作品。笔力没有巧，用心用功、多学多练是基本功。多向前辈大师学习，向新闻经典名篇学习，就能摸到门道；不怕失败，不惮反复，一篇一篇练，一天一天提高，就一定能攻下写作关。

近年来，湖南日报社通过践行“走转改”、组织“新春走基层”、开展编辑记者到基层和项目建设一线实践锻炼等多种方式，增强记者的脚力；更有一大批市州分社记者天天在全省新闻现场实地采访，提供“沾泥土、带露珠、冒热气”的鲜活新闻。通过举办马克思主义新闻观培训班、送出去到高校接受培训和延请新闻界卓有成就者上门辅导等方式，提高新闻从业人员的眼力。通过常态化地传达学习习近平新时代中国特色社会主义思想和中央、省委重要文件，对社会热点问题和思潮进行分析研讨等方式，锻炼编辑记者的脑力。通过考评阅评、优稿分享等办法，帮助提高记者的笔力。

关键时刻显底蕴，重大报道见水平。通过锤炼记者“四力”，锻造新闻铁军，湖南日报社整个队伍的采写能力、创优能力不断增强，内容生产能力大大提高，党报的美誉度、影响力大大提升。2017 年以来湖南日报社投入的三大重点报道充分证明了这一点。一是抗洪报道。不平凡的 2017 年夏天，整个报社闻汛而动、向水而行，最早刊发评论，最早全社动员，200 多人上阵，一共刊发稿件 630 多篇，总点击量逾 1.7 亿次，完整记录、呈现了湖南人民抗击历史罕见的特大洪水的伟大斗争，彰显了党报砥柱中流的责任与担当。二是十九大报道。大会一开幕，即确定以“新时代　新征程”为呼号，连续多日不散光、不偏向，打出了一系列“组合拳”，做到了“有声有色有气势、出新出彩出精品”。三是 2018 全国两会报道。湖南日报社精心策划，尽锐出战，前后方联动，全媒体出击。共刊发 316 个版，868 篇报道，549 幅图片；新媒体报道 3340 篇，产品 98 个，总点击量 8100 多万，获得中宣部十次表扬。

（《传媒》2018 年 9 月第 18 期）

增强两个“四力”，做大做强主流思想舆论

习近平总书记在全国宣传思想工作会议上指出，新形势下的宣传思想工作，要把统一思想、凝聚力量作为中心环节，把举旗帜、聚民心、育新人、兴文化、展形象作为重大使命。对于湖南日报社来说，五大使命个个与我们相关，特别是聚民心，是我们的首要任务。这就是要牢牢把握正确舆论导向，唱响主旋律，壮大正能量，做大做强主流思想舆论。

完成好这一使命任务，需要我们增强两个“四力”。第一个“四力”是主流媒体的“传播力、引导力、影响力、公信力”。传播力决定影响力，引导权决定话语权。在竞争激烈、众声喧哗的舆论场上，主流媒体只有主动发声，加强引导，广泛传播，才能牢牢掌握主导权，发挥举旗定向、一锤定音的作用。近期，湖南日报在省委的领导下，在省委宣传部、省委政研室的组织下，连续刊发四组“晨风”、十篇社论，就贯彻落实习近平总书记对湖南工作的重要指

示精神、推动解决湖南经济社会文化领域的一些突出问题，进行了积极引导。这些文章产生了强烈反响，极大增强了湖南日报的影响力和美誉度。第二个“四力”是新闻舆论工作者的“脚力、眼力、脑力、笔力”。这是2016年习近平总书记在党的新闻舆论工作座谈会上首次提出来的。脚力就是要有勤快的双腿，脚板底下出新闻；眼力就是要有一双善于发现、捕捉新闻的眼睛；脑力就是要有比较深的理论功底和思维能力，不人云亦云；笔力就是要在新闻业务上有几把刷子，写得一手漂亮文章。只有“四力”高超，才算是高水平的新闻工作者。

（2018年9月）

评论合为时而作

——《湖南日报》重大主题评论的创新实践

当前，党报评论迎来了最好的时代，面临极为难得的机遇；新时代也给党报评论工作赋予了重大的责任和使命。能否抓住机遇，主动作为，创新突破，创造党报评论的新辉煌，考验着每一个党报评论工作者。

近年来，《湖南日报》把言论评论作为提高舆论引导力和内容影响力的核心要素来抓，提出“让言论评论成为党报旗帜上最亮的那抹红色”的响亮口号，强化领导力量，总编辑直接管评论、写评论；充实评论队伍，组建了以理评部为基本力量，以兼职评论员为骨干，以社外评论员为外围的评论员队伍；扩大评论阵地，形成了社论、“湘声”、“晨风”文章、“宁心”文章、编辑部文章、评论员文章、三湘时评、观点专版等在内的全方位评论矩阵。

评论合为时而作，评论与时代共生长。新时代，《湖南日报》的言论评论着重在以下几个方面发力：

围绕习近平总书记重要论述开展评论。习近平新时代中国特色社会主义思想是评论之魂，是最重要的评论主题，结合实际宣传阐发这一思想是党报最重大的评论任务。今年（2019年）全国两会，围绕总书记“下团组”的重要讲话，我们开设《学习夜评》专栏进行集中评论宣传。每天晚上央视新闻联播播出总书记“下团组”的新闻后，评论团队即讨论确定主题、角度、执笔者，立即写作，当晚12点前在“新湖南”客户端推出，第二天在《湖南日报》见报。6篇《学习夜评》点击量都很高，并且都为学习强国总平台等全国性媒体平台所转发。同时我们还推出了“两会时评”系列。

这一做法也不是今年的首创。党的十九大期间，《湖南日报》就推出了双系列评论（即评论员文章系列和十九大时评系列），稿件发布数量居全国省级党报第一，转载落地量排名第二。2018年全国两会期间，我们继续推出双系列评论，总共刊发52篇评论。2018年全国宣传思想工作会议后，我们刊发了7篇系列评论员文章。

我们特别注重聚焦习近平总书记的重要指示精神，结合湖南实际开展评论。根据省委要求，2018年，围绕总书记对湖南工作的重要指示精神，我们梳理了10个方面的要求，撰写了10篇社论，在一版重要位置连续刊发，引起湖南干部群众的强烈反响。省委宣传部、省委政研室把我们的10篇社论汇编成册，下发各级党委理论学习中心组学习。2019年习近平总书记在江西召开推动中部地区崛起座谈会后，我们就贯彻落实总书记讲话精神连续刊发了5篇社论。“不忘初心、牢记使命”主题教育开展以来，我们先后刊发1

篇社论、5篇评论、15篇“学习笔谈”、7篇“宁心”文章，形成了一个立体化、全角度的评论体系，中宣部《新闻阅评》专文予以肯定。

针对当下重大社会问题发声。新时代，面对百年未有之大变局、面对层出不穷之问题、面对空前繁重之任务，党报评论应该挺身而出，响亮发声，引导舆论。2018年以来特别是2019年5月以来，就中美经贸摩擦和香港修例风波，央媒发表了大量观点鲜明、火力全开、提神解气的评论文章，面貌为之一变。《湖南日报》也做了一些尝试。2018年6月到年底，在湖南省委的直接部署下，《湖南日报》分别就“促进长沙房地产市场平稳健康发展”“守好网络舆论阵地”“反对基础设施建设中的不切实际现象”“进一步做强做优广电和出版湘军”“坚持稳中求进工作总基调”“进一步发挥长沙的省会担当”等重大主题发表6组22篇“晨风”文章。这一系列“晨风”评论，坚持问题导向，坚持立破并举，对现实生活中存在的问题进行了直率的揭露和分析，在揭开种种乱象，澄清各种模糊观点和错误认识的同时，着眼于凝聚共识、积极建言、科学引导。

几组评论引发热烈反响，人民日报“侠客岛”、央视“新闻1+1”等纷纷予以关注评论，各大门户网站乃至海外媒体热评，全网点击量超过4000万，几十万网友留言点赞。很多网友评价：“‘晨风’说出了党委政府要说的话、人民群众想说的话、主流媒体必说的话，写到了人民群众的心里。”省委宣传部、省委政研室不但将这些“晨风”文章结集出版，而且组织召开了两个座谈会。更重要的是，这些评论对推动解决实际问题发挥了重要作用。“促进长沙房地产市场平稳健康发展”的“晨风”评论发出后只几天，长沙就推出了“6·25 房产新政”；“守好网络舆论阵地”首篇评论发出后的第二天，某网络大 V 就应声而倒。中共中央政治局委员、中央书记处书记、中宣部部长黄坤明做出批示，肯定这些评论写得很好，导向鲜明，论述有力，进一步统一了思想，凝聚了力量，对于学习贯彻习近平总书记对湖南工作的重要指示精神具有重要推动作用。“促进长沙房地产市场平稳健康发展”系列首篇《坚持房子是用来住的，不是用来炒的》获得第二十九届中国新闻奖二等奖。2019 年，我们继续就“坚持稳中求进工作总基调”等主题推出“晨风”评论。

抓住重要节点推出大型政论。利用重大事件的周年纪念、庆祝活动凝聚人心、鼓舞力量，是以习近平同志为核心的党中央治国理政的一种重要方式。相应地，党报评论也应该围绕这些重要节点，推出有分量的言论评论。近年来，《湖南日报》每年都要推出两三篇这样的大型政论。庆祝改革开放 40 周年，我们刊发了《致敬我们一起走过的光辉岁月》；纪念五四运动 100 周年，我们推出了《永远的青春记忆，不朽的历史丰碑》；庆祝新中国成立 70 周年，我们又组织撰写了《跃上葱茏再攀峰》，在特刊上隆重推出。这些评论，都针对重大事件的历史逻辑和理论逻辑、历史价值和现实意义、国家景象和湖南元素，进行充分论述，以编辑部文章名义发表，篇幅都在 5000 字左右，大开大合，汪洋恣肆，每一篇都在湖南舆论场上引起轰动。

平时的一些重大节点，如元旦、春节、五一、七一，《湖南日报》都有自创评论。2016 年开始，连续四年，我们在大年初一都推出了诗情洋溢、暖心感人的编辑部文章：《在亲情和暖阳中沉醉》（2016）、《期待着所有的美好》（2017）、《致敬过往，期待来年》（2018）、《走过冬雪，迎接春光》（2019），引发刷屏。

我们认为，党报评论要征服人心，一靠说理，拥有真理的力量；二靠表达，给人阅读的快感。为此，我们着力在“五度”上下功夫，即高度、深度、锐度、鲜度、温度。

高度，就是站位要高，视野要宽，向习近平总书记看齐，“站在天安门上想问题”；身在湖湘，胸怀全国与世界。要提升高度，就要深入学习习近平新时代中国特色社会主义思想。我们经常组织评论员学总书记的最新讲话，体会其思想的力量、人格的力量、语言的力量，再运用到评论实践中。多组“晨风”评论，都以总书记的相关论述作为文章之魂和立论之基。

深度，就是要有深刻的思想、有价值的见解，见人之所未见，发人之所未发。不能人云亦云，不知所云。

锐度，就是要尖锐泼辣，敢于亮明态度，敢于针砭时弊，不能温温吞吞，四面讨好，八面玲珑，也就是要有战斗性。例如“晨风”评论，在评论长沙房地产市场现状时，鲜明提出“长沙要成为安居乐业的家园，不能成为投机者的乐园；要成为创业者的乐土，不能成为投机者的福地”。在阐释“守好网络舆论阵地”时，“晨风”评论一针见血提出，“有人把网络视作为所欲为的‘自留地’，热衷制造和放大负面舆情，以‘发声’上位、借‘监督’牟利，有的甚至实施敲诈勒索，唯利是图，前台是‘正人君子’，背后是

‘金钱交易’”。对于过去一些地方不顾自身实际，热衷于修大马路、建大广场的做法，“晨风”评论直言不讳指出是“花百姓的钱、露当官的脸”，是“没钱也任性”的行为。这些表达，让读者击节叫好。

鲜度，就是要针对新鲜事，说出新鲜话，给人新鲜感，达到“陌生化”效果。为此，对每一篇社论、编辑部文章，每一组“晨风”、评论员文章，我们都要求将文件语言、报告语言转化为自己的话。同题评论，别人的话再好，我们也绝不照搬照抄。确保鲜度，还要求评论反应要快，讲究时效，不能等一等、看一看、慢三拍。

温度，就是评论时要走心；要让人有感，感受到评论员的心跳、体温；要“笔锋常带感情”，让人产生共情，而不是冷冰冰、硬邦邦。梁启超、毛泽东所开创的感情充沛、元气淋漓的文风，至今仍值得我们借鉴。

此外，在加大评论的融合传播方面，我们也做了很多尝试。首先是把推送评论作为报社新媒体的重要任务，重大评论，都放在新湖南和华声在线的首页首屏，同时所有时政和评论公众号同步发布；其次是移动优先，很多评论都在客户端和公众号上首发，第二天再见报；再次，省内主流媒体联动，重要评论湖南卫视《湖南新闻联播》、红网进行摘播和转发，已经形成常态化机制；最后，借助学习强国、人民网、新华网、今日头条、腾讯、新浪等全国、全网的力量扩大评论的覆盖面和影响力。

（《新闻战线》2019 年第 12 期）

关于2020年《湖南日报》改版创新的理念与追求

担当党报职责，履行党报使命

提高政治站位，树牢“四个意识”，全面担当履行新时代党报的职责使命，把宣传报道好习近平新时代中国特色社会主义思想和习近平总书记重要活动作为首要职责。强化省委机关报定位，当好“耳目喉舌”，报道好省委、省政府重要会议重大决策重大活动；展现各地各领域的生动实践和鲜活经验；讲好湖南故事，传播湖南声音，塑造湖南风尚，树立湖南形象。做好主题宣传、形势宣传、政策宣传、成就宣传、典型宣传。

追求卓越品质，全面走在前列

追求卓越，永争一流。以最具权威性、最具公信力、最具时效性、最具影响力为追求，坚持正确导向，丰富内容品类，提升宣传质量，创造超级 IP（知识产权作品），做强党报平台，让《湖南日报》成为湖南第一新闻媒体，“新湖南”成为湖南新闻第一端，全面走在省内各主流媒体和全国党报前列。

走向深度融合，打造党报全媒体

新时代的党报，是一个以“湖南日报”为核心标识，包含《湖南日报》、“新湖南”客户端、华声在线网站、以“湘伴”领衔的微信公众号等平台在内，报网端微一体化的全媒体。以深度融合为目标、以内容生产为牵引，以常态化、深度化、精细化指挥调度为保障，促进生产端、发布端、传播端高度一体化。湖南日报社各内容生产中心是党报原创内容的主要提供者，湖南日报全体采编人员必须面向报社各重点平台发稿。各发布平台进行适度分工，湖南日报坚持“政经文评”大报定位，继续走深度化、精品化之路；“新湖南”做快速发布、超强聚合的超级发布平台；各公众号深耕专业领域，做到小而精、小而美。

坚持移动优先，提高新闻时效

树立“以优先为原则，以不优先为例外”的理念，全面实行移动优先。将“新湖南”客户端、“湘伴”、“新湖南评论”、“新湘江”等移动平台作为党报内容的首发平台，并进行表达方式、呈现形态的新媒体化改造。适应媒体竞争形势，提速内容发布，力争所有即时新闻、节点报道和话题评论全面领先同城竞媒。

重构体制机制，提高体系适配性

围绕提高内容生产力和传播力要求，改革人力、生产、技术、考评、激励等体制机制，全面提高体系适配性和有效性。充实各内容生产中心和发布平台力量；赋权赋能各内容生产中心，将部分专业频道交给生产中心打理，鼓励各中心成立工作室，运维各类型移动发布平台；改革生产机制，适应移动优先要求，策采编审发垂直化、快速化、移动化；优化强化融媒体生产调度机制和“中央厨房”支撑保障、集成处理功能；改革考评考核机制，内容质量和发布时效并重，全面提高党报内容的传播力、影响力。

（2019 年 12 月）

直面变局，化育新机

——新冠疫情以来湖南广电的担当、实践与追求

感谢上海电视节的邀请，使我有机会向各位学习请教，一起深入探讨行业的现状与未来，分享我们的探索与体会。我想今年（2020年）以来，我们都越来越深刻地感受到，习近平总书记反复指出的百年未有之大变局和中华民族伟大复兴的战略全局这两个大局意味着什么。当前，全球疫情和经济形势严峻复杂，国家发展面临的挑战前所未有，广电行业面临的挑战也前所未有。在这场大考面前，作为主流媒体该如何更好地承担党媒国企的责任与使命，如何育新机开新局，日前召开的中共中央政治局会议为我们指明了方向。今年恰逢湖南电视台建台50周年，面对新冠疫情以来的复杂变局，湖南广电坚持以习近平新时代中国特色社会主义思想为指引，坚持守正创新，坚持深度融合，坚持深化改革，克服了疫情影响，稳住了基本盘，也收获了一些意外之喜。

直面变局：疫情以来媒体行业的挑战与机遇

一方面，在移动互联网的猛烈冲击下，传统广播电视压力越来越大，普遍陷入经营困局。传统电视广告收入本已连续五年负增长，今年新冠疫情和传统媒体转型压力叠加，使其生存空间受到更大的挤压，国内广告投放总量断崖式下降，广告加快向短视频、网络直播等移动端转场，与广电行业相关的影视剧、文旅、电影产业经历了较长时间的停摆。另一方面，挑战中也蕴含机遇，由于户外集聚的线下娱乐消费场景受限，线上消费需求的增长给电视媒体、网络视频、直播、游戏等产业带来利好。据 CSM 全国网数据显示，受疫情影响，相比 2019 年春节同期，2020 年春节期间全天平均收视率涨幅达到 18.1%，人均日收视时长增加 30 分钟，凸显了社会大众对主流电视媒体的依赖与信任。同时，院线的客流直接转化为视频网站的流量，疫情防控期间，在线视频行业用户规模较平日上涨 17.4%，视频平台会员内容日均有效播放较 2019 年春节期间增长 74%，“宅经济”、网络经济走红成为不争的事实。

整体而言，疫情对传媒行业的影响深刻，让其各子业态间呈现出“此消彼长、柳暗花明”的行业新格局。正如中央对当前形势的判断：“当前和今后一个时期，我国发展仍然处于战略机遇期，但机遇和挑战都有新的发展变化。”广电行业亦是如此。

化育新机：疫情以来湖南广电的探索与追求

习近平总书记在企业家座谈会讲话中指出：“大疫当前，百业艰难，但危中有机，唯创新者胜。”危机即转机，拐点即风口。今年（2020 年）以来，湖南广电面对突如其来的变局，以自主创新的内核之力、深度融合的结构之力、改革破局的驱动之力，探索另辟蹊径、乘风破浪的新赛道，寻找战胜困难、化危为机的新路径。今年上半年，湖南广电营收过百亿。湖南卫视 5 月、6 月、7 月连续三个月广告创收高于去年同期水平；芒果超媒创收大幅攀升，预计上半年实现归属于股东的净利润 10.4 亿—11.4 亿元，同比增长 29.42%—41.86%。可以说传统媒体稳住了基本盘，新媒体实现了新突破。

（一）自主创新的内核之力

“不创新，毋宁死。”创新求变的基因，深深植根于湖南广电人的血液之中。今年 2 月，国家广电总局广电智库微信公众号刊文表扬湖南广电创造了疫情防控期间主流宣传的四个第一：在全国省级广电中第一个调整综艺节目编排、第一个在黄金时段开辟疫情防控新闻专栏、第一个创制公益宣传片和主题 MV、第一个举办“抗疫”主题晚会。当新冠疫情汹涌来袭，我们创新“云综艺”。面对综艺库存告急、录制困难等问题，湖南卫视率先推出“云录制”全新制作模式，响应精准扶贫的小年晚会及以抗疫为主题的“元宵一家亲”晚会广受好评，《天天云时间》《五四天台接力晚会》《歌手·当打之年》打造出湖南卫视全新节目品牌和节目样式。全国两会期间，我们创新“云采编”。为了在特殊条件下高质量完成两会采访报道任务，我们在 15 天内自主创新研发了新闻云采编系统，打通北京与长沙、代表与屏幕之间的连接，同时发力主题宣传，连续推出 8 篇“中国之治”系列评论，实现了两会报道的出新出彩。当脱贫攻坚亟需主流媒体加持之时，我们创新“串屏直播”，芒果扶贫云超市创新构建“主流媒体+电商”公益助农平台，携手“天天兄弟”打造湖南卫视直播晚会，两小时的晚会卖空湖南 15 个县的滞销农产品，超过 5.5 亿人次参与串屏互动。芒果扶贫云超市上线以来，总带货值达 20 亿元。当新技术风口来临时，我们积极拥抱底层和应用创新技术，与中国移动、华为、科大讯飞、中国广播电视网络有限公司等进行战略合作，推动“5G 高新视频多场景应用国家重点实验室”落户马栏山，开发了智慧医疗、智慧校园等系列 5G 多场景应用产品；芒果 TV 成立“创新研究院”，对 5G、AI、VR 等新技术前瞻布局，积极探索 5G 时代的内容创作和商业变现；广播传媒中心加快推出 5G 智慧广播，目前已为包括湖南 84 个县级融媒体中心在内的全国一百多个县提供“5G 智慧电台”服务包。

（二）深度融合的结构之力

六年前，湖南广电坚决实施“融合发展，以我为主”战略，打造自主可控的新型传播平台，形成了湖南卫视、芒果 TV“一体两翼、双核驱动”的全媒体格局。

今年以来，湖南广电加快了媒体融合向纵深推进的步伐，双平台进一步深度融合。（1）综艺融合呈现迸发之势，以优质内容推动芒果 TV 会员规模持续扩大。《快乐大本营》《向往的生活》等湖南卫视系列综 N 代网络播放量达到 10 亿+；芒果 TV 创新自制综艺《朋友请听好》反哺湖南卫视，首播获同时段五域上星综合组第一，中宣部、国家广电总局称节目“温暖治愈，增强社会信心”；自制爆款综艺《乘风破浪的姐姐》成功出圈，成为当下现象级社会话题之一，播放量已达 32.4 亿次；2020 年上半年芒果 TV 在用户观看时长综艺前 10 名榜单中占据 5 席，前 100 名榜单中占 46 席。在优质内容的推动下，芒果 TV 流量持续增长，会员规模不断扩大。(2)重要晚会品牌融合联动。即将于 8 月 9 日举行的“青春榜样，乘风破浪”晚会将双平台同步直播。这是芒果 TV 打造的重要晚会品牌“青春芒果夜”首次在湖南卫视播出。

湖南卫视的加持以及新媒体业务的强劲增长，造就了芒果超媒的乘风破浪，进入 2020 年以来，芒果超媒市值屡创新高，较年初增幅超过 100%，稳居国内文化传媒行业上市公司第一位，创业板上市公司前十位，也是湖南省内仅有的几家千亿级上市公司之一。

（三）改革破局的驱动之力

2018 年 7 月，湖南省委推进湖南广电改革重组，广电、网控、潇影整合组建成立新的湖南广播影视集团。为实现高质量、全产业链发展，今年以来，湖南广电全面加强台网影战略协同，以改革促新局。(1) 以改革重组、台企一体化运行为契机，破事业单位的体制困局。通过本轮改革，将覆盖全台的市场主体立起来，探索广电国有文化资本管控、经营管理模式的创新，建立现代国有文化企业运行机制，真正打造强大的市场主体。(2) 以企业压减为抓手，破产能落后的经营困局。为解决集团企业法人户数众多、层级繁多，经营质量不高、主业不突出、企业小而散的问题，集团下大力气压缩管理层级，减少 20% 以上的法人户数，进一步聚焦主业，优化资源配置。(3) 以国网整合为契机，破有线网络下滑的产业困局。今年以来，电广传媒积极参与国网整合，谋求固移融合、有线电视网络与广电 5G 一体化发展。

目前，我们正围绕“决战脱贫攻坚、决胜全面小康”、中国共产党成立 100 周年等宣传主题策划打造一系列重点项目，包括由湖南省委宣传部牵头、湖南广电与湖南出版集团、演艺集团共同打造的音乐舞蹈史诗《大地颂歌》，电影《第一师范》《长沙夜生活》，电视剧《江山如此多娇》《百炼成钢》《理想照耀中国》，以及电视理论专题《从十八洞村出发》、综艺节目《青春在大地》、纪录片《中国出了个毛泽东》等。下一步，湖南广电将坚决贯彻落实中央精神和湖南省委要求，增强机遇意识和风险意识，积极探索媒体融合新赛道，推动融合向纵深发展，不断壮大主流舆论；将深化体制机制改革，积极推动内容创新、组织创新、技术创新、市场创新，继续打造具有强大影响力和竞争力的新型主流媒体；将建立以内容建设为根本、先进技术为支撑、创新管理为保障的全媒体传播体系，为党的宣传文化事业和文化强国建设做出新贡献。

（2020 年 8 月）

芒果人的行囊里永远装着社会责任

——在2020中国新媒体大会“新平台的社会责任”分论坛上的主题发言

非常感谢论坛举办方给我一个机会，与各位分享湖南广电履行社会责任的实践探索和心得体会。

今年（2020年）9月，湖南卫视和湖南广播电视台新闻中心记者白云龙同时荣登中共中央、国务院、中央军委授予的“全国抗击新冠肺炎疫情先进集体”“全国抗击新冠肺炎疫情先进个人”榜单；10月，湖南卫视又获得“2020年全国脱贫攻坚奖·组织创新奖”。连获三项国家级荣誉，我们诚惶诚恐，但也深知这是对芒果人坚守社会责任和践行使命担当的鼓励与鞭策。

芒果人的社会责任，体现在永远坚守正确的政治方向和舆论导向。政治责任是媒体人最大的社会责任。党媒姓党，绝对忠诚；培根铸魂，导向为先，我们把这视为湖南广电的最高原则，覆盖了包括湖南卫视为代表的上星频道、芒果TV为代表的新媒体平台，以及其他所有频道频率、微信微博。湖南卫视湖南新闻联播着力打造的“头条工程”，芒果 TV 常年首页置顶飘红的，都是宣传习近平新时代中国特色社会主义思想的内容。“导向金不换”，这一在湖南广电提出近二十年而为习近平总书记在考察马栏山视频文创园时肯定的话语，一直是芒果人的金科玉律。我们努力把对正确导向的追求，落实到每一个画面、每一句台词、每一段视频和音频里。

芒果人的社会责任，体现在永远坚守党媒国企的职责使命。党之所指，我之所向；国之大者，我之所为。电影《蜘蛛侠》有一句经典台词：“能力多大，责任多大。”湖南卫视作为省级头部卫视，芒果 TV 作为名列前茅的新媒体平台，湖南广电作为地方广电的佼佼者，广电湘军作为文化湘军的骨干力量，一直有这样的责任自觉。就今年来说，国之大者一是抗击新冠疫情，一是决战脱贫攻坚。抗疫期间，湖南广电在全国省级广电中，第一个调整综艺节目编排、第一个在黄金时段开辟疫情防控新闻专栏、第一个创制公益宣传片和主题 MV、第一个举办抗疫主题晚会；我们的记者不但深入本土抗疫一线，还奔赴武汉、黄冈，和援鄂医疗队一起战斗。脱贫攻坚，我们着力打造主流媒体参与消费扶贫的“湖南样本”，湖南卫视携手芒果超媒建立“芒果扶贫云超市”，“一键开店、一键直播、一键到家”，帮助农民开店 7000 多家，培育农民网红 16000 多人，带动农产品销售超 29 亿元；湖南卫视 6 月 7 日推出的《出手吧，兄弟》扶贫大直播，卖空 15 个县的多种特色农产品。湖南卫视连续 8 年开展“新春走基层”直播活动，直播一个村寨，带火一方旅游，致富一方百姓。全台连续 4 年开展“青春扬益”公益广告创制，推出“一县一品”“家乡好物”系列扶贫广告。湖南广电参与投创湖南省委宣传部主办的大型史诗歌舞剧《大地颂歌》，获得巨大成功；正在播出的扶贫主题综艺节目《青春在大地》，得到国家广电总局和央媒的高度评价；创制出品的扶贫题材电视剧《江山如此多娇》已经杀青，即将与观众见面。

芒果人的社会责任，体现在永远坚守社会主义核心价值观。核心价值、公序良俗、文明风尚，是主流媒体之所以为主流媒体的深刻标记。湖南卫视、芒果 TV 都是以青年文化引领者、国民精神塑造者自许，在价值观方面更是丝毫不敢大意。湖南新闻联播在全国最早推出《解读社会主义核心价值观》电视系列评论，以新闻大片方式推出《县委大院》《绝对忠诚》等社会主义核心价值观五部曲。6 年来，湖南广电获得 6 个中国新闻奖一等奖，今年更有 8 件作品获奖。就连《快乐大本营》《天天向上》这样的综艺节目，我们也要求以核心价值观打底，积极传播正能量。《乘风破浪的姐姐》让“乘风破浪”成为年度国民精神的象征，《舞蹈风暴》不但有精彩舞蹈的时空凝结，更有舞者对艺术的至诚追求和彼此之间的至纯友谊。也许，人们都还记得《歌手》的灵魂净化，《爸爸去哪儿》的亲子时光，《变形计》和《少年说》的治愈、蜕变与成长。

芒果人的社会责任，体现在永远热心公益、关怀大众。媒体人的身份与情怀，决定了我们不能只关起门来过自己的小日子，而必须关照社会、心系大众。2011 年，湖南广电成立了自己的公益平台——芒果 V 基金，截至 2019 年底，芒果 V 基金开展的活动和项目覆盖全国 14 个省份，直接惠及近 8000 万人次，募集和引进善款超 5.7 亿元；两次荣获“中华慈善奖”，三次荣获中国慈善榜“慈善推动力奖”。无论是抗洪、抗震、抗冰还是抗疫，都活跃着芒果人的身影，都汇集着芒果人的爱心（仅今年抗疫，芒果 V 基金就募集捐赠了超过 3600 万元的医用设备和食品）。2019 年，全台公益广告播出时长占到商业广告播出总时长的 10%，远超 3% 的国家规定。三年来，湖南广电共获得 22 个中国公益广告黄河奖，其中金奖 7 个。我们先后对口帮扶江华瑶族自治县桐冲口村和东冲河村等贫困村，都出色完成了任务；爱心送考、芒果助学，我们都努力做成品牌。援疆援藏，我们都希望做到最好。

如何担负好社会责任，实现最佳社会效益，我们有三点体会。

一要融入血脉基因。“举旗帜、聚民心、育新人、兴文化、展形象”，这样的职责使命，必须内化于心、外化于行，必须诚心诚意、自觉自为。湖南有深厚的湖湘文化传统，心忧天下、传道济民的精神在湘人中代代传承；湖南又有鲜明的红色文化品格，将星璀璨，英雄辈出，所谓“十步之内必有芳草”“寸土千滴红军血，一步一尊英雄躯”，这两种文化交织于当代三湘儿女身上，也深深地影响到湖南广电的精神气质。另一方面，我们通过常态化的马克思主义新闻观培训、党性教育、台史教育，不断激活和强化全体员工的导向意识和责任意识，筑牢社会主义核心价值观的底座。

二要构建组织体系。我们不断完善导向把控体系和社会责任体系。党委会、总经理办公会、编委会、周例会、新闻联席会等各个层面的会议，形成社会责任的指挥调度机制。编委会、宣管部、总编室、广告中心、芒果 V 基金承担着内容三审、项目协调、公益宣传、公益行动等各项任务。我们建立了具体而完备的社会效益评价体系，连续八年向社会发布全台的社会责任报告，形成了良好的价值风尚和责任谱系。

三要创新表达方式。“不创新，毋宁死”“天生青春”，芒果人的创新精神和青春气质，也体现在主流价值表达和社会责任担当上。不是高台教化式地做宣传，不是简单粗暴地交作业，而是巧妙地渗透和融入，创新地表达和传播，让正能量有大流量，主旋律有高频率。很难想象，没有“高燃”“魔性”的唱跳，《乘风破浪的姐姐》中30+姐姐的励志精神会成功出圈；没有天花板级舞者的风暴时刻，《舞蹈风暴》能将一个小众的艺术展示变成社会大众的饕餮盛宴。芒果TV《我爱你，中国》《战旗美如画》《闪耀的平凡》等一系列“小成本、正能量、大情怀”的主旋律作品，实现了契合当下传播语境的年轻化表达。通过一个又一个新闻大片、爆款节目，通过一点一滴、每日每时的创新创意，我们在坚定走出单纯娱乐、过度娱乐的同时，努力做到既有意义又有意思、既有收视又有口碑、既有经济效益又有社会效益。

心有所向，行者无疆；责任永无止境，追求不能懈怠。习近平总书记在考察马栏山视频文创园时强调：“文化产业既有意识形态属性，又有市场属性，但意识形态属性是本质属性。”做镌刻于时代、影响于人心、奉献于社会的主流大台和新型主流媒体集团，是湖南广电的宿命。要更好地做到这一点，芒果人前面的路还很长，还需要做很多改进。我们将更深入地学习领会习近平新时代中国特色社会主义思想，更积极地呼应主管部门的要求，更真诚地聆听社会大众的声音，更虚心地学习各位同行的经验，让湖南广电的责任之路越走越坚实，越走越宽广。

（2020 年 11 月）

让党史题材影视作品成为“增信”的利器

学史增信，这个“信”包括哪些内容？按照习近平总书记的解释，主要是对共产主义的信仰、对中国特色社会主义的信念，以及在此基础上的“四个自信”。按照湖南省委的要求，是四句话：坚定信仰、增强信念、提振信心、增进信赖。通过党史题材影视作品的创制和传播，可以很好地宣传党的历史、党领导人民取得的成就，从而极大地起到增信鼓劲的作用。

影视作品在党史学习教育中具有不可替代的作用

开展党史学习教育，主要是到党史现场去感悟、阅读党史书籍和观看党史题材影视作品三种方式。影视是鲜活的历史，是生动的教科书。影视文艺作为覆盖面最广、可及性最强、最有吸引力感染力的一种方式，对我们感知历史、认识历史作用十分独特。我们认识欧洲二战的历史，主要靠苏联、法国、英国、美国、南斯拉夫等一大批脍炙人口的影视剧（《这里的黎明静悄悄》《斯大林格勒保卫战》《桥》《瓦尔特保卫萨拉热窝》《虎口脱险》《巴顿将军》《至暗时刻》等）；认识抗日战争的历史，主要是通过《地道战》《地雷战》《平原游击队》《小兵张嘎》等。近年来的《建国大业》《建党伟业》《长征》《觉醒年代》也都是极好的历史教科书。读大部头的历史著作毕竟是少数，到历史现场也不是人人都有条件去的。

中国共产党的百年历史，惊天地泣鬼神，是影视创作的宝库，几乎涵盖文艺创作的所有主题。有专家说生死、战争（革命）、爱情是文艺创作的三大主题，中共的百年历史，将这三大主题都演绎得淋漓尽致。很多故事同时涉及三大主题，毛泽东杨开慧的故事、瞿秋白杨之华的故事、左权刘志兰的故事、陈毅安李志强的故事、刑场上的婚礼的故事，都是如此。

优秀的党史、革命史题材作品，无疑可以起到坚定对马克思主义的信仰和增强对共产主义的信念、对中国共产党的信任、对党的领袖的信赖、对中国特色社会主义的信心的作用。我们很多人，就是从小在一批革命书籍、红色电影、英雄传奇的熏陶下长大的，在此基础上形成了我们的基本信仰和文化基因。所以要高度重视党史题材、红色题材影视创作和传播工作。

党史题材影视创作要遵循正确党史观，尊重文艺规律

首先要遵循正确党史观。只有在正确党史观观照下创作的作品，才能正确地表现党史、传播党史。

所谓正确党史观，总的来说要按照唯物史观来对待党史，反对

历史虚无主义。具体我理解主要有以下几条：尊重历史的本来面目，不能编造历史、歪曲历史；要有大历史观，把党的百年史放在中华民族史特别是近代史，放在二十世纪世界史中来看，理清其前因后果、前世今生；分清主流和非主流，既不能对党史中本质和主流的东西视而不见，更不能一叶障目，把历史的支流和偶发性事件放大为历史的主流；用科学的辩证的方法看待党的历史，特别是党在历史上的失误；用贯通的发展的眼光来看待党的历程，用历史之同情来理解党史人物。反对历史虚无主义，反对历史形而上学，反对抽象的人性论。

既不要神化党的领袖和英雄烈士，也不能污名化、妖魔化党的领袖和英雄烈士。“文革”时期，的确出现了对毛主席、对革命人物神化、脸谱化的倾向。但上世纪八十年代到十八大前，又出现了另一种错误倾向，学术界、文学界一些人打着还原历史、倡导人性化的旗号，对党的领袖和英雄烈士进行解构，先是所谓“去魅化”，接着是污名化、妖魔化。故意放大党的领袖和英雄烈士的缺点，把他们写得丑陋不堪；故意美化一些反面人物的所谓优点，把他们写得十分可亲，如同道德楷模。把毛主席从神坛上拉下来，结果把他说得比普通人还不如；美化蒋介石、张灵甫、刘文彩，似乎他们都是大圣人。这样的作品，不但不能增信，反使观众对共产党瓦解信心，丧失信任。十八大以后拨乱反正、正本清源，才遏制这股歪风。从宣传导向和立法规范双管齐下，对革命领袖、英雄烈士重新正名，效果明显，可谓诸神归位，“万怪烟消云落”。

还要反对理论上的“去革命化”。所谓“去革命化”，就是认为我们已经走出革命年代，共产党已经是执政党而不是革命党了，所以要“告别革命”，去掉“革命思维”。因为“去革命化”，曾几何时，革命、斗争、英烈、牺牲、奉献，以及作为其理论支撑的马克思主义、共产主义……革命话语谱系里的这些词都被淡化乃至被抛弃了，一些革命文艺作品被移出了中学、大学教科书。革命话语的退场、革命精神的消退，导致一些党员干部整体性的溃败。这种情况在十八大以后才得到根本扭转。针对一段时间内有人谈革命色变，千方百计抹去共产党人的革命性的不正常现象，习近平总书记对“革命党”与“执政党”的关系问题进行了精辟论述：“有人说，我们党现在已经从‘革命党’转变成了‘执政党’。这个说法是不准确的。我们党的正式提法是，我们党历经革命、建设、改革，已经从领导人民为夺取全国政权而奋斗的党，成为领导人民掌握全国政权并长期执政的党……这里面并没有区分‘革命党’和‘执政党’，并没有把革命和执政当作两个截然不同的事情。”“我们党是马克思主义执政党，但同时是马克思主义革命党，要保持过去革命战争时期那么一股劲、那么一股革命热情、那么一种拼命精神，把革命工作做到底。”

其次要尊重文艺规律。党史题材影视作品不是简单的历史叙述，而是文艺作品，不但要遵循正确党史观，还要尊重文艺规律。除了一般文艺规律外，还包括：不能照搬历史，更不能公式化概念化脸谱化；“大事不虚、小事不拘”；“含魅”叙事；主观抒情；熟悉的陌生感。要体现英雄主义本色、理想主义价值、浪漫主义情怀、诗性气质。要精心塑造人物、用心讲好故事、创新表达方式、丰富表达手段。总之，要按照习近平总书记的要求，“选准题材，讲好故事，拍成精品”，做到政治性、艺术性、社会反映和市场认可高度统一。

以高度自觉演奏好庆祝建党百年主题交响乐

历史上，湖南广电在重大革命历史题材、党史题材创作中，推出了一批优秀作品，有的已经成为不可磨灭的经典，为集团赢得了重大荣誉。电影有《毛泽东和他的儿子》《刘少奇的 44 天》《秋收起义》《国歌》《故园秋色》《毛泽东在一九二五》等，电视剧有《乌龙山剿匪记》《毛泽东和他的乡亲》《恰同学少年》《风华正茂》《弹孔》等，纪录片有《用我一湘壮河山》《中国出了个毛泽东》《寻梦蒙达尔纪》系列等。

建党百年，躬逢其盛，我们又遇到了党史题材影视创作的极好机遇。在国家广电总局和湖南省委的领导指导下，我们努力在庆祝建党百年主题宣传、主题创作中当主力、打头阵。以湖南卫视、芒果 TV 为主平台，全媒体参与、全年度贯穿，明确《百炼成钢》《理想照耀中国》《百年正青春》《选择》《28 岁的你》《党的女儿》等 16 个重点项目，涵盖电影、电视剧、文艺晚会、综艺节目、专题片、纪录片、动画片、广播剧等多个门类，将全面奏响庆祝建党百年主题交响乐。

对这 16 个项目，集团（台）党委高度重视，编委会多次调度，各媒体、各项目组强力执行，总体上推进顺利。其中，微专题片《百炼成钢——党史上的今天》先声夺人，元月一日推出，每天一期，影响越来越大。电视剧《理想照耀中国》正在热播，引起强烈反响，许多年轻人天天追剧；《百炼成钢》已经完成拍摄，质量不错，正在赶制后期，将于 6 月上旬在湖南卫视、芒果 TV 播出。其他项目也在抓紧创制中。

党史题材、红色题材和湖南广电的气质，和湖南卫视、芒果 TV 的目标观众并不冲突。湖南卫视、芒果 TV 的观众以青年为主，平台的气质是青春的、动感的，平台的理念是创新求变，而这与共产党人的精神气质高度吻合。共产党人是最早冲决网罗、倡导个性解放的，共产党人是最富朝气、最富创新精神的，共产党人是最善于学习他人长处、为我所用的，以这样的共产党人为题材、为主角的作品，对今天的年轻人天然富有吸引力。只要我们的影视作品充分传递出这样一种精神气质，在表现形式上又敢于创新，有很好的艺术质量，就一定会叫好又叫座，又是正能量又有大流量。《恰同学少年》《江山如此多娇》《伪装者》《隐秘而伟大》等都是如此。

作为党媒国企的新闻、文艺工作者，我们要深刻认识时代的变化、人心的变化、审美风向的变化，以高度的自觉和主动的姿态投入党史题材影视创作中，真正做到党之所指，我之所向；国之大者，我之所为；民之所愿，我之所趋。不仅是庆祝建党百年如此，今后的每一个重大节点也应如此。

（2021 年 4 月）

视听新征程上的价值观与方法论

——湖南广电的思考与实践

以“十四五”规划的开启和中共中央办公厅、国务院办公厅《关于加快推进媒体深度融合发展的意见》的出台为标志，中国视听行业踏上新征程。这注定是一条充满光荣与梦想的征途。在我们面前，有着充分的确定性，也有着巨大的不确定性；有着宝贵的机遇和各种可能性，也有着艰难的挑战和艰巨的任务。那么，广电人何为？视听从业人员何为？

以坚定正确的价值观构筑牢固底座

进入“十四五”，中华民族伟大复兴战略全局和世界百年未有之大变局这两个大局对视听行业的意义格外凸显。中华民族伟大复兴加速推进，这是具有划时代意义的、全方位的复兴，广电人既要以自己的力量推动这个复兴，也要以多姿多彩的视听内容展示伟大复兴的历史进程和生动面貌。世界百年未有之大变局加速演进，东升西降的态势不可阻挡、不可逆转，但也遭遇剧烈反弹和极大阻力。广电人要在时代的风云变幻中保持清醒，在斗争的惊涛骇浪中保持定力，坚定担当起党媒国企的职责使命。

党之所指，我之所向。脱贫攻坚和抗击疫情的伟大实践证明，中国共产党具有无比坚强的领导力、组织力、执行力，是风雨来袭时中国人民最可靠的主心骨，是攻坚克难中最可靠的领导力量。湖南广电坚定党媒姓党，绝对忠诚，以党的旗帜为方向，以党的号召为使命，以宣传党和政府的政策主张为最重要任务。我们深入实施“头条工程”和“置顶工程”，把对习近平新时代中国特色社会主义思想的宣传作为重中之重。去年（2020 年）9 月习近平总书记考察湖南，湖南卫视在央视新闻联播后连续 7 天开辟特别节目“牢记嘱托砥砺奋进”，展示湖南人民学习贯彻落实总书记重要讲话精神的有力行动。在国家广电总局和湖南省委宣传部的领导下，我们以湖南卫视、芒果 TV 为主平台，全媒体参与、全年度贯穿，全面奏响庆祝建党百年主题交响乐。（1）动手早。从 2019 年就开始策划电视剧《百炼成钢》等重点项目，2021 年元旦即开播微专题片《党史上的今天》，每天一集，至今已达 154 集。（2）品类多。涵盖电影、电视剧、电视文艺晚会、纪录片、综艺节目、理论片、动画片、广播剧等 10 个门类，16 个重点项目，形成了多声部合奏的宏大交响。（3）主投主控。所有项目都由湖南广电主投主控，总投入达 4 个多亿。（4）效果好。《党史上的今天》已经成为学习强国等各大主流网站的热门节目，成为许多单位党史学习教育的必备教材；电视剧《理想照耀中国》热度持续攀升，近期收视多期站上第一。

国之大者，我之所为。抗击疫情，湖南卫视以“四个第一”展示了芒果人的敏锐、速度、战斗力与影响力；脱贫攻坚，我们以新闻扶贫、综艺扶贫、直播带货、公益宣传等多种方式深度参与，“脱贫攻坚三部曲”《大地颂歌》《从十八洞村出发》《江山如此多娇》反响巨大。湖南卫视荣获“全国抗击新冠肺炎疫情先进集体”称号和“全国脱贫攻坚奖组织创新奖”，湖南广播电视台荣获“全国脱贫攻坚先进集体”称号，三项国家级荣誉让我们倍感振奋。为弘扬中华优秀传统文化，湖南卫视、芒果 TV 联手打造了大型纪录片《中国》第一季，其为中华民族、中国价值、中国制度探寻源流的勃勃雄心引起广泛关注，目前我们正在推进《中国》第二季和大型人文纪录片《岳麓书院》的拍摄。开局“十四五”，湖南省委提出了实施“三高四新”战略、奋力建设现代化新湖南的战略目标，为服务这一战略，湖南广电正在实施一系列新闻宣传、影视创作、产业发展工程。

民之所愿，我之所趋。广播电视、视听产品要为人民群众所喜闻乐见，这不是一个新课题。但我们深刻认识到，时代已经发生深刻变化，“这一届”人民群众特别是年轻人的价值追求和审美趣味与过去相比有许多新特点。他们对党和国家的热爱、对革命领袖和英雄烈士的尊崇无与伦比，他们对我国的历史、文化和制度的自信自豪无与伦比。他们对公平正义有了更高的追求，对影视等文化产品的品质也有了更高的要求；他们对主流媒体、公共机构、公众人物的失误很难容忍，舆论的触点、燃点越来越低。直白的说教、肤浅的言情、玄虚的架空、滥用的流量、负面的炒作、模式的贩卖等等这些得逞于一时的手段不仅不再有效，反而很容易让人“扑街”“翻车”“社死”。

但这不意味着现在的观众就是媒体天生的对立面，或者他们难以伺候。只要你有正确的三观、真诚的态度、良心的表达，一定会获得观众的认可。《山海情》《江山如此多娇》《觉醒年代》《理想照耀中国》的收视表现证明了这一点。从《乘风破浪的姐姐》到《你好，李焕英》等爆款产品表明：谁深刻捕捉到大众内心最深切的呼唤，把握准了社会情绪的脉动，谁就能获得成功。

5 月 22 日，“杂交水稻之父”袁隆平逝世，立即在全国民众中引发火山喷发般的悼念之情，舆论热度严重超出预期。朋友圈瞬间刷屏，且持续三天；30 万长沙市民自发流动悼念，“倾尽一城花，只为奠一人”。对此，湖南广电迅速集结，作出超常规安排：湖南卫视湖南新闻联播连续三天以长时段、大篇幅报道相关新闻，袁老送别仪式当晚播出 25 分钟专题片《融入大地　闪耀星空——致敬袁隆平》，之后连续四天播出四集纪录片《杂交水稻之父袁隆平》；湖南卫视 22 日当晚撤播“快乐大本营”，改播电影《袁隆平》。这些安排，彰显了党和政府对人民科学家的尊崇，与人民群众的情绪高度同频共振，得到了社会各界的一致认可。

“比到最后比观念。”所谓政治家办台，我们理解其实是价值观立台。为此，所有从业人员都要牢固树立社会主义核心价值观，所有视听产品都要灌注主流价值，必须真心实意而不是三心二意、深刻自觉而不是被动应付、坚持不懈而不是时冷时热地做主流价值的传播者、社会风尚的引领者、青年文化的塑造者。

以创新求变的方法论鼓动腾飞翅膀

所谓方法论，其实是依托于长期探索和逐步积淀的一种基因、气质、路径，是把长板锻得更长，把优势放得更大，同时努力把短板补上，敢于探索新的赛道。而芒果方法论，不外乎以下几个关键词：

（一） 青春态。视听的主体是青年，谁拥有青年，谁就能抓住时代、赢得未来。“锁定年轻”的湖南卫视和“天生青春”的芒果TV，都以青年为主体受众和用户。因此，湖南卫视和芒果TV的内容，都以青春态为最鲜明的气质。的确，我们更主流了，但始终在警惕老态龙钟、四平八稳。湖南卫视从今年（2021年）元旦的《破晓2021》到五四前夜的《我将青春献给你》，一以贯之的是青春的感怀与宣示；芒果TV从“青春芒果节”到《明星大侦探》和《密室大逃脱》，青春品牌日益彰显。电视剧《理想照耀中国》始终洋溢的是对青春的缅怀和致敬，被誉为主旋律向年轻态出圈的新探索。《百年正青春》《28岁的你》《党的女儿》《风华正茂百年青》……我们还有一大批既主流又青春的节目在路上，形成了蔚为壮观的正能量青春潮。当然，湖南卫视也在尽力拓展自己的受众面，希望有更多的“广谱性”，但青春的气质不会泯灭。

（二）创新。创新求变的基因，深深植根于湖南广电的生态中。一档仅仅4分钟的微专题片《党史上的今天》，也做了很多创新：改变演播室模式，走到山川大地、故事现场去讲述；改变一两个主持人一讲到底的套路，发动了一大批明星艺人加盟；沙画、动漫、虚拟、4K……各种手段齐上阵，“螺蛳壳里做道场”。《江山如此多娇》将艺术化的扶贫与真实的扶贫相结合；《百炼成钢》不但创造性采用组歌式结构全景反映百年党史，而且用富于综艺气质的情境部分串联各个板块的情节部分。要做到让主旋律有高频率、正能量有大流量，唯有创新。

除了内容创新，更重要的是管理创新。如何建立一个强大的、为一线服务的、智能化的管理中台，芒果 TV 进行了积极探索。包括：内容中台，设立“节目生产中台中心”“综艺节目立项委员会”“影视剧规划委员会”，对综艺和影视剧的立项、生产、考核进行统筹管理。技术中台，广泛网罗优质技术人才，公司技术工程师数量超过 600 人，占比 40%；同时改革和升级技术体系，使芒果 TV 个性化观看服务和多元化媒体服务达到行业头部水平。风控中台，建立了市场上最先进、最科学的项目评估考核机制，规避投资风险，实现资源优化配置。运营中台，建立大运营体系，发挥聚合能力，最大化释放内容价值。

（三）深度融合。为推动媒体深度融合发展，去年（2020 年）11 月，湖南广播影视集团有限公司（湖南广播电视台）在全国新媒体大会上宣布，湖南广电将坚定地向建设主流新媒体集团进发。半年多过去，我们在建设主流新媒体集团的道路上取得了一些进展：

完善深度融合的顶层设计。成立中国（湖南）广播电视媒体融合发展创新中心，探索媒体深度融合的体制机制、产品形态与产业模式。在继续做强做优芒果 TV 的同时，集结全台新闻队伍，以省内领先、全国独特为目标，发力以中短视频为主的泛资讯类 App

"风芒"，使湖南广电的新媒体布局更为合理。

打造深度融合的内容生态。湖南卫视、芒果TV建立双平台共创共享机制，团队、人才、创意、项目、资金彼此开放，平等竞争，打破平台壁垒。特别是在综艺、剧场方面加速融合，实现优质资源共享。2021年一季度双平台共同运营播出芒果TV创制的《乘风破浪的姐姐》第二季和《妻子的浪漫旅行》，取得良好效果。5月下旬，"芒果季风"剧场开篇之作《猎狼者》双平台首播，以高品质创下省级卫视收视第一。双平台剧目采购、广告营销联动，剧场成本下降明显。前5个月，继续坚持独播战略的湖南卫视在继续保持收视领先的同时，购剧成本下降30%以上。

实施深度融合的人才计划。在湖南卫视"创新飙计划"，芒果TV"芒果青年说""青芒计划"的基础之上，今年，将推出"创新合伙人""双聘管理"等制度，为湖南广电的媒体融合发展吸引人才，也给人才创造更多的创意空间。

进军新赛道。密切关注网络新应用新业态，加强关键核心技术和商业模式的创新。2020年先后启动了5G智慧电台、5G高新视频多场景应用重点实验室、"小芒电商"，加快新领域新业态品牌布局。

小芒电商是芒果超媒新开发的内容电商平台，今年元旦上线，依托湖南广电的长视频和艺人优势，在独特内容、独特商品和独特运营三方面集中发力，目前正稳步发展；此外，芒果TV还布局了实景娱乐、大芒计划、艺人经纪、音乐版权等多条赛道。未来，还将推动芒果系IP的多维度全产业链开发，不断升级芒果生态。

在5G传播背景下，国家广电总局5G重点实验室是湖南广电面向未来传播形态的重要增长极，实验室正联合中国移动、华为等搭建虚拟内容平台。未来，实验室将进一步聚合湖南广电的核心技术力量，全力攻关，努力探索打造拥有核心技术的新型产品。

在声屏领域，去年我们研发了5G智慧电台，以5G通信技术为支撑，对现有的传统广播体系进行智能化、集约化改造，5分钟即可生成一套24小时安全播出的当地电台节目，将党的声音送到田间地头，为基层群众提供便捷有效的公共文化服务。我们的目标是三年在全国做到1000频，目前已经签约超过400频。

电视剧《理想照耀中国》的主题歌中有一句话："抬头看，路漫漫，理想依旧耀前方。"对于创造过无数辉煌的广电人和视听行业来说，尽管征途漫漫，但理想之光不灭，奋斗之志不减，我们一定能在新征程上创造属于新时代的新辉煌！

（本文系在2021年第九届中国网络视听大会上的演讲）

（2021年6月）

从四个方面看《百年正青春》的成功之道

一次重大使命的主动担承

承办湖南省庆祝中国共产党成立一百周年文艺晚会，是湖南广电在党的百年华诞之际承担的一项光荣而重大的使命。作为建党先声、建政先河、建军摇篮的湖南，作为为中国革命胜利作出重大贡献、付出重大牺牲的湖南，作为在百年党史的每一个历史时期都发挥特殊作用的湖南，举办一台反映百年党史中的湖南担当、党领导下的湖湘巨变的大型文艺晚会，是时代的呼唤、省委的要求、湖南人民的愿望。作为湖南广电，无论是从所秉承的“党之所指、我之所向”“国之大者、我之所为”“民之所愿、我之所趋”的理念出发，还是从发挥广电湘军在主旋律创作中骨干和先锋作用的角度，我们都应该积极主动地承担起这一使命。

在《大地颂歌》演出后不久，张宏森部长就提出了这个命题，我们积极响应，进行了认真的准备。2020 年底，宏森部长正式给湖南广电下达了这个任务，集团（台）党委、编委会、湖南卫视将之作为一项重点工作、作为庆祝建党百年主题交响乐的最重要乐章进行了部署，春节前就组建了团队，在人员、经费、设备方面全力保证。

现在来看，我们比较好地完成了这一使命。这得益于宏森部长和湖南省委宣传部坚强有力的领导和专业权威的指导。得益于宣传文化系统各兄弟单位和长沙市委市政府、湘江新区管委会、长沙市委宣传部的大力支持。特别得益于主创人员高度的政治站位、崇高的使命意识、强烈的奉献精神和精益求精的创作态度。

一次超级规模的团队作战

超级演出必须有超级规模，集中力量才能办成大事。《百年正青春》的团队规模是空前的。从湖南广电来说，我们请出了经验丰富、组织能力和导演水平极高的总导演周雄同志，派出了优秀青年导演杨子扬，从各团队抽调精兵强将，导演组横跨四个工作室，可以说是尽锐出战，全力以赴。从演出阵容来说，除了湖南广电的人员外，主创人员汇集了丁伟、冯必烈、周瓅、高广健等国内顶尖高手，演员汇聚了周一围、董洁、保剑锋、娄艺潇、张碧晨、敖定雯等国内一线大咖，湖南卫视主持人全阵容和省演艺集团精锐力量，台上、台下一千多人，其规模大大超过《大地颂歌》。

作为如此重要、如此规模的一台演出，光靠湖南广电的组织力量和艺术力量显然是不够的。为此，湖南省委宣传部作为牵头主办单位，发挥了强有力的组织、协调、调度作用。全国、全省各方人才、各种资源迅速汇集，源源不断输送到演出团队。如果没有这种跨省、跨领域、跨行业、跨部门的协同作战，就不会有《百年正青春》的成功，而这也正是《大地颂歌》成功的秘诀。

一种美学形态的成功探索

我认为，从《大地颂歌》到《百年正青春》，包括电视剧《百炼成钢》《理想照耀中国》，这些实践探索建立了一种主旋律创作的全新美学形态。这种美学形态，有如下主要特征：

主题性。毫无疑问，《大地颂歌》《百年正青春》都是一种重大主题性创作。这种主题性创作，有其政治性要求，有其题材的给定性，有时间节点的要求，甚至有某种仪式性。这种主题性，是从实践和历史中总结、概括出来的，反映了党心民意，具有极大的正确性和“广谱性”。因此，它和主题先行、概念化表达、标语口号式创作不是一回事。它充满了理想主义、英雄主义、浪漫主义气质。

宏大性。以脱贫攻坚为主题的《大地颂歌》是宏大题材，《百年正青春》反映湖南共产党人和湖南人民的百年奋斗史、成就史，更是宏大题材。过去一段时间，由于“文革”极“左”文艺的教训，人们不太敢碰重大题材，不太敢走宏大叙事的路子。“高大全”“伟光正”“红光亮”都是被否定的，避之不及。于是，一些文艺作品走向了另一个极端，陷入了“杯水风波”“蜗角之争”等个人化表达、无意义叙事的误区。日常化生活、办公室政治、职场故事当然可以有，但中国共产党的百年奋斗、中华民族伟大复兴，需要宏大叙事，需要重磅之作。

抒情性。伟大的奋斗历程、感天动地的奋斗故事、无比悲壮惨烈的牺牲，本身就具有强烈的情感性。而湖南广电做主题晚会和节目，又有着捕捉、释放动情点的看家法宝。《百年正青春》很好地继承并发扬了这一传统，第二篇章“为了新中国”的三个牺牲，确实情绪浓烈、催人泪下，甚至到了极致化程度。作为剧场艺术，一定要有这样的抒情性，否则不会有感染力；而宏大叙事如果没有抒情性的支撑，就会陷入空洞化，变成报告剧。

综合性。综合多种艺术手段、多种表达方式，实现集成式创新、杂糅式混搭，求得最佳艺术效果，是《大地颂歌》《百年正青春》的共同特点。《百年正青春》采用“情景表演+歌舞+礼赞+多媒体呈现”的方式，可以说将传统戏剧表演的凝重、电视风的动感、歌队式礼赞的庄重和多媒体的时尚现代融于一体，多姿多彩、美轮美奂，奉献了一台艺术的盛宴。沉浸式舞台的打造、各种技术手段的运用、全新的舞美设计，让很多段落都前所未有地令人惊艳。

一次全域传播的完美达成

作为一台窄众的舞台晚会，要实现更大的传播效应，就要借助电视和网络的力量，扩大受众面，提高到达率，做到跨界出圈。为此，我们除安排湖南卫视在晚间黄金时段两次播出、芒果 TV 同步上线、其他地面频道跟进播出外，还做了全域传播的多方面努力。这方面有两个特点：

传播的语态是新的。用“一场跨越时空的百年青春对话”为主宣传语，以更平等的交流姿态，彰显晚会“我用青春致敬百年风华的你们”的传播语态，贴合“Z 世代”受众心理，让主旋律精神得以更好地下沉。重点发起“左权母亲与儿子的隔空对话”“什么样的晚会才叫高级感”等多圈层话题，通过微博、抖音、快手、B 站、豆瓣、知乎等平台互动讨论，以大流量传播正能量，引发年轻用户的情感投射与情绪共振。因为有足够击中当下年轻人的亮点，观众和网友称赞这是台“宝藏晚会”。

传播的渠道玩法是新的。晚会创新台网融合双屏联动，新媒体的热度表现亮眼，节目相关话题阅读量高达 3 亿+，多个节目话题登陆微博热搜，其中与抖音联合推出的“邀你一起唱响青春的歌”线上独家定制主题活动，引发全民共唱，不到一小时活动曝光量就达 260 万+，峰值破 600 万+，登陆抖音热搜。同时我们还通过湖南省委、省政府、共青团湖南省委和湖南省教育厅等机关单位数字屏，各大中心城区重点区域大屏以及北京地铁大屏、IPTV、全国有线网开机屏、主页数字屏矩阵曝光，扩大触达圈层。

《大地颂歌》《百年正青春》已成为过往的光荣，摆在我们面前的是新的使命、新的任务。“广电湘军要有永久生命力，就要肩负时代使命，心系国之大者，永远和最广大的人民群众的所思所想所盼关联在一起。”未来，我们将运用好《大地颂歌》《百年正青春》的宝贵经验，巩固主题宣传的良好态势，在新的重大节点，针对新的时代主题，自觉承担新的使命，打造新的文艺精品，创造新的文艺荣光，为文化强省作出新的贡献。

（2021 年 7 月）

主流媒体与党心民意同频共振的完美案例

——在“致敬袁隆平”新闻研讨会上的发言

今天是 2021 年 7 月 23 日，离伟大的人民科学家袁隆平逝世的日子，有两个月零一天了，但是，怀念不曾远去，袁老音容宛在。而两个月前那场新闻战役，至今历历在目，令人感慨万千。这是湖南主流媒体打的一次重大新闻战役，是湖南媒体的一次集体能量爆发，完美实现了主流媒体和党心民意的同频共振。以研讨会形式，对袁隆平逝世报道进行复盘、交流和总结，是非常有意义的。结合湖南广电的做法，我主要谈三点感受。

未雨绸缪、统筹调度，是做好袁隆平逝世报道的前提

梳理袁隆平逝世前后宣传报道的时间线，可以让我们有一个清晰的认识：

——2020 年下半年，因为袁老的身体已经不太好了，湖南广电开始抢救性制作一部反映袁老的纪录片。反映袁老的各种报道、专

题不少，但这次要完成的是一部全景式口述实录型的纪录片。在袁老逝世前，摄制团队一直在与时间赛跑。

——袁老逝世前一周左右，据可靠消息，袁老的病情已经到了危重的程度，我们加速了抢救性纪录片的拍摄和制作，同时也在进行其他报道准备。

——2021 年 5 月 22 日，袁老逝世当晚，我们参加紧急研判会商，根据省委关于袁老后事的总体安排，作出相关报道部署，明确纪律要求。此后几天，这样的会商天天进行，使整个报道有章可循。

——就湖南广电而言，我们的反应，可以说是主动、迅速、高效的。在 5 月 22 日当天，新湖南客户端发出袁老逝世消息的第一时间，我们紧急通知召开全台新闻宣传调度会，分析研判形势，对各媒体特别是湖南卫视、湖南电台和芒果云的报道作出具体安排。后面两天，这样的调度会每天一次。从 22 日到 24 日这段时间，我们一直密切关注各方动态和舆情走势，及时调度媒体报道。我作为报道总指挥，一直蹲守新闻中心，作出安排、研究报道、审稿审片。“一竿子插到底”和“全台一盘棋”的指挥调度，确保我们的报道量多势足、准确到位。

顺势而为、敢于担当，是实现主流媒体和党心民意同频共振的关键

我们都知道，主流媒体必须和党心民意同频共振。但是这一要求说起来容易，做起来不容易。当事态猝然降临、发展走向难以预估的时候，如何准确找到那个“频”，又怎样恰到好处去“振”，分寸、火候该如何拿捏，考验着我们的政治站位、判断能力、担当精神。事实证明，准确研判、顺势而为、敢于担当，是实现主流媒体和党心民意同频共振的关键。

多年来，湖南广电一直秉承“党之所指、我之所向，国之大者、我之所为，民之所愿、我之所趋”的理念，而且我们认为，党的号召、国之大者和老百姓的愿望是高度一致的，不是分裂的，“所向”也好，“所为”也好，“所趋”也好，其实是一个行动。以袁老逝世为例，人民群众特别是青年学生反应之强烈之广泛，前所未有，大大超出所有人的预期。袁老是世界“杂交水稻之父”，是习近平总书记亲自颁发“共和国勋章”的著名科学家，是备受尊崇的无双国士。在袁老身上，党的认可、国家荣誉和大众偶像，完美地集于一身。

认识到这一点，对袁老逝世这么大的一个事件，该如何进行报道，我们的如下选择就是顺理成章的了。

（一）长度与分量问题。在 5 月 22 日下午的全台调度会上，新闻中心最初计划《湖南新闻联播》做 3 分钟时长的报道，我们马上判断 3 分钟不够，因为当时整个朋友圈是刷屏的一个状态，所有媒体几乎只有袁隆平这一个话题。最后我们做了 15 分钟，占了《湖南新闻联播》总时长 27 分钟的一半多；第二天做了 17 分钟，因为有习近平总书记委托许达哲书记看望袁隆平家属并转达亲切问候，总书记对袁隆平给予高度评价（就单个科学家逝世而言这也是不多见的）；第三天超过 20 分钟，因为这一天是袁老的告别仪式，有高规格、大规模的吊唁活动。这样的安排，的确是超常规、破惯例的，如果不考虑当时特殊的语境和袁老特殊的个体，是很难理解的。但当时，没有任何人觉得这个安排不妥。5 月 24 日央视新闻联播之后，我们还特别安排了 25 分钟时长的专题片《融入大地　闪耀星空——致敬袁隆平》。

（二）评论的口径问题。一开始我们就认定要连续做几篇“胡湘平”，标题怎么取？是“音容宛在　功勋永存”这样的普泛化标题，还是其他什么？这也是一个考验。在袁老逝世当天下午，我们考虑，袁老本身是一位人民科学家，他逝世后社会的追思怀念具有极大的人民性，于是第一篇的标题就叫做《怀念一位伟大的人民科学家》，第二篇的标题是《一粒伟大的种子》，第三天是告别仪式，标题用了《祖国和人民永不忘记》。标题定了，怎样表达呢？第一篇“胡湘平”是这样起笔的：“稻菽千重浪，粒粒皆思念。今天，一位伟大的人民科学家离开了我们，一位大地的奋斗者魂归大地，一位受到全中国、全人类尊敬和爱戴的‘杂交水稻之父’与世长辞。袁隆平，这个重如山的名字，将永远铭刻于中国科技史的丰碑上，闪耀在群星璀璨的夜空中，标注在人类文明的长河里。”这样的语言对袁老的概括是合适的、必须的。这篇评论得到社会各界的好评，在芒果云单发出来后也形成刷屏效应。后面两篇，大体如此。

（三）湖南卫视的编排问题。袁老逝世的当天是星期六，湖南卫视晚上按惯例要播《快乐大本营》，宣发早已做了。但是，湖南卫视经过研判后撤下《快乐大本营》，换上电影《袁隆平》，芒果

TV 同步上线。这样的安排，网上舆论一致叫好，收视表现也不错。

综观袁老逝世后湖南广电的新闻报道和节目编排，坚守了政治纪律、宣传纪律，把握了时代脉搏和社会情绪，体现了主流媒体应有的站位和反应，分寸和尺度把握是好的，也得到了观众以及媒体同行的充分肯定，极大提升了湖南广电的美誉度和影响力。《湖南新闻联播》主播穿黑西装 15 分钟报道痛失袁隆平的长篇幅报道也获得了广泛点赞，还有芒果云新媒体产品“听袁隆平小提琴版的《我的祖国》，重温人民科学家的赤子心”阅读量达到 1.3 亿次，视频观看量超过 540 万人次，居新浪热搜第六位。

敢打硬仗、执行力强，是实现最佳报道效果的保证

在这场特殊的新闻战役中，人们再一次看到了湖南广电“新闻铁军”的形象。

首先是新闻中心的“联播+午间”团队，在袁老逝世报道中发挥了主力军作用，他们全员上阵、尽锐出战，连续推出大体量、高质量的权威报道。新闻中心副总监、《湖南新闻联播》制片人尹中，执笔完成了袁老逝世后三篇精彩的“胡湘平”评论。其次是纪录片团队（张谊团队）提早动手，最大可能地完成纪录片抢救性拍摄。如果不是去年（2020 年）底就开始做抢救性的采访，就不会有纪录片《杂交水稻之父袁隆平》、专题片《融入大地　闪耀星空——致敬袁隆平》里面那么多珍贵的口述和影像。原计划纪录片的推出还要晚一些，但袁老的逝世使我们加快了这一进程，新闻中心扩充了团队力量，仅仅三天，就完成了纪录片和专题片的后期制作。同

时，广播传媒中心、湖南经视、湖南都市、湖南公共，以及芒果TV、芒果云等新媒体也都表现得很出色。

特别值得肯定的是湖南卫视。5 月 22 日下午，湖南卫视主动提出撤掉当晚的《快乐大本营》，改播电影《袁隆平》。这是湖南卫视的一个自觉行动，网上好评如潮："过去都说湖南卫视是娱乐立台、过度娱乐化，你看看湖南卫视的理念、风范，他们是主动撤销娱乐节目、排播电影《袁隆平》!"

在这场新闻战役中，媒体同行也提供了很多值得我们学习的案例。比如新华社对袁老告别仪式现场的"白描式"报道，纯粹记录现场，没有过多的修饰，传递了丰富的信息，非常感人；比如湖南日报（新湖南）的报道既快速又丰富，在袁老逝世的第一条消息出来后，"新湖南"紧接着推出了一大波产品，看得出来准备相当充分。还有红网和潇湘晨报的一批新媒体产品，视角新、亮点多、传播广，值得学习和借鉴。

（2021 年 7 月）

把握思想精髓　汲取奋进力量

习近平总书记在庆祝中国共产党成立100周年大会上发表的重要讲话，是中国共产党100年辉煌征程的光荣榜、启示录，也是面向新时代的宣言书、动员令，给人信心和力量。

感悟讲话中体现出来的大党自信与民族力量

习近平总书记的重要讲话，立天下之正位，行天下之大道，述百年之正史，扬中华民族之正气，发中国共产党和中国人民之正声，彰显了强烈的大党自信、大国自信和民族力量。

这种自信，源于“经过全党全国各族人民持续奋斗，我们实现了第一个百年奋斗目标，在中华大地上全面建成了小康社会，历史性地解决了绝对贫困问题”。这样的成绩，几个大国能做到？

这种自信，源于“中国共产党和中国人民以英勇顽强的奋斗向世界庄严宣告，中华民族迎来了从站起来、富起来到强起来的伟大飞跃”。

这种自信，源于“一百年来，中国共产党团结带领中国人民，以‘为有牺牲多壮志，敢教日月换新天’的大无畏气概，书写了中华民族几千年历史上最恢宏的史诗”，将永载中华民族发展史册、人类文明发展史册。

这种自信，源于“一百年前，中国共产党成立时只有 50 多名党员，今天已经成为拥有 9500 多万名党员、领导着 14 亿多人口大国、具有重大全球影响力的世界第一大执政党”。

这种自信，源于“一百年前，中华民族呈现在世界面前的是一派衰败凋零的景象。今天，中华民族向世界展现的是一派欣欣向荣的气象，正以不可阻挡的步伐迈向伟大复兴”。

而力量，体现在“任何想把中国共产党同中国人民分割开来、对立起来的企图，都是绝不会得逞的！9500 多万中国共产党人不答应！14 亿多中国人民也不答应”；体现在中国人民“绝不接受‘教师爷’般颐指气使的说教”；体现在“中国人民也绝不允许任何外来势力欺负、压迫、奴役我们，谁妄想这样干，必将在 14 亿多中国人民用血肉筑成的钢铁长城面前碰得头破血流”；体现在“任何人都不要低估中国人民捍卫国家主权和领土完整的坚强决心、坚定意志、强大能力”。

这些话语，掷地有声，响鼓重锤，充满了中国共产党人和中国人民的自信、自豪，志气、骨气，透露出来的是 5000 多年中华文明支撑、100 年光荣历史铸就、中国人民高度拥护、马克思主义真理在手、时与势在我的深厚底蕴与强大底气，针对性、指向性都很强。其恢宏的大国气象和深沉的民族情感，不仅引发了在场各界群众的热烈掌声与欢呼声，还引起了全国人民的广泛共鸣。

把握讲话的思想精髓与理论创新

这篇重要讲话，梳理历史源流，总结历史经验，宣示党的主张，提出新征程上的新要求，思想性、理论性很强，有许多重大的理论创新、表达创新，是一篇马克思主义的光辉文献，也为党史学习教育提供了最新教材。

（一）把中国共产党百年历史的主题概括为“实现中华民族伟大复兴”。讲话提出：“一百年来，中国共产党团结带领中国人民进行的一切奋斗、一切牺牲、一切创造，归结起来就是一个主题：实现中华民族伟大复兴。”

（二）以实现中华民族伟大复兴为线索，标定中国共产党在四个历史时期的历史功绩。这就是新民主主义革命时期“为实现中华民族伟大复兴创造了根本社会条件”；社会主义革命和建设时期“为实现中华民族伟大复兴奠定了根本政治前提和制度基础”；改革开放和社会主义现代化建设新时期“为实现中华民族伟大复兴提供了充满新的活力的体制保证和快速发展的物质条件”；中国特色社会主义新时代“为实现中华民族伟大复兴提供了更为完善的制度保证、更为坚实的物质基础、更为主动的精神力量”。

（三）第一次提出并概括了伟大建党精神，并将其界定为中国共产党的精神之源。讲话指出：“一百年前，中国共产党的先驱们创建了中国共产党，形成了坚持真理、坚守理想，践行初心、担当使命，不怕牺牲、英勇斗争，对党忠诚、不负人民的伟大建党精神。”

（四）提出了“以史为鉴、开创未来”的“九个必须”，作为贯通过去、现在与未来的基本原则和实践要求。九个必须都不是第一次提出，但作为整体是第一次，而且有不少新表述。如指出“中国共产党为什么能，中国特色社会主义为什么好，归根到底是因为马克思主义行”；如宣示中国共产党“没有任何自己特殊的利益，从来不代表任何利益集团、任何权势团体、任何特权阶层的利益”；如要求“坚持把马克思主义基本原理同中国具体实际相结合、同中华优秀传统文化相结合”；如认为中国特色社会主义“创造了中国式现代化新道路，创造了人类文明新形态”；如正式面向全党全国人民提出“弘扬和平、发展、公平、正义、民主、自由的全人类共同价值”，这是我国针对西方所谓“普世价值”而凝练的全人类价值主张；如强调全面从严治党的目的是“确保党不变质、不变色、不变味”。

（五）以党中央名义向全体中国共产党党员发出动员令。这就是“牢记初心使命，坚定理想信念，践行党的宗旨，永远保持同人民群众的血肉联系，始终同人民想在一起、干在一起，风雨同舟、同甘共苦，继续为实现人民对美好生活的向往不懈努力，努力为党和人民争取更大光荣！”

从讲话中汲取建设主流新媒体集团的奋进力量

习近平总书记的重要讲话，不仅具有理论意义，更具有实践意义。对我们做好湖南广电的工作、加快建设主流新媒体集团，具有重要的启示性和指导性。

坚定政治方向和工作导向。湖南广电必须在以习近平同志为核心的党中央领导下，全面贯彻习近平新时代中国特色社会主义思想，为全面建设社会主义现代化国家、实现中华民族伟大复兴而作出更多贡献。必须增强“四个意识”、坚定“四个自信”、做到“两个维护”，坚持党媒姓党、绝对忠诚，心怀“国之大者”、牢记初心使命。

切实满足观众和用户需求。习近平总书记指出：“江山就是人民、人民就是江山，打江山、守江山，守的是人民的心。中国共产党根基在人民、血脉在人民、力量在人民。”这对我们做好宣传工作和媒体工作具有重要启示意义。过去湖南卫视之所以成功，芒果TV之所以快速发展，根本原因在于受到广大人民群众的喜爱，赢得了巨量电视观众和新媒体用户的心。今后我们仍要把受众和用户喜欢不喜欢、满意不满意作为衡量报道、节目、剧目能否上档、是否成功的标准。在坚持正确方向导向、坚持社会效益第一的前提下，千方百计扩大受众面、增强传播度、提高影响力。习近平总书记特别指出：“未来属于青年，希望寄予青年。”湖南卫视和芒果TV作为具有鲜明青春气质的平台，一定要继续锁定青年，增强创新度、永葆年轻态。

增强克服困难的信心和勇气。习近平总书记指出：“敢于斗争、敢于胜利，是中国共产党不可战胜的强大精神力量。实现伟大梦想就要顽强拼搏、不懈奋斗。”湖南广电在过去几十年的奋斗中，是具有敢于争先、敢于胜利的风骨与品质的，湖南卫视长期保持收视第一，居于行业头部；芒果 TV 迅速进入行业前三；电广传媒是中华传媒第一股……所有这些，铸就了“湖南电视现象”，为我们赢得了“广电湘军”的美誉。而要实现建设主流新媒体集团，完成整体转型的新目标、新梦想，就要继续顽强拼搏、不懈奋斗。现在，我们也面临许多重大挑战和困难，如地面频道处境艰难、湖南卫视盈利能力有所下降、长视频受到短视频的持续挤压、新闻资讯类新媒体亟待提速，等等。唯有按照习近平总书记所要求的“增强忧患意识、始终居安思危”“敢于斗争，善于斗争，逢山开道、遇水架桥，勇于战胜一切风险挑战”，才能让湖南广电永立潮头、基业长青。

（2021 年 7 月）

不灭的灯光，不灭的信念

——在湖南卫视内容营销共享会上的致辞

因为疫情的原因，今天我们只能以这种方式见面。但“相知无远近，万里尚为邻”，见字如面，见屏如晤，隔着屏幕，我们依然能感受到各位亲爱的朋友关注的目光和怦然的心跳。

正如各位深刻感知到的，当前，世界百年未有之大变局、人类百年未有之大疫情，对各行各业带来了重大冲击；经济发展格局、行业治理底层逻辑的变化，也加速了广电媒体的调整与转型。在这个时候，信心比黄金更重要，信赖比生意更宝贵。

我想用三句话表达当下的湖南广电何以值得各位信赖。

第一句话：党媒国企、守正创新的湖南广电，将以良好的领悟力、判断力，以深厚的底蕴和快速的应变能力，为各位伙伴带来稳定可靠的商业价值。《稻花香里说丰年》《小芒种花夜》《时光音乐会》《欢唱大篷车》……从今年（2021 年）9 月开始，湖南卫视被主流媒体和广大受众高度肯定的新内容、新变化、新面貌，证明了这一点。仅仅一个重阳节的小策划“长沙有两块会聊天的大屏幕”，就占据热搜榜超过 100 个小时。

第二句话：多元一体、一体共生的湖南广电，将以强大的媒体矩阵和内容生态，为商业价值的输出创造更大的空间。我们不但有共创共享的双头部平台——湖南卫视、芒果 TV，有先后呱呱坠地的新媒体“芒氏兄弟”——内容电商平台“小芒”和短视频平台“风芒”，还有自成生态、各有绝活的芒系全媒体，这将为所有商业品牌提供几何级数的触达机会。

第三句话：青春有漾、蓬勃向上的湖南广电，将以生生不息的姿态，使各种品牌更好地赢得青年、赢得未来。为什么我们要飘扬青春旗帜？因为青春最有活力，青春无远弗届，青春能最大程度成就彼此。

具体到湖南卫视，我可以告诉大家的是，连续八年覆盖人口居省级卫视第一的湖南卫视，拥有一流手艺人的湖南卫视，有信心、有能力回答一个又一个时代课题，有信心、有能力引领一轮又一轮创新风潮，实现转型升级、焕新出彩，使我们的内容永远保持强大的影响力、竞争力，使湖南卫视继续处于行业头部地位。这不但是湖南卫视的光荣历史铸就的，更是湖南广电人的热血与心气注定的。

马栏山上、广电楼头，永远有不灭的灯光、不灭的信念。

（2021 年 9 月）

奋力书写深度融合发展的芒果新答卷

今年（2021 年）9 月，恰逢习近平总书记考察长沙马栏山视频文创产业园一周年，而湖南广电是马栏山的原住民和主力军。一年来，湖南广电牢记总书记嘱托，深入践行中央关于加快推进媒体深度融合发展的指导意见，在媒体融合芒果模式 1.0 实践基础上，围绕建成具有强大影响力和竞争力的新型主流媒体的战略目标，提出建设主流新媒体集团的战略构想，以做大做强主流舆论为使命，在新生态、新赛道、新机制上进行 2.0 版本的优化升级，推动核心竞争力向新媒体全面转移，为将马栏山打造成媒体深度融合新地标作出积极贡献。

2020 年以来，在国家广电总局的关心和支持下，我们成立中国（湖南）广播电视媒体融合发展创新中心，制定媒体深度融合三年行动计划，明晰媒体深度融合的体制机制、行动步骤与产业模式。我们提了一个比较新颖的口号“建设主流新媒体集团”。为什么叫主流新媒体集团？并不是说广播电视等传统媒体不要做了，电视大屏要被放弃了，而是在媒体结构上更注重新媒体平台的建设与发展，在大屏内容上更注重新媒体气质和移动端传播效果，在队伍建设上全员向新媒体进军和转型。这个主流新媒体集团包含以下要素：具有主流意识形态的政治站位；多个自主可控的新媒体平台；遵循价值观逻辑的内容创新体系；全维人才结构；文化与科技融合的智能化系统；扁平化的灵巧组织；全域商业变现手段与持续增长的收入规模。

具体来说，在建设主流新媒体集团上，我们重点在以下几个方面发力：

坚定主流价值引领

湖南广电始终扛起党媒国企的职责使命，2020 年以来收获了抗击新冠疫情和脱贫攻坚三个国家级大奖。我们在主旋律宣传上的投入规模、品类不断增多。2020 年集团在主旋律宣传上的直接投入达到 8.87 亿元，2021 年仅庆祝建党百年的 16 个重点项目，投入即达 6 亿多元。“党之所指，我之所向”。听党话，跟党走，传党声，无论是湖南卫视，还是芒果 TV，无论是广播频率，还是电视频道，都常态化实施“头条工程”和“置顶工程”，做好习近平新时代中国特色社会主义思想宣传。加强党史学习教育，让党旗始终飘扬在冲锋路上。“国之大者，我之所为”。我们围绕国家大事、湖南大计主动作为，无论是“脱贫攻坚三部曲”，还是“庆祝建党百年主题交响乐”，都做到提前规划、主投主控、全媒传播。电视剧《理想照耀中国》《百炼成钢》穿越百年，湖南省庆祝建党百年晚会《百年正青春》感人至深，微专题《党史上的今天》365 天全覆盖，新闻大片《为有牺牲》、主题综艺《28 岁的你》、理论片《选择》都受到观众喜爱。我们连续推出《中国》《岳麓书院》《风度中国》等一系列“中国风”纪录片，弘扬优秀传统文化，礼赞祖国大好河山。“民之所愿，我之所趋”。从去年助销近 30 亿元湖南农产品的芒果扶贫云超市，到今年国庆特别节目《稻花香里说丰年》两小时卖出 32 万吨湘米，真正做到了创新扶贫、公益助农。

打造内容融合新生态

媒体融合最核心的竞争力，永远是高质量的内容供给。湖南广电有一群追求把内容做到极致的手艺人，不断拓展的新媒体平台让他们施展才艺的舞台更多了，也更大了。湖南卫视、芒果 TV 建立双平台共创共享机制，双平台工作室打破平台壁垒，团队、人才、创意、项目、资金彼此开放，加速融合。现象级综艺《乘风破浪的姐姐》《披荆斩棘的哥哥》形成破圈效应，在观众追捧的热门节目中永远可以看到芒果出品的身影。我们打造国内首个台网联动的“芒果季风”剧场，旗帜鲜明反悬浮、反注水、反“流量”，目前已上线四部剧集，表现均超出预期。我们建立了双平台电视剧联采联播机制，对双平台的剧类资源进行最优配置，在继续保持剧场品牌的同时，大幅降低了购剧成本。我们还聚焦芒果厂牌内容建设，整合芒果系所有内容团队，打造高门槛、有竞争力的多形态融媒产品，电视剧《理想照耀中国》集结了全台 6 个频道、10 个团队参与创制，金鹰纪实连续推出高品质纪录片《中国出了个毛泽东》《岳麓书院》等，都市频道为湖南卫视、芒果 TV 推出《战旗美如画》《选择》等精品节目，芒果的内容生态得到交融延展。

构建互联网平台新矩阵

去年以来，湖南广电加速构建新媒体平台矩阵，以长视频、短视频、内容电商三个赛道作为核心业务发力点，完善新媒体领域的整体布局，提升竞争能力。进一步做优芒果 TV。作为唯一连续四年盈利的视频网站，连续两年进入中国互联网企业前 20 强，芒果 TV 将聚焦青年文化，继续深挖内容“护城河”，完善产业链布局，构建多元、稳健、可持续的经营管理模式，为国有互联网公司当开路先锋。打造的全新内容电商平台——小芒电商，今年元旦上线，截至国庆期间累计用户规模超 2400 万。围绕“Z 世代”消费人群，与湖南卫视、芒果 TV 紧密联动，实现双平台优质内容 IP 的品牌植入与深度融合。10 月 6 日举办的国货品牌盛典“小芒种花夜”，聚焦国风、国潮、国货，为祖国种花，为国货种花，热度空前高涨。已于国庆前上线的“风芒”App，弥补了我们在新闻资讯类平台同时也是短视频平台建设上的短板，标志着芒果新媒体生态布局的基本完成。芒果 TV 定位为深耕剧综的高门槛长视频平台，小芒电商定位于新潮国货内容电商平台，风芒则将扛起新闻主力军挺进主战场的使命任务。“你之所想，风芒所向”，“在风芒，见锋芒”，这就是风芒新媒体的姿态与追求。

目前，芒果 TV 已进入行业前三，芒果超媒打造“内容+平台+

资本”融媒新样态，央企中国移动成为第二大股东。集团新媒体增强了造血功能，收入占总收入60%以上，产业发展反哺主流宣传的能力更强了。

推动文化与科技深度融合

这也是习近平总书记去年考察马栏山时充分肯定的方向。湖南广电正依托“IP化、云化、智能化”的建设理念，加快长视频节目生产基地建设。搭建可迭代发展的新技术系统，确保播出平台和网络平台数据可管可控，致力于将大数据、人工智能等新技术融入内容生产、分发、服务全过程。文化与科技融合促内容创新，湖南卫视数字主持人“小漾”、芒果TV首个虚拟人形象“瑶瑶”先后亮相，芒果TV首场XR线上演唱会《潮音实验室》已于近期上线，这是一档虚拟在线直播的音乐节目；纪录片《中国》第二季运用“高动态范围影像”“全景声音效”等沉浸式技术，打造中华优秀传统文化与科技融合的样本，即将于12月播出。文化与科技融合促产品创新。曾接受总书记亲自检阅的5G智慧电台已签约全国397家，达成合作意向737家，持续赋能县级融媒体中心，将党的声音送到田间地头。文化与科技融合促业态创新。我们正聚合国家广电总局5G重点实验室的研发能力，融创中心、5G实验室、芒果无际公司，实行一体化、实体化运营，面向虚拟应用等未来传播形态，探索拥有自主创新能力的平台型产品，培育孵化新业态。

一年多来，媒体融合芒果模式2.0版的实践，正在为新型主流媒体建设探索一种新路径。但这还只是初步的，远未到功成之时。

未来，我们将深刻把握新形势下媒体深度融合的新趋势，为主流新媒体集团建设对好坐标、校准方向、把好节奏，做到行稳致远。

积极参与平台标准建设，共塑主流平台发展方向。将平台的政治建设视为首要任务，以满足人民更丰富多样的精神文化生活为己任，依靠价值观、责任、信用、人文精神加强与用户的深度链接，用社会主义核心价值观构筑平台新的价值高度、商业文明与市场秩序。永远站在党的旗帜下，站在历史正确的一边，站在最大多数人民群众一边，不迷失方向，不被外在力量裹挟，不降格以求，不随波逐流。

积极参与内容标准建设，树立影视文艺创作新风。以习近平总书记关于文艺工作的重要论述为指引，以前所未有的紧迫感推进影视文艺的变革创新，将时代需求、社会情绪、人民关注作为内容创新的主攻方向，打造受众喜闻乐见的新时代文艺精品。湖南卫视正经历从“快乐中国”到“青春中国”的全新升级，陆续上档的四季度综艺节目《今天你也辛苦了》《欢唱大篷车》《时光音乐会》《向你致敬》等，涵盖乡村振兴、全民阅读、美好生活、时代英雄等主题，构建起主题鲜明的社会人文生活服务节目带，升格青年文化表达，以思想的力量和青春的温度做优质文化的传播者、优秀青年的塑造者。综艺节目去流量化，提供艺术滋养，树立全新青春榜样；影视创作走现实主义之路，注重剧集品质，注重演员实力。在深入开展文娱领域综合治理的同时，湖南广电有信心、有责任、有能力参与新一轮文艺创新风潮。

坚持社会效益优先的产业化运作，持续赋能高质量发展。湖南广电的媒体融合发展，得益于对媒体意识形态属性和社会责任的始终坚守，也得益于多年来对改革和市场化的自觉。建设主流新媒体集团，需要进一步优化体制机制。我们要打造新老媒体一体发展的生态环境，不断优化资源配置，推进内容生产向主流精品倾斜的供给侧结构性改革，业务要素重新整合链接，让每一个优秀的团队都能找到向主阵地全面转移的支点与杠杆，从而尽快形成“全媒一体、迭代共生”的组织结构。

习近平总书记深刻阐述了推动媒体融合向纵深发展的时代意义，那就是做大做强主流舆论，为实现“两个一百年”奋斗目标、实现中华民族伟大复兴的中国梦提供强大精神力量和舆论支持。细思量，责任何其重大，使命何其光荣；抬望眼，雄关漫道，前路迢迢。我们将永远牢记党媒国企的身份性质，永远坚守主流大台的责任担当，保持定力，守正创新，在建设主流新媒体集团的道路上继续勇毅前行，书写媒体深度融合发展的芒果新答卷。

（2021 年 10 月）

怀抱礼敬态度　弘扬工匠精神

——在纪录片《岳麓书院》研讨会上的致辞

国庆前夕，湖南广播电视台创制完成并播出了大型历史人文纪录片《岳麓书院》；国庆长假刚过，中国电视艺委会就在这里举办《岳麓书院》研讨会，这是对我们莫大的鼓舞和鞭策。

纪录片《岳麓书院》的创制和播出，是湖南广电落实习近平总书记 2020 年考察湖南特别是考察岳麓书院重要指示精神的一个实际行动，是继纪录片《中国》之后追寻、展示中华历史文化根脉与源流的又一重要尝试。用 6 集 300 分钟的篇幅，为岳麓书院拍摄一部专享纪录片，这还是第一次。该片在湖南卫视、芒果 TV、金鹰纪实晚间黄金时段同时播出，取得了良好的播出效果：索福瑞 63 城收视份额 3.55%，是湖南卫视今年（2021 年）730 档首播城市组份额最高的项目，芒果 TV 播放量超 1500 万次，美誉度位列纪录片融合传播指数榜第一位，微博主话题阅读量超 1.8 亿。特别让我们欣喜的是，该片受到年轻观众的追捧，知乎评分 9.1 分，“90 后”

观众份额 6%，忠实度 50%。众多专家学者称赞该片对“梳理千年文脉、传承优秀文化、增强文化自信、推进以文育人”发挥了重要作用，认为这是一部体现了中华传统文化底蕴之深、气质之美的纪录片。媒体朋友们也给我们很多鼓励，甚至说“不看《岳麓书院》，不识湖湘文化，不知中国文脉”。

通过《岳麓书院》的拍摄和播出，我们有以下几点体会：

中华民族伟大复兴呼唤更多挖掘、展示、传承优秀传统文化的纪录片

党的十八大以来，习近平总书记多次亲临历史文化现场，强调传承优秀传统文化、保护历史文化遗产的重要性，将中华文化提到一个前所未有的高度。他说：“中华优秀传统文化是中华民族的文化根脉……要把优秀传统文化的精神标识提炼出来、展示出来，把优秀传统文化中具有当代价值、世界意义的文化精髓提炼出来、展示出来。”“如果没有中华五千年文明，那有什么中国特色？”他强调要“推动中华优秀传统文化创造性转化、创新性发展，以时代精神激活中华优秀传统文化的生命力”。特别是在今年七一庆祝建党一百周年的重要讲话中，他明确提出了“坚持把马克思主义基本原理同中国具体实际相结合、同中华优秀传统文化相结合”的重大理论观点。总书记的这些重要论述，让我们更加明白，中华民族伟大复兴，必然意味着中华文化的伟大复兴；而迎接中华文化的伟大复兴，主流媒体必须更多、更好地挖掘、梳理、展示中华优秀传统文化。

做纪录片《岳麓书院》，就是出于这样的考虑。岳麓书院历千余年形成的“传道济民、忠君爱国、经世致用、实事求是”思想文化传统，是中华文化最具当代价值的精华之一。习近平总书记考察岳麓书院时，对“惟楚有才，于斯为盛”“实事求是”等都进行了极富当代意义的阐发，给《岳麓书院》的创制提供了根本遵循和阐释框架。

当前，中国人特别是年轻人的文化自信、文化自豪空前高涨，国风、国潮热的出现，就证明了这一点。在这方面，湖南广电还是比较敏锐的。去年我们制作播出了追寻中华文化、制度、民族源流的大型纪录片《中国》第一季，引起强烈反响，第二季正在拍摄中，年底前将上线播出。刚刚播出的湖南卫视中秋晚会、“小芒种花夜”，都主打中国风。明年一季度，湖南卫视将播出《国风唱将》《中国婚礼》等一系列植根优秀中华文化的综艺节目。

创制历史文化纪录片，必须怀抱礼敬态度、弘扬工匠精神

中华优秀传统文化积数千年之演进，萃亿万人之精华，博大精深，极为宝贵。创制历史文化纪录片，只有最严肃、最虔敬的态度，才是最正确的态度。千年庭院，潇湘洙泗；惟楚有才，于斯为盛。岳麓书院是湖南一张响亮的文化名片，是中华文明弦歌不绝的一个缩影。为这所伟大的书院量身打造一部历史人文纪录片，是湖南广电的夙愿。

但该项目的完成却不是一朝之功。早在 2015 年，我们就提出要拍《岳麓书院》，2018 年实质性启动，2020 年习近平总书记考察

岳麓书院后，创制工作进一步提速。其间发起三次全国性的研讨，创作团队不断更新壮大，积累了 30 多万字的学术台本，到总书记考察湖南一周年前夕终于大功告成。可谓“七年酝酿，十月怀胎，一朝分娩”。

在今年向这部纪录片发起冲刺的过程中，我们要求承制方金鹰纪实频道不能将就，不要随便，要组建最强的团队、拿出最好的台本、树立最高的标准，以礼敬态度、匠人精神，将《岳麓书院》打造成在未来岁月中不可移易、不可超越，可以反复播出的经典之作、传世之作。唯有如此，才配得上岳麓书院在中国历史文化中的地位。他们也的确是这么做的。

幸运的是，我们邀请了学术上造诣极高的杨胜群、朱汉民先生做顾问，郑明星教授做学术撰稿，找到了国内一流纪录片创作和拍摄团队，那就是王新建、王登渤、金铁木、滕飞、杨宝成等。这部纪录片的成功，体现了他们的深厚功力和敬业精神。

打造历史文化纪录片需要各方更多的关注支持

纪录片是公共文化产品，尤其是历史文化类纪录片，在弘扬传统文化方面具有其他艺术形式难以比拟的优势。但是，历史文化类纪录片的创制，不是一件容易的事，几乎没有广告，收视无法和电视剧、综艺节目相比，因此几乎只有投入没有产出。尽管如此，湖南广电还是以高度的责任感和文化自觉做这件事。纪录片《中国》第一季投入 4000 万，第二季 6000 万；《岳麓书院》如果从 7 年前算起，投入超过 2000 万。在这个过程中，我们得到了中宣部、国家广电总局、湖南省委宣传部、岳麓书院的大力支持。我们希望社会上有理想、有情怀、有实力的各方力量，都能够共同参与弘扬优秀传统文化这件对中华文化伟大复兴功德无量的大事。湖南广电将会一如既往地投入、参与历史文化纪录片的创作生产，以实际行动来体现党媒国企的历史责任和社会担当。

（2021 年 10 月）

从党的百年奋斗中汲取经验和力量，赢得湖南广电新的胜利和荣光

党的十九届六中全会是在我们党成立一百周年的重要历史时刻，在党和人民胜利实现第一个百年奋斗目标、全面建成小康社会，正在向着全面建成社会主义现代化强国的第二个百年奋斗目标迈进的重大历史关头召开的。全会的精神主要体现在审议通过的《中共中央关于党的百年奋斗重大成就和历史经验的决议》（以下简称《决议》）和习近平总书记在全会上发表的重要讲话中。深入学习全会精神，有助于我们提高历史自觉，坚定历史自信，把握历史主动，从党的百年奋斗征程中汲取智慧和力量，创造湖南广电新的胜利和荣光。

高度的历史自觉、强大的历史自信

《决议》体现了我们党高度的历史自觉、强大的历史自信。

“以史为鉴，可以知兴替。”中华民族是有着高度历史自觉的民

族，中华文化是高度重视记录和总结历史的文化。中华文明长达5000多年，是世界上唯一没有中断、延续至今的文明，中华文明也是世界上唯一有着完整的历史记载的文明。从《春秋》、“二十四史”到《清史稿》，这些史书完整记录了从上古到清代的历史。在中国人心中，历史具有非常神圣的地位。“留取丹心照汗青”“孔子作《春秋》，而乱臣贼子惧”，是流芳百世还是遗臭万年，是青史留名还是罄竹难书，历史都会作出公正而长久的评价。习近平主席在和美国总统拜登视频会晤时说：“历史是公正的，一个政治家的所作所为，无论是非功过，历史都要记上一笔。”

中国共产党历来高度注重总结自身的历史经验。早在延安时期，毛泽东同志就指出：“如果不把党的历史搞清楚，不把党在历史上所走的路搞清楚，便不能把事情办得更好。”进入改革开放新时期，邓小平同志说：“历史上成功的经验是宝贵财富，错误的经验、失败的经验也是宝贵财富。这样来制定方针政策，就能统一全党思想，达到新的团结。这样的基础是最可靠的。”习近平总书记也反复强调，历史是最好的教科书，中国革命历史是最好的营养剂，学党史是每个党员的必修课。

党的十八大以前的一段时间，党史界、学术界、社会上对改革开放前三十年怎么看，对改革开放后三十年怎么看，是存在很多分歧的，各种奇谈怪论不少，历史虚无主义盛行。习近平总书记用了很大的努力来批判历史虚无主义，早在2012年11月，他就鲜明提出“不能用改革开放后的历史时期否定改革开放前的历史时期，也不能用改革开放前的历史时期否定改革开放后的历史时期”。十八大以后特别是十九大以后，随着在党史领域强有力的正本清源、拨乱反正，正确的党史观、大历史观被确立起来了，党的正史、主流叙事被进一步建构起来了，一些错误的思想认识被廓清了。

以一次中央全会来专门总结党史，以一个历史决议来全面总结党的百年奋斗重大成就和历史经验，特别是对新时代以来的思想理论和实践成果作出历史性的结论，体现了习近平总书记的深谋远虑和高瞻远瞩，是郑重的历史性、战略性决策。

2020 年以来，世界百年未有之大变局加速演进，全球百年不遇的新冠疫情大流行尚未结束，中华民族伟大复兴进入决定性阶段，但发展的内外环境也在发生深刻变化。以美国为首的部分西方国家对中国疯狂打压，千方百计想迟滞乃至打断中华民族伟大复兴的进程。中国共产党和中国人民要战胜各种风险挑战，把中华民族伟大复兴的伟大事业推进下去，使之顺利实现，就一定要进一步统一思想、统一意志、统一行动。而十九届六中全会通过的《决议》，就能起到推动全党进一步统一思想、统一意志、统一行动的作用。

怎样把握《决议》的要点

（一）把握四个历史时期、四个伟大飞跃

《决议》把党的百年奋斗分为四个历史时期：新民主主义革命时期，实现了中国从几千年封建专制政治向人民民主的伟大飞跃；社会主义革命和建设时期，实现了一穷二白、人口众多的东方大国大步迈进社会主义社会的伟大飞跃；改革开放和社会主义现代化建设时期，推进了中华民族从站起来到富起来的伟大飞跃；中国特色

社会主义新时代，为实现中华民族伟大复兴提供了更为完善的制度保证、更为坚实的物质基础、更为主动的精神力量，中华民族迎来了从站起来、富起来到强起来的伟大飞跃。

（二）把握马克思主义中国化的三次历史性飞跃

毛泽东思想是马克思主义中国化的第一次历史性飞跃，中国特色社会主义理论体系（包括邓小平理论、“三个代表”重要思想、科学发展观）是马克思主义中国化的第二次历史性飞跃，习近平新时代中国特色社会主义思想是当代中国马克思主义、二十一世纪马克思主义，是中华文化和中国精神的时代精华，实现了马克思主义中国化新的飞跃。

（三）把握党的百年奋斗的五大历史意义

党的百年奋斗，从根本上改变了中国人民的前途命运，开辟了实现中华民族伟大复兴的正确道路，展示了马克思主义的强大生命力，深刻影响了世界历史进程，锻造了走在时代前列的中国共产党。

（四）把握党的百年奋斗的十条历史经验

坚持党的领导、坚持人民至上、坚持理论创新、坚持独立自主、坚持中国道路、坚持胸怀天下、坚持开拓创新、坚持敢于斗争、坚持统一战线、坚持自我革命。

（五）把握新时代十三个方面的原创性思想、变革性实践、突破性进展、标志性成果

这十三个方面是：坚持党的全面领导、全面从严治党、经济建设、全面深化改革开放、政治建设、全面依法治国、文化建设、社

会建设、生态文明建设、国防和军队建设、维护国家安全、坚持“一国两制”和推进祖国统一、外交工作。

（六）把握“两个确立”

新时代党确立了习近平同志党中央的核心、全党的核心地位，确立了习近平新时代中国特色社会主义思想的指导地位。这对新时代党和国家事业发展、对推进中华民族伟大复兴历史进程具有决定性意义。

（七）把握“十个明确”

“十个明确”从十个方面概括了习近平新时代中国特色社会主义思想的理论精华。

明确中国特色社会主义最本质的特征是中国共产党领导，中国特色社会主义制度的最大优势是中国共产党领导，中国共产党是最高政治领导力量，全党必须增强“四个意识”、坚定“四个自信”、做到“两个维护”；明确坚持和发展中国特色社会主义，总任务是实现社会主义现代化和中华民族伟大复兴，在全面建成小康社会的基础上，分两步走在本世纪中叶建成富强民主文明和谐美丽的社会主义现代化强国，以中国式现代化全面推进中华民族伟大复兴；明确新时代我国社会主要矛盾是人民日益增长的美好生活需要和不平衡不充分的发展之间的矛盾，必须坚持以人民为中心的发展思想，发展全过程人民民主，推动人的全面发展、全体人民共同富裕取得更为明显的实质性进展；明确中国特色社会主义事业总体布局是经济建设、政治建设、文化建设、社会建设、生态文明建设五位一体，战略布局是全面建设社会主义现代化国家、全面深化改革、全面依法治国、全面从严治党四个全面；明确全面深化改革总目标是完善和发展中国特色社会主义制度、推进国家治理体系和治理能力现代化；明确全面推进依法治国总目标是建设中国特色社会主义法治体系、建设社会主义法治国家；明确必须坚持和完善社会主义基本经济制度，使市场在资源配置中起决定性作用，更好发挥政府作用，把握新发展阶段，贯彻创新、协调、绿色、开放、共享的新发展理念，加快构建以国内大循环为主体、国内国际双循环相互促进的新发展格局，推动高质量发展，统筹发展和安全；明确党在新时代的强军目标是建设一支听党指挥、能打胜仗、作风优良的人民军队，把人民军队建设成为世界一流军队；明确中国特色大国外交要服务民族复兴、促进人类进步，推动建设新型国际关系，推动构建人类命运共同体；明确全面从严治党的战略方针，提出新时代党的建设总要求，全面推进党的政治建设、思想建设、组织建设、作风建设、纪律建设，把制度建设贯穿其中，深入推进反腐败斗争，落实管党治党政治责任，以伟大自我革命引领伟大社会革命。

（八）把握两个灵魂拷问

《决议》向所有党员发出了两个灵魂拷问。拷问一：“全党要牢记中国共产党是什么、要干什么这个根本问题”（第七部分）。拷问二：“从党的百年奋斗中看清楚过去我们为什么能够成功、弄明白未来我们怎样才能继续成功”（序言）。

创造湖南广电新的胜利和荣光

《决议》不仅是总结历史，更是面向未来。《决议》最后以充满激情的笔调向全党全军全国人民宣示："勿忘昨天的苦难辉煌，无愧今天的使命担当，不负明天的伟大梦想，以史为鉴、开创未来，埋头苦干、勇毅前行，为实现第二个百年奋斗目标、实现中华民族伟大复兴的中国梦而不懈奋斗。我们坚信，在过去一百年赢得了伟大胜利和荣光的中国共产党和中国人民，必将在新时代新征程上赢得更加伟大的胜利和荣光！"这段话对湖南广电特别具有启示意义。

湖南广电自诞生以来，特别是20世纪90年代以来，在党的坚强领导下，与时代同向同行，与人民同频共振，创造了令人骄傲的胜利和荣光。三轮改革走在全国同行前列，事业产业比翼齐飞，两个效益同时绽放；湖南经视先行先试，湖南卫视长期位居全国地方卫视头部，电广传媒荣列中华传媒第一股，潇湘电影以众多红色主旋律精品独树一帜；特别是2014年以来媒体融合走出一条芒果模式，芒果TV挺进视频行业前三，芒果超媒位居互联网企业20强……去年以来我们捧回"全国脱贫攻坚先进集体"等三个全国性大奖，主流宣传和剧（节）目生产精品迭出、爆款不断，在中国新闻奖、中国公益广告黄河奖等各大奖项中斩获颇丰。这些胜利和荣光，令人鼓舞，为之自豪。

但今天的湖南广电，面临着比较大的困难与压力。文娱领域综合治理是一场大考，媒体深度融合发展是一场大赛，新一轮节目创新是一出大戏，稳住经营创收是一场大战，桩桩件件，都不轻松。当然，我们难，别人也难，甚至更难。中央经济工作会议指出，我国经济发展面临需求收缩、供给冲击、预期转弱三重压力，明年经济工作要稳字当头、稳中求进，着力稳住宏观经济大盘。这些都对我们有重要指导意义。我们要保持清醒的头脑，铭记生于忧患、死于安乐，常怀远虑、居安思危。

重压之下显担当，重托之下见本领。迎接各种挑战，推进建设主流新媒体集团的战略目标，需要我们从党的百年奋斗中汲取精神力量，发扬共产党人“越是艰险越向前的英雄气概，敢于斗争、善于斗争，逢山开道、遇水架桥，做到难不住、压不垮”的精神。习近平总书记指出，在重大风险、强大对手面前，总想过太平日子、不想斗争是不切实际的。我们也可以说，在行业变局、重重困难面前，总是沉湎在过去的荣光、不想艰苦奋斗是无济于事的。我们必须发扬“闯”的精神、“创”的劲头、“干”的作风，发扬湖南广电“要么做第一，要么第一个做”的创新精神和“搞不死”的霸蛮精神，咬紧牙关、埋头苦干，坚定信心、勇毅前行。只要我们的人才还在、精气神还在，我们就一定能杀出一条血路，闯出一片新天地，创造湖南广电新的胜利和荣光。

（2021 年 11 月）

以强烈的历史主动精神担当党媒国企的文化使命

习近平总书记在中国文联十一大、中国作协十大上的重要讲话，是一篇马克思主义的光辉文献，体现了马克思主义文艺观和习近平新时代中国特色社会主义思想的最新成果。讲话既站位高远又很接地气，既气势恢宏又语重心长，既立足当代又思接千载、视通万里，思想性、指导性、针对性很强。

以强烈的历史主动精神担当党媒国企的文化使命

讲话对文艺工作提出了一系列根本要求，除了“二为”方向、“双百”方针、“双创”原则、15 字职责使命外，特别指出：“广大文艺工作者要增强文化自觉、坚定文化自信，以强烈的历史主动精神，积极投身社会主义文化强国建设。”讲话要求文艺工作者树立大历史观、大时代观，展现中华历史之美、山河之美、文化之美，抒写中国人民奋斗之志、创造之力、发展之果，全方位全景式展现新时代的精神气象。党的十九届六中全会以来，习近平总书记多次提出要增强“历史主动精神”，反映了一位大党、大国领袖的宏大胸襟抱负，也折射出走向伟大复兴的中华民族的精神高度、精神气象。作为党媒国企文艺工作者，我们要深刻感悟习近平总书记的精神伟力，以积极主动而不是消极被动、以文化自为而不是文化自在、以阔大气象而不是狭小格局，投入文化强省、文化强国的建设中，并以我们强有力的文艺创作，推动中华民族的精神进一步主动起来、自觉起来。

明确文艺创作和文艺宣传的两个重点方向

（一）描绘和展示新时代新征程的恢宏气象。总书记指出，新时代新征程是当代中国文艺的历史方位。广大文艺工作者要紧跟时代步伐，从时代的脉搏中感悟艺术的脉动，把艺术创造向着亿万人民的伟大奋斗敞开，向着丰富多彩的社会生活敞开。“文章合为时而著，歌诗合为事而作”“笔墨当随时代”，我们的影视艺术必须深刻感应时代的召唤，以新时代为创作和传播的重点。在湖南省委宣传部的指导支持下，前两年我们创作了大型歌舞史诗《大地颂歌》、电视剧《江山如此多娇》等反映新时代的厚重之作。下一步，我们将围绕“迎接二十大、礼赞新时代”，抓紧创制 12 个重点项目。包括新闻大片《总书记来信》，理论片《思想的旅程》，讲述湖南装备制造业发展历程的电视剧《麓山之歌》和新时代依法治国图景的电视剧《底线》，纪录片《这里是祖国的边疆》《拾个梦》《与丝路打交道的人》，广播特别节目《青年成长记之我这十年》等。

（二）挖掘和展示中华优秀传统文化精华。总书记指出：“博大精深的中华文明是中华民族独特的精神标识，是当代中国文艺的根基，也是文艺创新的宝藏。”“要挖掘中华优秀传统文化的思想观念、人文精神、道德规范，把艺术创造力和中华文化价值融合起来，把中华美学精神和当代审美追求结合起来，激活中华文化生命力。”总书记对中华优秀传统文化的重视、礼敬、尊崇，为我们作出了示范。近年来，湖南广电创作推出了大型历史文化纪录片《中国》《岳麓书院》，综艺节目也更重视国风、国潮。未来我们将推出更多挖掘和展示中华历史之美、中华文明之美的作品，包括电视剧《中国历史》、纪录片《中国》第三季等。

坚守文艺人民立场，厚植文艺人民情怀

习近平总书记的讲话坚持马克思主义的人民观，对文艺与人民的关系进行了新论述：“生活就是人民，人民就是生活。”“人民是真实的、现实的、朴实的，不能用虚构的形象虚构人民，不能用调侃的态度调侃人民，更不能用丑化的笔触丑化人民。”学习总书记的重要论述，我们深刻认识到，必须进一步摆正媒体与人民的关系、创作者与人民的关系、明星与人民的关系，牢固树立以人民为中心的媒体导向和创作导向，把人民作为衣食父母、服务对象，把人民满意不满意作为检验媒体办得好不好、节目成不成功的最高标准；进一步把镜头、时段让给人民群众。今年（2021 年）10 月以来，湖南卫视播出了一大批以人民群众为主角的综艺节目，像关注身边普通人情感的《今天你也辛苦了》，展现时光流逝、温情长存

的《再次见到你》，关注乡村振兴、农民风貌的《云上的小店》，回归自然、返璞归真的《时光音乐会》，彰显榜样引领作用的《向你致敬》，将麦克风交给普通老百姓的《欢唱大篷车》等，受到观众喜爱，收视表现很不错。我们将坚定这一创作方向，推出更多表现普通人美好人性、奋斗故事、幸福生活，接地气、有温度的正能量节目。

用情用力讲好中国故事、湖南故事，做强国际传播

习近平总书记特别强调希望广大文艺工作者用情用力讲好中国故事，向世界展现可信、可爱、可敬的中国形象，努力展示一个生动立体的中国。

在讲好中国故事、湖南故事，塑造并传播中国形象、湖南形象方面，湖南广电有平台优势、有历史积淀、有独特资源。我们很早就开始走出去，拓展海外阵地。湖南卫视在海外很多国家和城市落地，国际频道和芒果 TV 国际 App 在海外华人中很有影响力，目前，国际频道海外电视用户有 4000 万，芒果 TV 国际 App 下载量达 5100 万。这些年来，湖南卫视的综艺节目《爸爸去哪儿》《歌手》，全球华侨华人春晚《四海同春》，新闻大片《我的青春在丝路》《湘商闯老挝》等都为中华文化的国际传播作出了特殊贡献。在加强大湾区的文化交流方面，湖南卫视、芒果 TV 也发挥着不可替代的作用。明年芒果 TV 拟推出的《声生不息》港乐季，将组建立体化国际传播矩阵，在中国香港 TVB 及旗下新加坡、马来西亚、美国、加拿大等八大平台播出，向全世界传唱大湾区的生动故事。

旗帜鲜明追求文质兼美，弘扬德艺双馨

“止于至善，方能臻于至美。”习近平总书记对文艺创作和文艺工作者提出了很高的道德要求。就文艺创作而言，要求思想深刻、清新质朴、刚健有力，倡导健康文化风尚，摒弃畸形审美倾向，反对光怪陆离、荒腔走板。“低格调的搞笑，无底线的放纵，博眼球的娱乐，不知止的欲望，对文艺有百害而无一利！”就文艺工作者而言，是要德艺双馨，人品和艺品相统一。总书记一针见血指出，一个文艺工作者如果品行不端，人民不会接受，时代也不会接受！不自重就得不到尊重！这些话，掷地有声，对我们加强文娱领域治理、校正审美导向、严格主持人艺人管理，具有重要指导意义。我们要高举艺德之旗，加强导向把关，旗帜鲜明反对“耽美”“娘炮”等畸形审美倾向，封杀吸毒、嫖娼、婚内出轨等问题艺人，绝不让光怪陆离、荒腔走板的节目登堂入室，绝不让丑闻劣迹、违法犯罪的艺人出镜发声。

（2021 年 12 月）

我们都是孤勇者，也是志同道合者

——在湖南卫视＆芒果 TV 新生态赏鉴会上的致辞

今天，2022 年 5 月 18 日，在马栏山，在“声生不息”之地，湖南广电隆重举行湖南卫视＆芒果 TV 新生态赏鉴会。520 多位客户来到现场，5000 多名客户在线上参会。其中，既有我们合作多年的老朋友，有很多国际大品牌，还有不少新朋友。疫情之下，我们的这次聚会是如此珍贵、如此不同寻常，这让我们心里充满喜悦，充满感激。

今天，百年未有之大变局和全球流行之大疫情让我们面临的形势十分严峻复杂：经济下行、行业不景气、人们信心普遍不足……我们该怎么看？怎么办？这个时候，我想起了一句话：“我不相信。”40 多年前，诗人北岛写了一首诗《回答》，又名《我不相信》，里面有这样的诗句：“告诉你吧，世界 / 我不相信 / 纵使你脚下有一千名挑战者 / 那就把我算作第一千零一名。”今天，我同样要说，我不相信！我不相信疫情没有尽头，我不相信世界永无宁日，我不相信中国的发展红利不再，我不相信中华民族伟大复兴的脚步会停滞下来。今年（2022 年）是党的二十大召开之年，中国的国运，依然在上升通道；中国的经济，在短暂的盘整之后，一定会再次上扬。

与“我不相信”相应的另一句话是——“请相信”。请相信湖南广电选择了最好的赛道，依然走在最优的路线上；请相信处于行业头部的湖南卫视、芒果 TV 双平台逆风双打的强大战斗力，你们将会在接下来的流程中看到我们无比强大的主持人阵容，推介下半年双平台上无比丰富的内容；请相信所有芒果人竭诚为客户赋能品牌、创造价值的态度与决心；请相信我们共同的坚守一定能守得云开见月明。逆境突围中，我们都是孤勇者，又都是志同道合者。

千淘万漉虽辛苦，吹尽黄沙始到金。北岛在那首诗的最后写道：“新的转机和闪闪星斗／正在缀满没有遮拦的天空。”为了这新的转机和闪闪星斗，让我们双向奔赴，去战，去打，去披荆斩棘吧！

（2022 年 5 月）

以自信传可信，以可爱达可敬

——新时代国际传播的芒果探索

习近平总书记殷切期待我国的主流媒体，用情用力讲好中国故事，向世界展现可信、可爱、可敬的中国形象，努力展示一个生动立体的中国。近年来，作为有着较大影响力和独特气质的主流媒体，湖南广电牢记总书记嘱托，发挥独特优势，在讲好中国故事、塑造并传播中国形象方面积极作为，在坚定中华文化自信、对冲日流韩流和欧风美雨方面走在前列，形成了以湖南卫视、芒果 TV 及芒果 TV 国际 App、湖南国际频道为媒体矩阵，以内容“走出去”、渠道“走出去”、版权“走出去”等为主要途径的国际传播体系，形成了“凡亲中国者，多晓芒果台；凡有华人处，必闻芒果声”的传播现象。

坚固的价值底座，正大的文化气象

讲好中国故事，塑造中国形象，必须站稳中国立场，传播中国价值。新时代的中国，必须坚持以我为主，充满文化自信。在国际传播中，湖南广电大力实施头条工程、置顶工程，通过覆盖六大洲的长城平台实时上传湖南卫视主新闻节目《湖南新闻联播》，在自主开办的芒果 TV 国际 App 重要位置开设《学习时刻》专栏，集纳推送习近平总书记重要讲话、重要会议、重要活动，让总书记的思想和形象在国际上更加深入人心。特别是近年来，我们重点围绕宣传习近平总书记“一带一路”倡议、“人类命运共同体”理念、“全人类共同价值”重要思想，主动设置议题，制作推出了一系列节目。新闻大片《我的青春在丝路》，真实记录奋斗在共建“一带一路”国家的中国青年的追梦故事；新闻专题片《为和平而来》在马里、南苏丹、黎巴嫩、西撒哈拉等热点地区拍摄采访，全景体现中国军队和平之师、正义之师的形象；特别节目《湘商闯老挝》《乘着高铁去老挝》生动展现中国人民对老挝等东南亚国家发展作出的贡献。这些新闻大片展示了新时代中国人民的风采，故事生动、制作精良、贴近性强，在当地播出后都产生了强烈反响。

讲好中国故事，塑造中国形象，必须传正道，发正声。而不能刻意迎合，自我矮化。“居高声自远，非是藉秋风”，走向民族伟大复兴的中国人民，自有一种健朗阔大的气象。前段时间，以“眯眯眼”为代表的传播人设之所以引起大多数中国人反感，就是因为它扭曲了中国人的健康形象，迎合了西方人对中国人的审美偏见。为此，我们要堂堂正正讲好百年来中华民族艰苦卓绝的抗争史，讲好新时代中国人的奋斗史。为做好建党百年主题节目海外宣推，我们将湖南卫视系列短剧《理想照耀中国》制作成英文版，在 YouTube（优兔）平台的 NewTV 热播剧场独播，累计观看时长达 3.8 万小时；

为做好脱贫攻坚成就海外宣传，芒果 TV 国际 App 上线湖南广电自制扶贫大剧《江山如此多娇》，国内外累计播放量超 5.3 亿次；2020 年，湖南省扶贫主题大型史诗歌舞剧《大地颂歌》在北京公演时，我们邀请了 30 多个国家的驻华使节观看演出，电影版被翻译成 5 种语言面向全球推广，被誉为“艺术的史诗”；2022 年 1 月 26 日，我们还成功举办了电影《大地颂歌》老挝首映式暨抗疫物资捐赠仪式；为展示近年来中国巨大发展成就，芒果 TV 推出系列真人秀节目《功夫学徒》，邀请外国青年体验中国各行各业，借嘴说话、借筒传声，产生了很好的传播效应。

创新的表达方式，共情的视听体验

一直以来，湖南卫视、芒果 TV 的节目，在坚持正确导向的同时，都有一种创新的面貌，不走寻常路，不循规蹈矩；都有一种活泼的青春气质，不是板起面孔，老气横秋；都善于将歌曲、舞蹈、真人秀等艺术形式运用到极致，有赏心悦目的效果；都长于运用大众喜爱的明星、艺人传递正向价值。这样一些特点，让我们的节目在海外传播时天生具有亲切感、共情性。

湖南卫视从 2013 年开始做了 8 季的音综节目《歌手》，以歌为媒、以歌会友，先后邀请了近 20 个国家和地区的知名歌手参加，哈萨克斯坦、英国等驻华使节亲临节目现场鼓劲加油，节目在相关国家和地区播出时往往掀起全民关注的“中国音乐旋风”；节目在中国台湾地区播出时，岛内舆论甚至认为节目起到了“入岛、入脑、入心”的奇效。饮食真人秀节目《中餐厅》走进泰国、法国、意大利等国，以美食文化为桥梁，拉近了当地民众与中国的距离。自 2008 年湖南卫视承办“汉语桥”世界大学生中文比赛以来，先后有 120 多个国家地区的上百万名选手参赛，传播了绵延 5000 多年的中华文化。

最新的例子则是《声生不息》(港乐季)。节目以港乐编年史的方式，汇聚内地和港台实力唱将，音乐高级，现场火爆，编排精巧，深受观众喜爱。从 2022 年 4 月 24 日首播至 7 月 10 日收官，节目不但在内地形成了爆款效应，而且在中国香港及海外获得了巨大的反响。据统计，节目播出期间，湖南广电芒果 TV 国际 App 在香港的日活环比提升 54%，而香港 TVB 的收视也创下近年来同时段新高。目前，节目已发行至北美、新加坡等国家地区，2022 年 9 月将在北美 KTSF26 播出。国家广电总局国际合作司相关负责人高度肯定节目对外传播的价值：“《声生不息》的成功再次证明，以高度的文化自觉和文化自信，广电视听内容产品和对外传播为讲好中国故事，弘扬中国精神，夯实铸牢中华民族共同体意识，推动构建人类命运共同体发挥着重要作用。”

这些案例说明，艺术是全人类共通的语言，流行文化往往具有其他文化所不具有的大众性和传播力。在对外传播中，充分运用好流行艺术的形式，创新视听语言，增强贴近性和感染力，就能掌握人类共同的交流密码，跨越种族、语言、制度等障碍，打破藩篱，消除偏见，实现人与人心灵和情感的相融相通。

正因为如此，国家相关部门越来越重视湖南卫视、芒果 TV 在对外传播中的独特作用，让湖南广电承担越来越多的国家使命：由中宣部对外推广局指导，芒果 TV 与五洲传播中心联合出品的两集纪录片《奔腾的中国百年（相知中国）》将在美国国家地理频道播出。湖南卫视、金鹰卡通获国家广电总局国际合作司“中非中阿视听共享项目”版权补贴的《再见爱人》《对你的爱很美》《23 号牛乃唐（第二季）》，在完成英语、法语、阿拉伯语等多语种译制后，将在非洲和阿拉伯国家落地播出。金鹰纪实频道制作的 3 集纪录片《中国家庭的守护》也将在海外播出。

多维的媒体矩阵，立体的传播方式

塑造可信、可爱、可敬的中国形象，离不开具有强大影响力的平台和媒体矩阵，在这方面，湖南广电下好先手棋，打好主动仗，实施“走出去”战略。因布局较早，多向发力，一个多维立体的传播矩阵已初具雏形。

巩固传统渠道，以长城平台为主扩大湖南卫视的海外覆盖。目前，湖南卫视全球覆盖规模达 12.88 亿，每天有将近 2 亿人收看，现已通过长城平台、美国麒麟电视平台、国广东方平台等网络运营平台，落地全球 230 个国家及地区。湖南广电国际频道作为湖南外宣专门频道，在省级国际频道中率先将高清信号传向海外，与湖南卫视一同支撑起电视端海外传播的坚实基座。

做强自主渠道，以芒果 TV 国际 App 为主打造芒果外宣主平台。芒果 TV 有效会员数 5 年翻 11 番，2021 年超过 5040 万，平台 24 岁以下用户占比 65%，女性用户占比 69%。依托这一强大的年轻态互联网头部平台，2018 年 3 月，湖南广电在全国率先搭建“自有、自主、自控”的海外新媒体平台——芒果 TV 国际版 App。目前，该平台海外用户数超 1.09 亿，海外业务服务覆盖全球超过 195 个国家和地区，支持 18 种语言字幕切换，在面向全球“Z 世代”传播上发挥越来越明显的作用，成为讲好中国故事、湖南故事的新锐平台。

拓展海外渠道，以国际主要网络社交平台为主进军海外主流社区。芒果 TV 在 Google（谷歌）、Facebook（脸书）、Twitter（推特）、YouTube（优兔）等海外主流新媒体平台持续深耕内容运营，不断强化粉丝体验与黏性，目前在 YouTube（优兔）官方频道订阅总用户已达 1724 万，成为该平台华语第一 MCN（多频道网络）。2021 年，YouTube（优兔）芒果 TV 专区重点开展小语种矩阵的搭建与会员功能的拓展，截至 2022 年 8 月，越南电视剧频道订阅用户达 210 万，阿拉伯、印尼频道的订阅数、观看量和收益均稳步增长。同时，湖南广电越来越多的编辑记者也利用新媒体账号加入国际传播矩阵，成为生力军。

除此之外，湖南广电还配合国家外交大局，承担国家使命，积极与国外媒体开展深度合作，落地一些国家的本土媒体，借台唱戏、借船出海，讲好中国故事。

（一）与马来西亚首要媒体深度合作。当地时间 2022 年 7 月 12 日，国务委员兼外长王毅在吉隆坡同马来西亚外长赛夫丁会谈后，见证了湖南广播影视集团和马来西亚首要媒体达成的战略合作成果。我们与马来西亚首要媒体集团旗下“8TV”合作，创制音乐类综艺节目《茜拉音乐汇》第二季，广邀东南亚 5 国（马来西亚、新加坡、泰国、印度尼西亚和文莱）和中国的实力唱将加入，节目语言为中文、英文、马来文，在马来西亚、东盟多国电视台播出。在首要媒体集团的“8TV”，我们开办每天一小时的中文节目时段，将国内具有芒果属性的电视剧、纪录片、综艺节目面向马来西亚观众播出，目前已向其提供国家广电总局“全球播映视听共享”工程库里的部分片源，包括电视剧《超越》《突围》，纪录片《流动的中国》等。

（二）芒果 TV 拓展渠道合作。芒果 TV 与新加坡电信运营商平台就套餐合作推广，已签署合同；与三星电子达成“一云多屏”合作，在视频生态完善、跨设备的内容输出、前瞻技术研发等多维度、多领域展开合作，芒果 TV 三星版于 2022 年 4 月上线；与非洲传音集团就视频“SDK”签订合作意向。

湖南国际频道通过加纳黄金数字电视台落地西非 15 国，目前已播出《大地颂歌》《我们的非洲朋友》《湘当韵味》等一批展现湖南地域风情、人文美食等方面的英译节目。为配合国家外交，湖南国际频道为中国驻比利时大使馆主办的中比建交 50 周年文化交流活动制作节目并进行宣推，在比利时电视台、法国国家电视台等海外平台推送，节目《味在云端》全网播放达 300 万次。

心怀山海，行远自迩。面对走出去讲好中国故事、塑造中国形象的重任，湖南广电将进一步加强顶层设计和布局研究，加强内容建设，创新传播方式，加快构建特色鲜明的国际传播体系，为提高对外传播影响力、中华文化感召力、中国形象亲和力、中国话语说服力贡献更大芒果力量。

（《新闻战线》2022 年 11 月上半月刊）

把握本质属性，实现双效统一，促进传媒产业持续健康发展

2020 年 9 月 17 日下午，习近平总书记考察马栏山视频文创产业园并发表重要讲话。时间越是流逝，我们越是感觉到总书记在马栏山的讲话思想深刻，观点鲜明，富有深意，针对性很强，对作为党媒国企的湖南广电具有重大指导意义，值得我们反复学习，深入领会，坚决落实到办台兴企的实践中。

第一，科学论述了文化产业的两种属性及其关系

习近平总书记指出，“谋划‘十四五’时期发展，要高度重视发展文化产业”“文化产业既有意识形态属性，又有市场属性，但意识形态属性是本质属性”。习近平总书记关于文化产业的这些论述具有重要的理论意义和实践意义。怎样理解这些论述？文化产业首先有个文化的前缀，这就注定了文化产业与其他产业不同，具有鲜明的意识形态属性，一定意义上说，文化是意识形态的一部分。

同时，文化产业又是产业，既然是产业，肯定具有市场属性，要遵循市场规则，发挥市场作用。总书记又指出，这两种属性中，意识形态属性是本质属性，“你不找它，它也要找你”，也可以说它引导和规范着市场属性。对这一点，人们在两年来的文娱领域综合治理、对互联网平台无序扩张的规制中有着深刻感受。

深入学习领会总书记的这一重要论述，我们在大力发展文化产业、传媒产业时，必须牢牢把握湖南广电的意识形态属性，坚决落实意识形态责任制，不能让市场法则凌驾于意识形态属性之上。同时，我们又必须积极进入市场、利用市场、驾驭市场、开拓市场。市场属性和意识形态属性有时可能有冲突，但完全是可以兼容的，对于主流媒体来说，一定要找到这种兼容性，用好这种兼容性。在某种意义上说，湖南广电的“事企一体化运行”改革，就是在体制层面兼容两种属性的积极探索。

第二，突出重申了两个效益有机统一论

习近平总书记指出：“要坚持把社会效益放在首位，牢牢把握正确导向，守正创新，大力弘扬和培育社会主义核心价值观，努力实现社会效益和经济效益有机统一，确保文化产业持续健康发展。”两个效益有机统一论不是新理论，但总书记把它看作文化产业持续健康发展的前提，值得我们深思。发展文化产业，光有社会效益不行，只抓经济效益也不行，必须是社会效益居首位、二者有机统一。

落实这一重要原则，我们首先要牢记湖南广电党媒国企的定位，坚决履行举旗帜、聚民心、育新人、兴文化、展形象的使命任务，坚持守正创新，把握正确导向，通过我们的主流宣传和优秀作品培育和弘扬社会主义核心价值观，担负社会责任，树立良好社会形象。2020 年以来，湖南广电聚焦主责主业，置顶宣传习近平新时代中国特色社会主义思想，连续推出“脱贫攻坚三部曲”“庆祝建党百年交响乐”“奋进新时代洪波曲”。眼下，《麓山之歌》《这十年》《唯有登攀》等迎接党的二十大重点项目陆续上线，实现了良好社会效益。同时，我们又要把经营工作做好，努力实现经济效益，壮大广电湘军实力，在湖南乃至于全国文化产业发展中继续充当主力军。没有社会效益的经济效益是不可取的，同样，没有经济效益的社会效益是不可持续的。当前的广电行业，经济上普遍承压，内容变现不易。对湖南广电来说，唯有加快媒体融合，加速业务转型，加大新赛道培育力度，用好芒果超媒、电广传媒两个上市公司，坚定不移走产业发展之路，建好建强主流新媒体集团，才有可能再创辉煌。

第三，特别阐明了文化和科技融合的力量

习近平总书记指出，文化和科技融合，既催生了新的文化业态、延伸了文化产业链，又集聚了大量创新人才，是朝阳产业，大有前途。总书记的重要指示，为湖南广电的未来发展指明了方向。

就传媒产业来说，内容是根本，科技是翅膀，内容与科技完美结合才能牢牢占据传播的制高点。这些年，湖南广电的内容优势继续巩固，科技手段和技术工具的使用也越来越多越来越好。时空凝结、AI 智能、在线包装、实时渲染、实时动捕、大数据运用、虚拟制播等技术的广泛运用，让我们的综艺、晚会、5G 智慧电台、数字人小漾、芒果幻城等都走在行业前列。2022 中国新媒体大会的技术展上，湖南广电展示了很多创新的技术和玩法。当然，我们在这方面还有很多事要做，还可以探索更多颠覆性技术，还应进行技术的系统化升级和常态化运用。未来传播形态的竞争，技术的开发和运用是决定性的。落实好习近平总书记关于文化与科技融合的重要指示，我们还要在几个方面继续发力：集团技术要尽早实现 IP 化、云化、智能化改造，整体转型升级；5G 实验室要更好发挥新技术的牵引作用，推出更多可商用可推广的技术成果；芒果 TV 要在新一代移动互联网技术上取得更大突破；风芒新媒体在技术路径的选择和推进上要走得更坚实；电广传媒要用好新的文旅技术，打造沉浸式体验新场景、新玩法，助力文旅板块升级换代。

（原载于《湖南日报》2022 年 9 月 15 日，有删改）

湖南广电“湘派电视理论片”的探索实践

习近平新时代中国特色社会主义思想是新时代最重要的思想成果，宣传阐释好习近平新时代中国特色社会主义思想，是党的主流媒体的重大使命。湖南广电作为一家有影响力的主流媒体，除了做好新闻、文艺宣传外，还积极探索开展党的创新理论宣传，用电视理论片的方式解读和传播总书记思想。2020年以来，在湖南省委宣传部的指导和支持下，我们陆续推出了《从十八洞出发》（5集）、《选择》（5集）、《学“讲话”·六堂课》（6集）、《思想耀江山·共享篇》（3集）、《思想的旅程》（8集）、《十讲二十大》（10集）等六部传播总书记思想的理论片。由于这些节目既精准深刻把握总书记思想的精华，又具有鲜明的青春调性与创新气质，适合电视及互联网传播，深受广大年轻人喜爱，被传媒界称为“湘派电视理论片”，目前已成为在全国有一定知名度的理论传播品牌。

以政治自觉担当理论宣传使命

作为党媒国企，湖南广电深刻领悟“两个确立”，不断增强“四个意识”，坚定“四个自信”，坚决做到“两个维护”。我们牢固树立“党媒姓党，绝对忠诚”的理念，积极践行“举旗帜、聚民心、育新人、兴文化、展形象”的使命任务，将“举旗帜”作为首要任务，没有因为自己是电视媒体而自外于理论宣传，相反，积极利用平台优势和传播优势创新开展理论宣传。

三年多来，我们每年都将理论宣传作为主题宣传和主题创制的一项重大任务。以一个主题呼号统领年度主题创制，是湖南广电的一个独特创造。这个主题创制，涵盖新闻大片、主题综艺、电影、电视剧、主题晚会、纪录片、动画片、广播剧等多个门类，而解读传播总书记思想的理论片，是每年必不可少的一道“主菜”。

2020 年，我们的呼号是“脱贫攻坚三部曲”，打头的就是解读习近平总书记精准扶贫重要方略的理论片《从十八洞出发》（另两部是舞台剧《大地颂歌》、电视剧《江山如此多娇》）；2021 年我们推出了“庆祝建党百年交响乐”，包括 16 个重点项目，其中有两部理论大片《选择》和《学“讲话”·六堂课》；2022 年我们推出“迎接党的二十大 · 奋进新时代洪波曲”，15 个项目中再次孕育出理论大片的“双黄蛋”——《思想耀江山 · 共享篇》和《思想的旅程》；党的二十大召开后，我们又创制了系列微理论片《十讲二十大》，于今年（2023 年）全国两会前在电视端和互联网端同时推出。2023 年，我们确定的主题创制呼号是“新征程上谱新篇”，初步选定了

15 个项目，其中包括电视理论片《当马克思遇见孔夫子》。

这表明，电视理论宣传已经成为湖南广电的一种自觉、一种习惯、一项不可或缺的使命。

以独特视角切入重大主题

习近平新时代中国特色社会主义思想内涵丰富、博大精深，电视理论宣传怎么切入、怎么打开，需要精心策划。我们的体会是，紧扣总书记的思想精髓，根据年度主题，围绕重大节点，精准锁定选题，同时选择最合适的打开方式，既不一味追求宏大高深，也力戒琐细轻浅；既拿捏好主题主线，又敢于打破固有范式。

比如《从十八洞出发》，记录的是全国脱贫攻坚史诗，我们把焦点聚集在总书记提出"精准扶贫"首倡地——湖南湘西十八洞村；但又不仅仅只展示十八洞的脱贫实践，而是从十八洞出发，视野所及包括福建福鼎赤溪村、云南怒江州独龙江乡、浙江宁波滕头村、四川凉山州瓦以村等多个具有样本意义的脱贫村，甚至到了外国的一个村庄——老挝万象版索村。

比如庆祝建党百年这个重大主题，我们在选题时就打破了党史梳理的惯性表达，回到中共百年历程中一个个命运攸关的十字路口，通过党的一次次关键性选择反映我们党是如何从苦难走向辉煌，如何探索出了中国特色社会主义道路。这个节目的名字就叫《选择》。

再比如党的二十大期间播出的《思想的旅程》，我们在策划时提出，一定要深度聚焦总书记的原创性思想，从新时代十年中意义最为重大、实践伟力最为彰显、人民群众最为有感的方面切入。实际上“旅程”是一语双关，既指的是新时代十年伟大实践的历程，也指习近平新时代中国特色社会主义思想的创立、丰富和发展，形成马克思主义中国化时代化新的飞跃的历程。如此我们选择了 8 集的主题：第一集《源泉》讲“两个结合”；第二集《丰民》讲“共同富裕”；第三集《无我》体现“我将无我、不负人民”的情怀；第四集《青绿》聚焦习近平生态文明思想；第五集《先手》强调“科技创新”的重要性；第六集《大道》阐释“中国式现代化”；第七集《和合》紧扣“人类命运共同体”；第八集《本色》的主题是党的“自我革命”。我们认为，这八个主题能够展示总书记思想最重要的几个方面。

再比如《十讲二十大》，二十大报告重大的提法、展开的内容特别多，十讲该怎么讲？开选题策划会的时候，我提出了一个“中位切入”的概念，就是从二十大报告中选取既关乎党和国家发展，又关联社会民生的话题进行阐释和解读。既不要过于宏大，也不能过于细微。这样，我们解答的就是这样一些问题：为什么说“中国化时代化的马克思主义行”？为什么要“把屁股端端地坐在老百姓一边”？如何应对“黑天鹅”与“灰犀牛”？“行天下之大道”是条什么道？“大党独有难题”究竟难在哪？为什么抗打压能力是领导干部的一块“磨刀石”？等等，这些话题的特点是向上可以延展到宏大叙事，向下可以深化为人民群众可知可感的细微日常。这种具有贴近性的话题更有代入感，在娓娓道来中让大众对二十大精神知其言更知其义、知其然更知其所以然。

以新奇方式展开理论解读

传统的理论片主要有两种叙事模式：一是配音铺画面的政论片模式，二是坐而论道的访谈模式。政论片模式高举高打，但直接宣贯的方式容易让观众望而生畏；访谈模式大气端庄，但很容易走向枯燥乏味。我们试图打破传统的理论片叙事模式和表现手段，大胆进行颠覆式创新。归结起来有如下几个特点：

一是语态通俗化。我们坚持让马克思讲中国话，让大专家讲家常话，让基本原理变成生动道理，让根本方法变成管用办法。我们的理论片拒绝说教，总是用大量鲜活的案例、生动的故事来阐明那些深刻的道理。比如《思想的旅程》，每一集都从问题出发追寻答案。如第四集“青绿”，就是从十年前生态环境面临的严峻形势开始的，第八集“本色”则是从十八大之前贪腐问题、“四风”问题日趋严重的现实开始的。然后通过新时代的一系列伟大成就，摆事实、讲道理，这样理论就有了立论的依据，节目就有了说服力。

二是调性青春化。青春化、年轻态是湖南广电最鲜明的特色，我们致力于青春气质输出、青春形态塑造、青年文化引领，即便是理论片这一“高头讲章”，我们也将气质调性锁定在“青春”面孔上。比如学习宣传总书记庆祝建党百年大会上重要讲话精神的《学“讲话”·六堂课》，我们想到用小课堂互动式教学的方式，节目组在摄影棚专门搭建了一间“奇幻教室”，邀请王磊、张家慧等六位“网红”青年教师担任讲师；讲课的方式也是创意十足，六堂课不都是思政课，而是充分借鉴历史、数学、音乐、语文、美术等学科形式，来讲述“七一”讲话中的丰富内涵。比如第三集《百年乐章》，主讲嘉宾李莎旻子就通过《国际歌》《义勇军进行曲》《少年》《不忘初心》四首歌来阐释伟大建党精神。正因如此，我们的电视理论片在年轻人群体中颇有影响。我们曾经做过一次调查，《学“讲话”·六堂课》的电视观众中，25—34 岁的年轻人占比达到 45.8%。

三是手段多样化。“创新创新再创新”是我们的理论片创制团队跳高时不断给自己调高的“横杠”。有时候谈到节目模式，甚至我们自己都难以用一种节目类型来准确概括和定义。比如《从十八洞出发》，用的是微纪录片+现场访谈的模式；《选择》用的是微电影+现场品读+嘉宾访谈的模式，而在此前推出的《长江黄河如此奔腾》（2019 年），用的是话剧+访谈的模式。除此之外，还有外景的穿插、国潮漫画的运用、虚拟景象的生成等等。康德有句名言：天才只遵循无法之法。没有模式就是“湘派电视理论片”无法之法的独特模式。说是理论，有大量新闻性的素材；说是新闻，用了大量文艺的手段；说是访谈，大量的内容又是外拍和虚拟制作。我们的想法是，千万不要被电视节目分类给框住了，不管什么手段，只要有利于主题表达，只要受众喜欢，都可以为我所用。但不管表现形式怎么变，有一条是永远不变的，那就是着力于将抽象的概念具象化。比如《思想的旅程》，我们首次引入了“穿越剧”的概念。第一集《源泉》的开篇，是困于陈蔡之地的大思想家孔子意外穿越到 2022 年话剧《孔子》的演出现场。当他看到中华优秀传统文化在新时代大放异彩，不禁大发感叹，节目由此开启“两个结合”的探源之旅。

四是技术视觉化。如果说具象化是“湘派电视理论片”的“魂”，那么新技术就是“湘派电视理论片”的“形”。比如《思想的旅程》，整个片子全部采用虚拟技术制作，8 集节目通过 UE（虚幻引擎）虚拟场景技术设计了 8 款不同形态的舞美空间。《源泉》呈现的是书香扑鼻的中式楼阁；《青绿》营造的是如梦如幻的青山绿水；《先手》则呈现出崇峰峻岭、险象环生的景象，一幅巨大的“棋盘”悬浮于山崖之间，嘉宾对谈恰似对弈；《和合》则设计了一艘飞船环绕飞行于地球之上……除此之外，节目还用到了 AI 技术，让古画中的历史人物动起来，跟嘉宾对话；还用到了先进的体积视频技术，让主持人和嘉宾可以置身于任何一个虚拟空间……科技赋能，让这档理论节目突破了时空的局限，呈现出奇幻的场景，让整个“思想的旅程”所到之处都有新意、有趣味、有意义。类似的探索我们也用在轻量化的理论作品上，比如《小漾来学二十大》，我们通过动捕技术，驱动数字人小漾和主持人互动，宣讲党的二十大精神。

以融合传播实现最大效果

对于重点电视理论片，湖南广电总是不吝拿出最好的平台、最好的时段，创造最大的传播效果。首播平台通常是我们集团（台）旗下的三大主阵地：湖南卫视晚间 730 时段、芒果 TV、风芒 App。节目播出时全集团的新媒体矩阵还会同步进行宣发。与此同时，我们也会联动其他媒体播出，合作比较多的有学习强国、人民网、中国教育电视台以及湖南省内的新湖南、红网等等。融合式、复合式传播带来的传播效果是惊人的。比如《思想的旅程》，学习强国全国平台在首页推荐，全国超 200 家主流媒体的网络平台转载播发，全网总阅读量近 2 亿。《十讲二十大》学习互联网短视频的制作模式，首次推出横屏版和竖屏版产品，在大小屏同步上线，中央网信办 6 次全网推荐，总阅读量达 2.6 亿。另外，为了做好国际传播，我们的湖南国际频道、芒果 TV 海外版也会对这些理论片进行同步推送。

到目前为止，湖南广电推出的电视理论片的社会反响都很热烈。《从十八洞出发》被国家广电总局赞扬“是湖南致敬脱贫攻坚的一份厚礼”；《选择》被中宣部《新闻阅评》增刊刊文表扬；《学“讲话”·六堂课》入选“全国党史学习教育优秀案例选编”；《思想的旅程》获评国家广电总局创新创优节目；今年 3 月，该片还入选国家广电总局《传媒内参》最具影响力融媒节目。

以专业团队打造理论片工场

经过几年的实践，我们培育了一支成熟的理论片创制团队。这个团队目前主要由集团的风芒（都市频道）团队构成，也包括新闻中心部分人员，集团（台）编委会多名成员，包括我本人在内，也是这个团队的一分子。每次从选题确定到节目内容和形式的策划，我们都会成立工作专班，反复研究，深入调度。

此外，我们还构建了一支由社科理论界专家组成的权威智囊团和嘉宾队伍，比如复旦大学的张维为、中央党校的罗平汉、中国社科院的辛向阳、中国人民大学的秦宣、北大的孙熙国、清华的艾四林、中国文化软实力研究中心的张国祚、湖南省社科院的钟君等等，也有不少境外的知名学者，比如英国的马丁·雅克、新加坡的马凯硕等等。强大的嘉宾队伍，让我们的理论片不仅仅有创新气质，也具有了权威性和可靠性。

电视理论宣传离不开优秀的主持人，我们锻造了一支年轻的、具有思想气质的主持人队伍，比如新闻中心的魏哲浩、孙璞、刘佳颖、王昊旸，风芒的董飞，芒果 TV 的马萱，等等。

“湘派电视理论片”，以通俗化、大众化、可视化的方式宣传党的创新理论，展示习近平新时代中国特色社会主义思想与实践、与人民结合后产生的磅礴伟力，产生了广泛社会影响。2023 年，湖南广电将继续加大投入，以我为主，主动策划，推陈出新，不断加强理论宣传节目研发与创新。我们正在策划的湘派电视理论片《当马克思遇见孔夫子》，将通过剧情化演绎的方式，呈现孔子和马克思这两位千年以来的大思想家的思想碰撞，生动阐释马克思主义和中华优秀传统文化相结合的核心概念和具体内涵，进一步推动理论宣传“往深里走、往实里走、往心里走”，力求让“湘派电视理论片”创制宣传在学习贯彻习近平新时代中国特色社会主义思想主题教育和“中国式现代化湖南篇”建设中“立起旗帜、作出标杆”。

（2023 年 4 月）

视听格局的变革与湖南广电的实践探索

当前视听格局的三个深刻变化

伴随着互联网技术与应用的快速发展，短短二十年间，特别是最近十年间，又特别是最近三年来，我国的视听格局发生了深刻变化。

从广播电视主场到网络视听风行。从20世纪90年代到本世纪10年代，广电媒体进入将近30年的黄金期，平台快速扩张，内容创新不断，观众规模庞大，主导着中国视听行业乃至于整个传媒领域。关键的拐点在2017年出现，这一年电视观众上网时间首次超过看电视时间，网络视听用户反超广播电视。截至2022年12月，我国网络视听用户规模达10.4亿，网络视听使用率为97.4%，成为第一大互联网应用。

从长视频独大到短视频崛起。2010年前后智能终端和移动互联网开始普及，以爱优腾芒为代表的网络长视频平台相继崛起，长视频占据着视听产业的主要市场份额。裂变从 2016 年开始，抖音、快手等短视频应用和网络直播形态相继出现，给长视频带来持续冲击。根据《中国网络视听发展研究报告（2023）》，截至 2022 年 12 月，短视频用户规模首次突破 10 亿，人均单日使用时长为 168 分钟，而综合视频的人均单日使用时长只有 120 分钟；泛网络视听领域市场规模 7274.4 亿元，其中，短视频领域市场规模为 2928.3 亿元，占比 40.3%。也有一种观察，认为当前长短视频由竞争开始走向竞合。

从专业化创制到大众化生产。Web1.0 时代，平台创制内容是核心模式，大规模人员设备投入、海量素材拍摄剪辑，是有较高门槛的专业化、精英化创作。Web2.0 时代，内容创作去中心化是主要特征，“人人都是创作者”，各种 UP 主在各类平台涌现出来。全民创作、全民分享已经成为现实，而且质量越来越高、内容越来越丰富而多彩。可以预见，Web3.0 时代，伴随着 AIGC（人工智能生成内容）技术的突破性进展，还会催生全新的内容生产方式。

传统广播电视机构面临的三大挑战

平台还在，受众离场。截至 2022 年底，全国地级以上广播电视播出机构仍有频道 1128 个、频率 1155 个，县级广播电视播出机构 2101 家，传统媒体平台大部分都在，但是平台前的人离场了。索福瑞数据显示，全国电视观众日均用户规模在大幅度萎缩，由 2013 年的 8.43 亿，缩减到 2022 年的 5.17 亿，十年跌幅高达 4 成。人均每日收视时长从 2013 年的 157 分钟，降到了 2022 年的 98 分钟，跌幅 38%。大量受众陆续离场，迁移到新媒体平台。

内容还在，广告流失。传统广播电视机构还在生产大量的节目，还在提供很好的内容，但这些内容吸附广告的能力越来越弱。以前一个爆款内容 IP 能带来上 10 亿元的广告，但现在这个数字已大幅下滑。传统品效广告的营销模式已经发生颠覆性改变。广告总额还在增长，但投在传统媒体上的越来越少，投在网络长视频上的也在减少。2023 年一季度全国电视广告花费同比减少 11.4%，失血相当严重。

权威性还在，影响力减弱。主流媒体的权威性还在，在重要资讯、主流宣传、舆论引导、影视供给、重大节点等方面的影响力仍然巨大。但在老百姓日常生活中的影响力呈减弱趋势。党的十八大以来，两个舆论场的问题基本解决了，至少不那么严重了，但国有和商业两种视听平台、精英和大众两个视听圈层的问题凸显出来，并且后一种构成了更为庞大的日常。

湖南广电的探索与实践

面对变局与挑战，长吁短叹无济于事，坐困愁城不是办法。俗话说，上帝为我们关上一扇门，必定会打开一扇窗。虽说传统广播电视面临空前挑战，但包括网络视听在内的大视听格局的形成又是巨大机遇。我们唯有认真学习领会习近平总书记关于新闻舆论、文艺创作、媒体融合、文化传承发展等一系列重要论述，坚决贯彻落实中央一系列重大部署，巩固基本盘，转型新赛道，才有出路。这些年来，全国广播电视同行都为此付出了艰苦的努力。就湖南广电而言，十年来特别是近三年来，我们在国家广电总局和湖南省委省政府的领导与支持下，主动提出建设主流新媒体集团战略目标，抢滩入局视听新领域，进行了不懈的探索，取得了一定成果。

一是抢占主阵地，积极参与网络视听正面竞争。十年前，我们应时代之变，主力军挺进主战场，前瞻打造具有较强影响力的新媒体平台，实现从广播电视到网络视听主阵地的跃迁。2014 年，以独播战略打造自有网络平台芒果 TV，2015 年明确湖南卫视、芒果 TV“一体两翼、双核驱动”战略；2022 年推进双平台管理、生产、营销、团队的全方位深度融合，实现了双平台的共进双赢。湖南卫视持续保持省级卫视头部地位，2022 年日均用户规模近 5000 万；芒果 TV 跻身长视频行业前三，2022 年末有效会员数 5916 万，今年以来日活保持在 6000 万左右。芒果 TV 国际 App 下载量 1.2 亿，覆盖全球 195 个国家与地区，“凡有华人处 必闻芒果声”。我们进军网络视听垂类市场，特色短视频平台“风芒”下载超 2000 万，月活用户跃居全国省级融媒第一方阵；新潮国货电商平台小芒 App 用户规模达 1.1 亿，日活峰值也达到 247 万。我们始终认为，只要人在、阵地在、受众在，就一切皆可为。

二是矢志创精品，让芒果成为用户的最爱。参与新的网络视听竞争，优质内容、爆款产品是我们最大的杀手锏，也是我们的核心竞争力。我们拥有国内最大的长视频生产基地，近百个内容工作室与团队，持续输出高品质的长视频优质内容。这既包括新闻，也包括综艺、电视剧、纪录片；既包括视频内容，也包括广播节目；既包括长视频，也在尝试微剧类短视频。主流是我们的底色，创新是我们的基因，年轻态是我们的气质。

2020 年以来，我们以“一年一主题”打造视听主流精品，从“脱贫攻坚三部曲”到“庆祝建党百年交响乐”，从“奋进新时代洪波曲”，到“新征程上谱新篇”，总计 55 部作品，囊括新闻、文艺全形态，相继推出了《总书记来信》《国之大者》《为有牺牲》等新闻大片，《从十八洞出发》《思想的旅程》《十讲二十大》等湘派理论大片，《中国》《岳麓书院》等高品质纪录片，《江山如此多娇》《麓山之歌》《底线》《长沙夜生活》等影视精品，《国生开讲》等优质音频 IP。当然，影响最大的还是我们的综艺节目，《声生不息》《乘风破浪》《披荆斩棘》《舞蹈风暴》《向往的生活》等爆款综艺接连不断。在市场全网 TOP10 的综艺中，湖南卫视与芒果 TV 自制综艺可以占到 8 席。正是因为优质内容的加持，人们仍然十分喜爱湖南卫视、芒果 TV。

三是全力拓市场，以多元产业格局应对行业变局。三年来，面对严峻的市场形势，我们努力挽狂澜、育新机、拓增量，东方不亮西方亮，堤内损失堤外补，稳住了经营大盘。我们依托不同业态的市场主体，形成广告、会员、运营商、版权、电商、文旅、投资、影城院线等全产业链营销。双平台深度融合的产业模式，为客户价值创造多种实现形式，虽然传统广告下滑，但芒果超媒会员、运营商业务和电商业务等收入连创新高。目前，芒果 TV 收入已经超过湖南卫视。小芒 2023 年一季度 GMV（商品交易总额）实现 20 亿元，正朝着全年百亿 GMV 目标冲刺。电广传媒“文旅+投资”战略初见成效，文旅“三湘星光行动”点亮三湘，达晨财智管理基金总规模 400 亿元，位列行业第一方阵。

四是拥抱数智化，在创新技术中赢得未来。新媒体的故事都是从新技术开始的。近年来，湖南广电面向未来布局视听新业态，将新技术的触角延伸至创新发展的各领域。双平台依托近七百人的技术团队，打磨了一批极致视听享受的内容精品。从《舞蹈风暴》到《中国》，从《声生不息》到《青年 π 计划》，都实现了长视频综艺最复杂的新技术应用。自主研发的 AIGC 视频自动拆条技术，提高视频的转化率和吸引力，极大提升短视频制作能力，日产可突破 6000 条。在国家广电总局的大力支持下，融创中心聚合 5G 重点实验室、芒果 TV 等的研发能力，借力中国移动、华为等科技巨头，虚拟人赛道已产品化，“小漾”亮相迎接党的二十大“奋进新时代”主题成就展和深圳文博会，沉浸式泛娱乐 VR 平台“芒果幻城”日活用户数居行业前三。5G 智慧电台运用 AIGC 技术，5 分钟生成一家电台，实现音频内容分发创新，已签约全国 946 家电台。目前我们还在对集团技术板块进行 IP 化、云化、智能化改造，新的七彩盒子将成为芒果创意与科技融合的大本营。

大江流日夜，慷慨歌未央。以主流新媒体集团建设打造全媒体传播体系，以新型网络视听为牵引融入大视听格局，这就是湖南广电的坚定抉择。展望未来，湖南广电将继续守正创新，勇担使命，为中国大视听产业的发展书写芒果新答卷。

（2023 年 6 月）

为建设中华民族现代文明提供坚实内容支撑

习近平总书记在文化传承发展座谈会上指出："在新的起点上继续推动文化繁荣、建设文化强国、建设中华民族现代文明，是我们在新时代新的文化使命。"这为新时代的传媒工作者指明了前进方向，明确了根本任务。文明的基础是千百年来积累并可以传承下去的优秀的、丰富的文化成果。建设中华民族现代文明，内容建设是根本。对于新时代的传媒工作者而言，创造、传播属于我们这个时代的、足以进入文明序列和文明史册的优秀内容，是我们的最大使命。

我们要创造什么样的内容

这样的内容应该是主流的。当今的媒体形态是多样的，内容也是极其丰富多样的。作为党领导下的主流媒体，为社会提供引领风向、堪为范式的文化主粮，是我们的主责主业。

何谓主流内容？

（一）体现主流价值是根本之道。主流媒体的内容，都必须是宣传习近平新时代中国特色社会主义思想、弘扬社会主义核心价值观和全人类共同价值的。这些年，我们连续推出《总书记来信》《学“讲话”·六堂课》《思想的旅程》《思想耀江山》《十讲二十大》等湘派新闻、理论大片，生动解读总书记思想。我们强调，所有的内容创制，无论是电视剧、综艺、晚会还是广播节目、纪录片、动画片，都必须以社会主义核心价值观为底色、为追求。

（二）做好主题创制是可行之法。遵循党之所指，围绕国之大者，开展主题创制，是近年来主流媒体的一个成功经验。从 2020 年开始，湖南广电以“一年一主题”的方式规划并推进主旋律创制。从 2020 年的“脱贫攻坚二部曲”到 2021 年的“庆祝建党百年交响乐”，从 2022 年的“奋进新时代洪波曲”到 2023 年的“新征程上谱新篇”，总计 50 多个项目，囊括新闻、文艺全形态。2020 年的《从十八洞出发》《大地颂歌》《江山如此多娇》，都是脱贫攻坚题材；2021 年围绕建党百年，我们推出了《理想照耀中国》《百炼成钢》《党史上的今天》《为有牺牲》《十八岁的你》等一大批革命历史题材视听作品；2022 年以迎接党的二十大为主题，创制了《麓山之歌》《底线》《这十年》《唯有登攀》等现实题材作品；2023 年，我们已经和正在谱写《声生不息 · 宝岛季》《问苍茫》《日光之城》《乘风 2023》等内容新篇。

（三）符合时代主潮是破圈密码。我们反复强调，内容创作者要深刻感受时代之变、人心之变、审美之变，要呼应人民群众内心最深刻的呼唤。《乘风破浪的姐姐》《披荆斩棘的哥哥》《时光音乐会》，以及每年的跨年演唱会、小年夜春晚，之所以受到欢迎，就是因为较好感应并表达了2020年以来国人的心灵追求。

（四）这样的内容应该是高品质的。当前是一个创作者风起云涌的时代，是一个天量内容爆炸的时代，也是一个内容泥沙俱下、盲目跟风、同质化严重的时代。在这样一个时代，作为专业机构，如何捍卫自己在内容上的地位、声誉，找到核心竞争力和制胜之道？我们认为还是应该坚守高品质高价值的内容制作、传播标准。湖南广电一直坚持，我们的新闻精品应该走新闻大片之路而不仅仅是即时性、浅表化报道；我们的事件和晚会播出应该努力做到全程化直播；我们的长视频必须高举高打，大型化、高门槛，几个团队几百人几个月云集一流嘉宾打造一档大型季播节目是常态；我们的节目应该具有极致美学风格和视听效果，例如大型音综《声生不息》，例如大型竞演《乘风2023》，例如纪录片《中国》《岳麓书院》，例如每天一小时的广播评论节目《国生开讲》。当然，这并不意味着我们不做小而美的节目。

（五）这样的内容应该是大众的。我们的文艺是以人民为中心、服务人民大众的文艺，我们的媒体进行的是大众传播，这就决定了我们输出的视听内容必须是广谱的，是能够抵达并为尽可能多的受众所喜爱的。大众的某种程度上既是流行的，也是恒久的。过去湖南卫视的节目深受观众喜爱，伴随着几代人的成长记忆，其中有深刻的创作逻辑和心理逻辑。现在，我们仍然孜孜以求，希望源源不断打造爆款和超级爆款。当然，随着去中心化和全民创作时代的到来，某一两个爆款大杀四方、通吃数年越来越难了。

（六）这样的内容应该是创新的。“要么做第一，要么第一个做”，在湖南广电，创新是基因，也是方法论。我们最鼓励的是创新，最警惕和看不起的是经验主义、路径依赖、自我重复。我们庆幸，马栏山上，有一大批秉承“不创新毋宁死”精神的创意人才，多年如一日匠心打造优质内容。他们中，有频频斩获中国新闻奖的新闻团队，有集结于湖南卫视、芒果 TV 双平台旗下的 50 个节目团队、22 个影视团队、34 个战略工作室，短视频平台“风芒”也已构建起 10 个内容工作室。湖南广电每年产出近百档节目，原创性比例不低于 40%。没有创新，出不了《一张照片背后的这七年》和《普利桥种粮记》；没有创新，出不了将高深理论生动化呈现的《学“讲话”·六堂课》和带来奇妙体验的《思想的旅程》；没有创新，出不了《乘风破浪》《声生不息》。

（七）这样的内容应该是双效统一的。在确保导向正确和社会效益优先的前提下，创造最大的经济效益，是传媒机构所不能不考虑的。能够形成购买的传播才是最有效的传播。通过内容变现让内容产生价值，获得回报，才能形成良性循环。应该承认，在传播形态和商业模式发生巨变的当下，当前主流媒体在内容营销上面临的形势不容乐观：长视频变现能力减弱，电视剧广告无法支撑剧场的成本，新闻和短视频尚没有建立很好的商业模式，版权价值不见增长，而优质视听产品的创制成本非常高。我们期盼政府、行业和广告主共同努力，一起建立良性的内容生态，促进优质内容的可持续发展。

做强内容的两个支点

今天我们谈的是内容，但内容不仅是内容，内容背后需要一个庞大的体系支撑。对于媒体来说，有两者不可或缺：

一是融合发展的平台矩阵。没有强大的自有平台，没有深度融合、品类齐全的平台矩阵，我们的内容创制和传播就没了依托，没了自主性。十年来，湖南广电打造了居于长视频行业前三的新媒体平台芒果 TV，而湖南卫视的收视率、品牌力、传播力依然位居省级卫视第一，更重要的是，湖南卫视和芒果 TV 正在深度融合、共同生长；2020 年以来，我们建立了短视频平台风芒、内容电商平台小芒和智能广播 5G 智慧电台；芒果 TV 国际 App 下载量达 1.2 亿，覆盖全球 195 个国家和地区，"凡有华人处，必闻芒果声"。现在的湖南广电，构建了涵盖长视频、短视频、音频，支撑新闻与文艺、内宣与国际传播、内容与商业的平台矩阵，一个主流新媒体集团的大模样已经形成，为内容生产创造了广泛需求，也提供了多种载体。

二是牵引赋能的技术支撑。AIGC 等创新技术的飞速发展，给传媒的内容制作带来很大挑战，也打开了广阔空间。近年来，湖南广电格外重视创新技术的牵引赋能，我们以"IP 化、云化、智能化"为理念，对传统广播电视技术进行转型升级；以 5G 实验室为牵引，开展面向未来的创新技术研发，点亮节目内容、焕彩节目传播；我们依托 800 多人的工程师团队，与内容团队紧密结合，打造视听新物种。时空凝结、高动态范围影像、AI 现实增强系统、虚拟数字人小漾、光芒云制播系统、光芒密集传输系统……全面升级的数字化制播技术，让创意搭上技术的翅膀，让内容呈现全新的形态。

下一步我们的努力方向

三年来，湖南广电在内容创制上付出了极大努力，也收获了丰硕果实。我们获得 28 个中国新闻奖、5 个飞天奖星光奖、3 个金鹰奖、25 个中国公益广告黄河奖，还有 1 个长江韬奋奖、1 个金声奖。

但成就只代表过去，内容创新永不停歇、永无止境。

我们要进一步把总书记思想解读好传播好。重点围绕新思想、新观点、新论断，在做好新闻宣传头条工程、置顶工程的同时，深入做好学理化、体系化解读和生动化、可视化传播，打造好《当马克思遇见孔夫子》等理论大片。

我们要持续把中华优秀传统文化挖掘好展示好。重点做好《中国》第三季，回溯中华文明之源，揭示中华文化成因。我们还要围绕湖湘文化精华，利用好湖南博物院的丰富资源和马王堆汉墓 IP，研发创制文化精品节目。

我们要继续把“新征程上谱新篇”书写好。紧扣毛泽东诞辰 130 周年、“精准扶贫”十周年、“一带一路”十周年等重要时间节点，抓好电视剧《问苍茫》《日光之城》，纪录片《人民领袖毛泽东》，新闻纪实大片《十八洞村的新故事》等项目的创制。

作为传媒人，做好内容是我们的热爱，热爱可抵岁月漫长、人世沧桑。做好内容是我们的安身立命之本，我们注定是不折不扣的内容手艺人和产品经理。做好内容更是我们不可推卸的使命，一个伟大民族的伟大复兴，需要文化的繁荣兴盛；一个伟大国家的现代化历程，需要记录、书写、传播；一个伟大文明的更新再造，需要新的文化精品支撑。面向未来，我们将在习近平总书记关于新的文化使命的召唤下，守正创新，砥砺奋进，为赓续历史文脉、谱写当代华章作出更大的努力。

（原载于《传媒》2023 年 11 月上半月刊，有删改）

共担新使命　携手揽星河

习近平总书记指出：中华文明具有突出的连续性、创新性、统一性、包容性、和平性。海峡两岸，同根同源，湖湘闽台，道南正脉。台湾诗人余光中说，蓝墨水的上游是汨罗江；我们也知道，很多台湾同胞的故乡在大陆，在湖南。新时代新征程上，共同弘扬中华文化，促进两岸同胞心灵契合，是两岸各界特别是湘台媒体界共同肩负的文化使命。40 多年来，湖南广电与台湾媒体开展了深厚、持久、广泛的文化交流与产业合作。如何把握时代新机遇，共创湘台合作发展新格局?

共创文化精品，谱写今日华流新篇章

今年（2023 年）春夏，湖南广电推出的一档音乐文化交流节目《声生不息 · 宝岛季》，用 44 组歌手、128 首宝岛经典歌曲，在长沙、台湾两地奏响合音、激荡共情。节目全平台播放总量 96.7 亿，收获全网热搜 2600 多条，海外收看人群 2.3 亿，引起强烈反响。我们还记得，节目录制期间，马英九先生借回湘祭祖之机，来到湖南广电，与节目组现场连线，当《月亮代表我的心》歌声响起，马先生情绪激动，与大家一起哼唱，让人心生“明月此时照人还”的圆融与美好。现场视频一经流出，瞬间刷爆网络。

为什么我们能携手创造这样的文化现象？是因为我们有共同的文化渊源和情感纽带。我们有一样的乡愁，一样的文化密码。无论时空距离多远，一句话、一首歌，就能在两岸间激起涟漪，久久回荡。湖南广电是参与两岸影视文化交流时间最早、项目最多、影响最大、效果最好的媒体机构之一。二十世纪八九十年代，湖南广电与琼瑶女士合作，拍摄了多部两岸观众喜爱的电视剧，从《六个梦》到《一帘幽梦》，从《情深深雨濛濛》到《苍天有泪》《悠悠寸草心》，更有三部《还珠格格》20 多年热播不衰，创造了电视时代“万人空巷”的胜景。台湾也有《流星花园》《下一站幸福》等 20 多部偶像剧在湖南台热播。

这些年，一批高质量的湖南电视节目被引进到台湾。《我是歌手》从 2013 年起连续 8 届，为两岸音乐人拓展了深度交流空间，第一季在台湾的收视人数近 350 万。《爸爸去哪儿》《我想和你唱》等多个节目赴台取景拍摄。《超级女声》《乘风破浪》《披荆斩棘》《声生不息》等节目在宝岛有了一批忠实粉丝。社交平台上，台湾网友表示：“美好的记忆永远抹不去。”台湾媒体称节目“呼应了当前两岸民间交流的氛围”。国台办新闻发言人朱凤莲称赞《声生不息》促进了两岸民心相通。接下来，我们还将推出纪录片《中国》

第三季、中华武术节目《来者何人》等有着浓厚中华文化底蕴的节目。

从同宗同源、同文同种的文化根脉中获取灵感，打造引发共鸣、形成共情的大众流行文化精品，这股源于文化自信的强大华流，必将越来越深入人心，影响世界。

共建人才通道，构筑青年交流新格局

青年是两岸命运共同体中最具青春创造活力的那一群。以“天生青春”为呼号、以青年群体为主要受众的湖南广电，在推动两岸青年文化交流方面发挥着独特的作用。即便在疫情阻隔的日子里，湘台青年交流也从未中断。仅 2022 年，湖南台就邀请台湾艺人 93 人次，在两岸观众间尤其是年轻群体间起到了良好的沟通作用。近十年，每年有百余位台湾艺人参与湖南广电综艺和晚会录制。湖南广电先后派出 60 多名骨干记者到台湾驻点，播发上千条稿件，反映岛内社情民意，加强与台湾媒体、政经界人士交流。

作为大陆媒体唯一的，也是湖南第一家“全国海峡两岸青年创业就业示范点”，湖南广电积极帮助台湾学生来大陆实习，吸引台湾青年来大陆就业。今年暑假，在中央台办、湖南省委宣传部、湖南省委台办的支持下，时隔三年，湖南广电与旺旺中时媒体集团联合重启“爱·在芒果”台湾高校新闻传播专业学生暑期来湘实习交流活动，53 名台湾学生来到芒果台跟班实习。他们在结业时说：芒果师傅们的悉心指导让人感动，长沙的城市建设、人文环境与经济社会发展面貌让人留恋。举办六届的“爱·在芒果”活动已成为大陆与台湾青年文化交流的闪亮品牌，2300 多名新闻传播专业学生报名，近 300 名台湾学生以湖南广电为视窗，直观感受大陆发展变化，并通过他们，让更多台湾民众了解到真实的大陆。今年 2 月，台湾辣妈张晓蝉与湖南广电旗下芒果 MCN 开展新媒体合作，并举家搬迁至长沙，在短视频上传播两岸风土人情。陈立农、袁咏琳等台湾籍艺人成为芒果家人。

交流消除误解，走动加深情缘，当两岸青年合作的双手紧紧相握，“这头”与“那头”便近在咫尺、心心相印，纵使疾风骇浪也阻隔不了。

共享时代机遇，绘就媒体发展新画卷

2014 年湖南广电在台北举行了“芒果握手会”，为湘台经贸交流合作搭建了平台。当前，互联网颠覆着当代人的生活方式，也影响着媒体格局。湖南广电拥有影响力居省级卫视头部的湖南卫视，拥有 6000 万用户规模的长视频平台芒果 TV，这两个平台已经合二为一，我们正以双平台为主要载体，推动与台湾媒体的深度合作。

《声生不息·宝岛季》与台湾中天电视台等机构合作，在中天及旗下互联网平台触及人数超 3000 万。同时，双平台也给台湾相关媒体和艺人创造了实实在在的红利，张韶涵、王心凌等台湾艺人在芒果的舞台焕发演艺生涯第二春，带动其他大陆媒体与演艺机构邀请台湾艺人，形成良好市场效应。如今，一批台湾艺人常年活跃在大陆综艺节目和晚会上。YouTube 上“湖南卫视芒果 TV”专区订阅用户 1500 多万，被网友誉为“华语第一 MCN”，台湾地区是观看量排名靠前的地区。芒果 TV 在台湾地区用户 563 万，主要是青年用户。近三年，湖南广电 60 多部影视剧、综艺发行到台湾地区，自制剧《理智派生活》被奈飞采购，居奈飞在台湾地区收视第 2 位。近年来，TVBS、东森、中天、中视、八大等传媒高层相继造访湖南广电，以业务交流促推产业融合。

台湾朋友们喜欢说愿景，我们也有一个愿景：以传承发展中华优秀传统文化为共同使命，以建设中华民族现代文明为共同目标，以打造具有国际竞争力的媒体品牌为切入路径，期待两岸的文化交流合作开展得更加广阔和深入。让我们携手共创，一起拥抱中华文明的灿烂星河！

（2023 年 9 月）

“第二个结合”何以是“又一次思想解放”

习近平总书记在文化传承发展座谈会上的重要讲话，从多个维度深刻论述了马克思主义基本原理同中华优秀传统文化相结合的深刻内涵和重大意义，指出：“‘第二个结合’是又一次的思想解放，让我们能够在更广阔的文化空间中，充分运用中华优秀传统文化的宝贵资源，探索面向未来的理论和制度创新。”这一全新论断，令人感奋不已。

在中国共产党的历史上，具有思想解放意义的事件有两次：第一次是 20 世纪 40 年代（1941—1945 年）的延安整风。延安整风运动是一次深刻的马克思主义思想教育运动，也是破除党内把马克思主义教条化、把共产国际决议和苏联经验神圣化错误倾向的伟大思想解放运动。它为全党树立了实事求是、理论联系实际、批评与自我批评的优良作风。这一思想解放的成果，便是党的七大把“马克思列宁主义的理论与中国革命的实践之统一的思想——毛泽东思想”确立为党的指导思想，而实事求是位列毛泽东思想活的灵魂之首。

中国共产党的第二次思想解放，是1978年从真理标准问题大讨论到十一届三中全会的召开。真理标准问题的大讨论，强调实践是检验真理的唯一标准，使人们的思想从教条主义的禁锢下解放出来，冲破了长期以来“左”倾错误思想的束缚，为党重新确立了实事求是的思想路线，是继延安整风后的又一场马克思主义思想解放运动。“解放思想，实事求是，团结一致向前看”，邓小平在中央工作会议闭幕会议上发表的这一讲话，极大地推动了全党全社会的思想解放。

那为什么说“第二个结合”是又一次思想解放呢？这是因为早期思想解放主要是第一个结合——把马克思主义基本原理同中国具体实际相结合——带来的。而第一个结合没有完全解决把马克思主义基本原理同中华优秀传统文化相结合的问题。近代以来，中华民族落后挨打，追根溯源，人们由器物而制度，由制度而文化，最后把账算到中华传统文化上。于是有了五四新文化运动的“打倒孔家店”，有了“不读中国书”的决绝，有了“废除汉字”的倡议。在某种程度上，早期的中国共产党人都是“五四”一代。到了20世纪80年代，伴随着对“革命”的重新阐释、国门打开，很多人在中西对比中对中国制度、中华文化感到强烈的自卑。有人把中华传统文化形容为“酱缸文化”，有人直呼同胞为“丑陋的中国人”，有人声称只有走出“黄色文明”、拥抱“蓝色文明”才有出路……

在中国共产党内，虽然毛泽东同志本人拥有深厚广博的传统文化学养，对中国历史、中华文化烂熟于心，号召承继“从孔夫子到孙中山”的珍贵遗产，提出“古为今用”“推陈出新”等文化方针，也可以说毛泽东进行了把马克思主义基本原理同中华优秀传统文化相结合的早期实践。但终其一生，他并未提出“第二个结合”的概念。同时也有不少人认为马克思主义和中华传统文化是不相容的，一提到中华传统文化，就是封建糟粕，就与现代文明格格不入，就要进行批判否定。

直到习近平总书记，“第二个结合”才真正破题。它提出于庆祝中国共产党成立一百周年大会上的讲话，明确于党的二十大报告，深化于文化传承发展座谈会重要讲话。为了进行这种结合，党的十八大以来，习近平总书记一直注意亲临中华传统文化现场，推动优秀传统文化进行创造性转化、创新性发展。给人印象尤为深刻的有两次：一次是 2020 年 9 月 17 日到湖南岳麓书院，提出岳麓书院是党的实事求是思想路线的重要策源地，对“惟楚有材，于斯为盛”进行时代新解；另一次是 2021 年 3 月 22 日到武夷山朱熹园，指出：“如果没有中华五千年文明，哪里有什么中国特色？如果不是中国特色，哪里有我们今天这么成功的中国特色社会主义道路？”

习近平总书记的这些探索思考，充分证明把马克思主义基本原理同中华优秀传统文化相结合是完全应该的、大有可为的，充分证明“第二个结合”的提出是历史的召唤、时代的必然。

“第二个结合”具有极为重要的认识论意义和伟大的思想解放意义，让人们被束缚的思想豁然开朗。首先，它让中华优秀传统文化焕发出更为夺目的时代光芒。“九州共贯、六合同风”的“单一制”“大一统”制度曾经长期用于中国的国家政体，向内凝聚、多元一体的中华民族具有独一无二的文化基因，古老的“共和”传统在我国的人大制度和政协制度中释放出新的生命力……其次，它让马克思主义中国化有了更为深厚的文化土壤、更为丰富的文化资源。五千多年的中华文明、儒道互补的中华文脉，都可以成为马克思主义结合的对象，经由创造性转化和创新性发展，成为习近平新时代中国特色社会主义思想的有机组成部分。第三，它解答了长期困扰中国知识界的“中西体用”之辩。晚清以来，中国知识分子在“中体西用”“西体中用”等主张中迷茫不已。在“第二个结合”思想的观照下，马克思主义和中华优秀传统文化是高度契合、双向奔赴的，它们互为体用、互相成就，造就了一个有机统一的新的文化生命体，让马克思主义成为中国的，中华优秀传统文化成为现代的。第四，它使中国式现代化的探索有了更深厚的底蕴和更自由的创造空间。中国式现代化赋予中华文明以现代力量，中华文明赋予中国式现代化以深厚底蕴。

当然，结合不是自动的，它需要发挥文化主体的历史主动精神。新时代的中国共产党人，既不是教条式的马克思主义者，也不是“离经叛道”的马克思主义者；既不是历史虚无主义者，又不是文化复古主义者。我们守正不守旧、尊古不复古，站在时代潮头，立于文化高处，眼底万千世界，呼吸四面来风，以“马翁”之规矩，谱“中特”之新篇；以古人之经典，开今人之生面。如此境界，正体现了“两个结合”的魔力、中国共产党人雄健的文化主体性！

（原载于《新湘评论》2023 年第 14 期，有删改）

携手抒写中多媒体合作的诗和远方

非常荣幸作为此次访问团成员，走进“加勒比海美丽的明珠”多米尼加，向各位朋友介绍我所服务的湖南广电。这个橙色的标识是我们的台标，原本寓意洞庭之南、鱼米之乡的湖南，但中国的年轻观众觉得它更像一枚金灿灿的芒果，充满激情、活力和温暖，于是给我们送上一个可爱的昵称：芒果台。因此，我们也自称为芒果人。

湖南广电虽然是中国一家地方媒体，但它深植家国情怀，担当国家使命，具有全国影响。经过多年努力，目前湖南广电在中国省级广电中影响力第一，品牌第一，资产规模第一。在世界品牌实验室不久前发布的 2023“亚洲品牌 500 强”中排名第 90 位，居亚洲广播电视行业第 2。旗下湖南卫视连续 18 年收视和单频道广告收入均居中国省级卫视第一，全球覆盖观众规模 19 亿人；芒果 TV 是中国国有媒体中最大的视频网站，在中国长视频网站中稳居前三，每天有 6000 多万用户在芒果 TV 全平台上观看各类节目。

我想重点用三句话、三个视频和图片，带您走近湖南广电，了解湖南广电。

第一句话，创新，是我们的基因血脉。湖南广电正在热播的纪录片《中国》第三季，以史无前例的“绘画+CG”影像呈现方式，追溯中国人的“童年时代”，解码中华文明基因，代表着湖南广电对高品质视听艺术的不懈追求与孜孜探索。我们喜欢说的一句话是“要么做第一，要么第一个做”，我们先后开创中国第一档晚间新闻节目、第一档婚恋家庭节目《玫瑰之约》、第一档群众参与的音乐类选拔节目《超级女声》、第一档大型全时全景网络直播节目《完美假期》等多个“第一”，至今每年仍推出 15 至 20 档原创精品节目。可以说，湖南广电是中国规模最大、创新能力最强、最有活力的省级内容制作和传播机构。

第二句话，年轻，是我们的鲜明特质。成百上千的年轻观众排着长长的队伍，就是为了看一眼他们喜爱的节目。在湖南广电任何一场综艺节目或者晚会活动的录制现场，你都可以看到这样充满热情的场面。当然，我们也以最热烈的姿态，拥抱着年轻人对我们这份深深的喜爱。湖南卫视以“青春中国”为呼号，收视人群以 14—23 岁的年轻人群为主；芒果 TV 坚持“天生青春”定位，其活跃用户中 15—29 岁占比达 60.9%。让青年影响青年，让青春致敬青春，湖南广电的制作人以“85 后”“90 后”为主，35 岁以下年轻员工占比 45%，其中芒果 TV 员工平均年龄 28 岁。把爱好做成兴趣，把兴趣做成事业，把事业做成信仰，是芒果人的写照。此时此刻，在地球的另一端长沙马栏山，正是华灯初上时，我们的年轻人正奋战在机房、演播室，用他们的青春力量，创造属于湖南广电的无限可能。

第三句话，世界，是我们永远的星辰大海。我们立足中国，面向全球，既“请进来”也“走出去”，充当中国与世界的文化使者。这位名叫“戴小妹”的女孩就来自多米尼加，2019 年她曾代表贵国，来到中国，来到湖南广电参加“汉语桥”世界大学生中文比赛。舞台上，她表演了一段中文绕口令，赢得满场掌声。过去，节目舞台让我们更好地相知；今天，互联网信息技术把我们紧紧相连。这款软件名叫芒果 TV 国际 App，拥有 6 种界面语言、17 种语言字幕切换，通过它，您可以在世界任何一个地方无障碍观看湖南广电的精彩内容。目前，多米尼加有 4 万手机用户下载了这款软件，加勒比国家下载用户是 252.3 万，而全球用户已达 1.3 亿，覆盖了 195 个国家和地区。如果大家感兴趣，还可以通过 Meta、Ins、TikTok 等社交平台收看湖南广电的优质节目。

中国人有句古话：“与君远相知，不道云海深。”中多两国建交以来，习近平主席与阿比纳德尔总统共同绘就了两国友好合作的美好蓝图，湖南省与多米尼加也有越来越密切的联系，5 年来湖南广电两次接待多米尼加访问团，并先后两次访问多米尼加。立足这一坚实基础，我希望，湖南广电与多米尼加广播国家电视总公司紧密携手，根据我们即将签订的合作备忘录，进一步加强节目交流合作，通过互换交流、版权发行等多种形式开展合作；进一步加强传播渠道合作，拓展芒果 TV 国际 App 覆盖面，推进优秀文化产品互通互鉴；进一步加强人才培训和交流，共同提升节目创意、技术研发、媒体管理的能力与水平，以广播电视为互联网载体，为中多两国友谊注入更多生机活力。

（2023年10月）

在新时代新闻大片学术研讨会上的致辞

昨天是第 24 个记者节，今天，“以大片敬时代，以初心致未来——新时代‘新闻大片’学术研讨会”在中国记者之家隆重举行。我们的内心充满了感恩和欢喜。

湖南广电的“新闻大片”实践探索起源于 2013 年。十年来，我们坚持以习近平新时代中国特色社会主义思想为指引，认真贯彻落实习近平文化思想，特别是习近平总书记关于新闻舆论工作的重要论述，以“新闻大片”为重点，努力探索新时代新闻舆论工作的创新路径，先后有 57 件作品获中国新闻奖，其中有 8 部新闻大片获中国新闻奖一等奖。在已经公布的 2022 年度中国新闻奖中，我台创制的新闻大片《总书记来信》荣获新闻专题一等奖，《唯有登攀》《田野上最亮的星》分别获系列报道、典型报道二等奖。十年探索，艰苦备尝；十年耕耘，收获满满。自我总结，新闻大片有如下一些特点：

新闻大片，是湖南广电以新闻的方式宣传总书记思想及其实践伟力的重要样式。十年来，将习近平总书记所号召所倡导的作为第一信号，围绕党之所指、国之大者，聚焦总书记思想在全国、在湖南的生动实践和重大成就，进行集中宣传和浓墨重彩的报道，成为湖南广电的自觉选择。大力倡导社会主义核心价值观，有《县委大院》《绝对忠诚》《湖南好人》；大力弘扬中国共产党人的精神谱系，有《初心璀璨》《冰河忠魂》《为有牺牲》；从脱贫攻坚到科技强国，有《为了人民》《国之大者》《田野上最亮的星》；从“一带一路”到“三高四新”，有《我的青春在丝路》《总书记来信》《唯有登攀》。我们认为，新闻大片是新时代的产物，是新闻人承担主流宣传使命的必然选择。宏大主题是新闻大片的首选，必须主动设置议题、回答时代之问，必须鲜明表达观点、进行价值输出：这是讲好新时代中国故事、中国共产党人故事、中国人民故事的必然要求。

新闻大片，是湖南广电筑牢新闻立台的重要举措。一个容易被人忽视的事实是，湖南广电不只擅长娱乐，更有新闻基因；湖南广电不只重视文艺板块，更将新闻立台作为不二信念。改革开放以来，中国第一档晚间新闻、第一档“焦点”节目、影响巨大的“乡村发现”就诞生在湖南广电。进入新时代，湖南广电的新闻立台，选择了新闻大片这种形式。也许我们不是新闻栏目最多的，不是新闻时长最长的，但我们和全国的新闻同行一样，是用心做新闻的那一群，是坚守新闻理想的那一族。

从 2020 年开始，湖南广电连续四年坚持“一年一主题”，做实主流宣传，从 2020 年的“脱贫攻坚三部曲”到 2021 年的“庆祝建党百年交响乐”，从 2022 年的“奋进新时代洪波曲”到 2023 年的“新征程上谱新篇”，覆盖新闻、文艺全品类。我们的新闻立台，就是主流宣传立台，就是核心价值观立台，就是社会责任立台。十年来，对湖南广电而言，新闻宣传与文艺宣传始终同向发力，同声相应、同气相求，共同构筑了“党媒姓党、绝对忠诚”的基本面。

新闻大片，是湖南广电新闻人专业主义精神的极致呈现。2013 年以来，传播语境发生重大变化，传播方式去中心化似乎不可阻挡。碎片化的新闻影响式微，以曝光、批判姿态切入的社会新闻、调查报道难以为继。新闻人何去何从？新闻还能做什么？作为党的主流媒体，如何捍卫我们的权威性、影响力？全国新闻人都在思考，湖南广电新闻人也在日思夜想。

正是在 2013 年，湖南广电推出了第一部新闻大片《县委大院》，吹响了芒果电视新闻创新的号角。十年来，我们相继推出几十部新闻大片，这些作品具有系列化、大片化、专题化、打组合拳和融合传播等特点，采用系列化、连续剧的形式，借鉴影视、文学等创作手法，在叙事、画面、音效等方面大胆探索，颠覆了传统电视专题片的表达模式。文艺有大片，新闻能不能？我们坚定认为，在确保新闻真实性的前提下，完全可以借鉴影视艺术的手段。很多新闻大片，全媒体传播、全矩阵分发，形成强大影响力，开创了独具特色的“芒果新闻大片”生产模式，有的新闻大片，甚至形成了“全民追‘剧’、全网催更、全域传播”的破圈效应，闯出了主流新闻创新表达的崭新路径。

这十年来，我先后担任湖南广播电视台分管新闻的副台长、台长，见证了新闻大片探索的全过程，有的作品还深度参与。新闻大片的创作，是非常艰苦的。上天入地、异国他乡的采访，爬冰卧雪、生死一瞬的考验，是新闻大片的基础；对画面、文字、音乐的极致追求，是新闻大片的标配；不厌其烦地打磨、魔鬼式的细节，是新闻大片的常态。还有，播出时机的精心选择、传播手段的协同发力，是新闻大片成功不可或缺的因素。

新闻大片，其实只是新闻领域的一朵小浪花。幸运的是，我们生逢一个伟大的时代，我们得到了各级主管部门的包容和鼓励，我们触碰到了全国新闻同行热切的目光。这给了我们前行以巨大动力。面向未来，我们唯有继续奋进，才能不负时代不负卿。

（2023 年 11 月）

贯通性：习近平文化思想的鲜明特征

作为习近平新时代中国特色社会主义思想的文化篇，习近平文化思想具有宏大的体系性、强烈的创新性、鲜明的贯通性特征。本文重点探究其贯通性特征。

贯通马克思主义思想精髓与中华优秀传统文化精华

贯通马克思主义思想精髓和中华优秀传统文化精华，是习近平新时代中国特色社会主义思想的整体特征，习近平文化思想尤其如此。习近平总书记强调马克思主义基本原理必须同中国具体实际相结合、同中华优秀传统文化相结合，创造性地提出“第二个结合”，这构成了习近平文化思想的理论基石。他强调：“我们决不能抛弃马克思主义这个魂脉，决不能抛弃中华优秀传统文化这个根脉。坚守好这个魂和根，是理论创新的基础和前提，理论创新也是为了更好坚守这个魂和根。”魂脉和根脉不是互不相干的，而是紧密结合、相互贯通的。总书记指出，必须以马克思主义为指导对中华 5000 多年文明宝库进行全面挖掘，用马克思主义激活中华优秀传统文化中富有生命力的优秀因子并赋予新的时代内涵；同时将中华民族的伟大精神和丰富智慧更深层次地注入马克思主义，有效把马克思主义思想精髓同中华优秀传统文化精华贯通起来。

习近平文化思想本身，处处体现了对马克思主义思想精髓同中华优秀传统文化精华的结合与贯通。例如习近平总书记在党的二十大报告中强调的“天下为公”等十大理念，他大力倡导的社会主义核心价值观，他关于中国式现代化的论述，他的人类命运共同体理念和全人类共同价值主张，无一不既闪烁着马克思主义思想之光，又体现了中华优秀传统文化精华。

之所以能做到这种贯通，是因为习近平总书记既是马克思主义的坚定信仰者和践行者，又是中华优秀传统文化的忠实继承者和弘扬者；是因为他既对马克思主义基本原理烂熟于心，又对中华优秀传统文化了如指掌。二者往来沟通，聚变融合，毫无挂碍。

贯通体与用、理论与实践

体用关系是中国哲学中一对古老的关系。体是本体，是根本的、内在的、本质的，用是体的外在表现和实践形态。中国古代哲学讲究体用贯通、体用并举，但在近代以来激烈的中西文化碰撞与冲突中，很多中国知识分子的体用观是分裂的。有人主张“中体西用”，有人主张“西体中用”。习近平文化思想做到了明体达用、体用贯通，破解了近代中国以来聚讼纷纭的“古今中西之争”“中西体用之辩”。习近平文化思想既是新时代党领导文化建设实践经验的理论总结，是马克思主义文化理论的丰富和发展，又是指导新时代文化实践和宣传思想文化工作的行动指南。习近平文化思想的体是马克思主义关于文化的本体论和认识论，它的用是新时代中国特色社会主义的文化实践论和方法论。

体用贯通，体现在理论与实践相结合。时代是思想之母，实践是理论之源。习近平总书记强调：“必须坚持在实践中发现真理、发展真理，用实践来实现真理、检验真理。”习近平总书记关于宣传思想文化工作的一系列重要论述，都是针对新时代以来我国宣传思想工作的重大任务和迫切需要而提出来的，既是马克思主义文化理论的题中应有之义，又焕发着新鲜的本土味道和时代气息。特别是，习近平新时代中国特色社会主义思想有着强烈的问题意识，不断回答中国之问、世界之问、人民之问、时代之问。习近平文化思想也是如此。

之所以能体用贯通，是因为习近平总书记发扬光大了马克思主义的优良学风和中华文化的优秀传统，高度重视实事求是、经世致用、知行合一。完全可以说，习近平文化思想不是在书斋中皓首穷经、凭空构建的产物，而是新时代以来领导全党全国人民进行艰苦的文化实践的宝贵结晶。

贯通宣传思想文化全领域

习近平文化思想，绝不只是对当代中国文化理论的某个方面、宣传思想文化工作的某个领域进行了观照，而是对宣传思想文化工作的重要地位、指导思想、根本要求、使命任务、方法手段，都做了充分论述，对哲学社会科学、新闻舆论、文学艺术、网信事业、文明建设、文物保护、文化传承、国际传播、文明交流互鉴等各个方面都进行了深入论述，提出了明确要求，而且对各个方面的要求都是一以贯之、彼此贯通的。

这种贯通，源于习近平总书记长期以来对宣传思想文化领域的全方位思考、全领域涉猎、全过程指导。党的十八大以来，习近平总书记两次在党代会报告中论及宣传文化工作，两次在全国宣传思想工作会议上发表重要讲话，先后主持召开文艺工作座谈会、新闻舆论工作座谈会、网信工作座谈会、哲学社会科学工作座谈会、文化传承发展座谈会并发表重要讲话，两次出席全国文代会、作代会，在全国各地考察历史文化遗产提出一系列要求，在多个重大国际场合阐明对全球文化、文明发展和交流互鉴的一系列中国立场、中国方案……正是在这个过程中，习近平文化思想得以逐步形成、丰富、完善、确立。因而，习近平文化思想具有体大思精、包罗宏富又一根红线贯穿的特点，是指导新时代宣传思想文化工作的一部宝典。

贯通古与今、中与外

习近平文化思想茹古涵今。以习近平总书记在文化传承发展座谈会的重要讲话为标志，这一思想完全打通了中华文明的历史、现实和未来。这篇重要讲话，站在时代潮头，立于文化高处，眼底万千世界，呼吸八面来风，以“马翁”之规矩，谱新时代“中特”之新篇；以古人之经典，开今人之生面。特别是，它论述了如何让马克思主义成为中国的、让中华优秀传统文化成为现代的，以此造就一个有机统一的新的文化生命体；提出了在新的起点上继续推动文化繁荣、建设文化强国、建设中华民族现代文明这一新的文化使命，堪称一篇带领中国人民走向未来的文化宣言。

习近平文化思想融通中外的特点也十分突出。因为这一思想是立足世界百年变局、站在人类文明的高度来思考问题、指明方向的。它既聚焦中华民族现代文明建设，也关注中外文明交流互鉴；既要求增强中华文明传播力影响力，又特别强调秉持开放包容，学习借鉴人类创造的一切优秀文明成果。

习近平文化思想之所以能贯通古与今、中与外，来源于习近平总书记深邃的历史眼光和广阔的全球视野，来源于“为天地立心、为生民立命”的宏大抱负和“立天下之正位、行天下之大道”的恢弘气象。它是在“人类知识的总和”中汲取优秀思想文化资源来创立和发展的，因而有着兼容并蓄、博采众长的理论大格局大气象。

（《湖南宣传》2023 年第 10 期）

02 第二辑

为了梦想，继续前行

再过几个小时，2012 年就将过去。末日没有来临，太阳照常升起。在这一年，一个世界上人口最多的国家成功实现了最高领导层的平稳交接，政治新风扑面而来。在这一年，中国经济在拼搏中稳步发展，中国社会在激荡中取得新的进步。在这一年，湖南继续高位增长。在这一年，我们为了希望和梦想而劳作，而奔波，而坚守。生活并不尽如人意，我们有幸福，也有烦恼。

2013 年就要来临，我们离梦想又近了一步。对于中国来说，这是全面小康梦、民族复兴梦；对于湖南来说，这是加快率先梦、富民强省梦；对于普通老百姓来说，这可能是赚更多钱的梦、住大房子的梦、考上一个好大学的梦、找到更理想工作的梦、和心爱的人牵手一生的梦、健康活到一百岁的梦……无论什么梦，都不卑微，也不可笑，都让这个社会充满希望。

但梦想不会睡一觉就自动实现。为了梦想，让我们继续前行。

中国，请不要停下你的脚步；湖南，请在“四化两型”之路上走出新的精彩。至于你，亲爱的朋友，无论你是草根，还是高富帅；无论你一帆风顺，还是在苦苦打拼；无论你总在发声，还是习惯于沉默……大家都是命运与共的一家人，都生活在这片古老的土地上。为了我们各自的和共同的梦想，让我们守望相助，携手同行。在这条圆梦之路上，无论什么时候，都不要气馁，也不要骄傲，努力再努力，前行又前行，梦想一定会照进现实。

（2012 年 12 月 31 日）

在中国道路上实现中国梦想

一、走正道，不动摇

每一个做父母的都希望自己的孩子走上正道，以便更健康地成长成材。同样，人们也都希望中国共产党始终带领中国人民走在一条正确的道路上。改革开放以来，在中国要走什么样的道路的问题上，有过许多讨论，也有过不少设计。有人心仪美式资本主义，有人觉得民主社会主义不错，也有人留恋过去的岁月。党的十八大为这一讨论再次定调：坚定不移走中国特色社会主义道路，既不走封闭僵化的老路，也不走改旗易帜的邪路。可以说，这是中国社会的最大公约数，是绝大多数人的共识。鲁迅先生说过，其实地上本没有路，走的人多了，也便成了路。其实世上本没有社会主义，中国共产党领导中国人民经历了多年艰难的探索，才找到中国特色社会主义这条路，并且在这条道路上创造了中国奇迹，既令中国人民得到实惠，为之自豪，也赢得了世界上大多数国家的钦佩。中国道路，是中国人民自己走出来的，也必然要由中国人民自己走下去。人们常说，胜利者是不受指责的。既然如此，我们为什么要放弃一条已经证明为成功的道路呢？人们啊，请记住：走正道，不动摇。走稳了，别折腾。

二、科学发展才是真道理

观察关于中国经济发展的各种观点，会发现一个让人思考的现象：许多学者和时评家们强烈批评 GDP 至上的观念，认为宁愿让经济发展速度降下来，也要腾出手来解决诸如环保、民生、公平等问题；而从事实际工作的同志更强调稳增长的问题，慢了就很紧张。究竟怎么看这个问题？党的十八大指出，发展仍是解决我国所有问题的关键，在这个问题上决不能有丝毫动摇。的确，我国要在 2020 年全面建成小康社会，没有较快的速度不行。据测算，要实现国内生产总值和城乡居民人均收入十年倍增，平均每年的增长速度要达到 7.2%。因此，虽然说经济发展速度不是越快越好，但也不是随便怎么慢都无所谓。抓住时机，搞快一点，就能占据主动，因为机不可失，时不再来。对于当前的湖南来说尤其如此。当然，我们所要的发展必须建立在转变经济发展方式上，建立在不损害群众利益的基础上。只要是惠及全体人民的发展、珍爱自然的发展、造福子孙后代的发展，谁不想要呢？而那种竭泽而渔的发展、拔苗助长的发展、拆了建建了拆的发展、“吃祖宗饭，断子孙路”的发展，谁又喜欢呢？有道是：不发展没道理，发展还是硬道理，科学发展才是真道理。

三、以人民的向往为目标，以人民满意为标准

党的十八大出现最多、给人印象最深刻的词是：“人民”。十八大报告总结的八条“基本要求”，第一条就是“必须坚持人民主体地位”，谈到改善民生时，提出要“努力办好人民满意的教育”“推动实现更高质量的就业”“千方百计增加居民收入”“统筹推进城乡社会保障体系建设”“提高人民健康水平”等等。这些，无不与民生福祉息息相关。习近平总书记在与媒体记者见面时，更是直接与人民谈心。他说，我们的人民热爱生活，期盼有更好的教育、更稳定的工作、更满意的收入、更可靠的社会保障、更高水平的医疗卫生服务、更舒适的居住条件、更优美的环境，期盼着孩子们能成长得更好、工作得更好、生活得更好。人民对美好生活的向往，就是我们的奋斗目标。这些话，说到老百姓心坎里去了。人民是谁？人民就是你我他，就是千百年来生于斯、长于斯、劳作于斯、对这片土地不离不弃的芸芸众生。天大地大老百姓最大，从毛泽东开始，对人民的热爱、以人民为本位、以服务人民为天职，就是一代代共产党人的不变信念。为人民服务，在今天，就是以人民的向往为目标，以人民满意为标准，扎扎实实为人民谋幸福。

四、打铁还需自身硬

世界上有什么力量能让一个政党垮台？答案是：没有什么力量，除非自己打败自己。“物必先腐，而后虫生”。当前，腐败和反腐败正处于相持阶段。党的十八大上，新老两位总书记都以惊人的

坦率和极为强烈的忧患意识对腐败问题发出了最高级别的预警。胡锦涛同志说的是："这个问题解决不好，就会对党造成致命伤害，甚至亡党亡国。"习近平总书记在与媒体记者见面和新一届中央政治局第一次集体学习时，两次告诫"我们要警醒啊"。党的最高领导人之所以频频发出预警，说明了腐败问题确实不能等闲视之，也说明了确实应该立即采取更坚决的行动来惩治腐败。事实上，反腐败从来就没有松懈过，十八大之后，包括重庆等地的反腐败更是出现了新气象。我们党有科学的理论武装，选择了正确的道路，经验丰富，足够团结，有严密的组织系统和强大的动员能力，毫无疑问是世界上最强大的政党之一。这个党，寄托了人民的希望，民族的希望，国家的希望，始终是中国人民的主心骨。正因为如此，人们希望她永远健康，永远坚强有力。清除蠹虫，树木才不会朽烂；杀灭病毒，肌体才会更有活力。只有自身硬气，才能打好现代化之铁，铸就中华复兴之剑。

五、更多一点，更公平一些

党的十八大前，在以中国老百姓为对象的各种电视街头采访和民意调查中，人们所表达的愿景主要是两个：一是希望收入更高一点，住房更大一点，生活条件更好一点；二是希望在社会资源的分配上更公平一些。中国的老百姓是非常通情达理的，他们为国家的每一点进步而高兴，为获得的哪怕还很低的社会保障而满足，也十分体谅政府的难处。但没有人不希望生活得更幸福一些。十八大对人民群众的新期待做了明确的回应，提出要在坚持发展是硬道理的基础上维护社会公平正义，走共同富裕之路。还是那句老话，就是既要做大蛋糕，也要分好蛋糕。怎么做大蛋糕？靠全体人民更加辛勤地劳动。怎么分好蛋糕？就是要深化收入分配制度改革，提高居民收入在国民收入分配中的比重，提高劳动报酬在初次分配中的比重，让人民群众实实在在地享受到经济发展带来的好处；就是要保护合法收入，增加低收入者收入，调节过高收入，取缔非法收入；就是要在社会保障方面做到权利公平、机会公平、规则公平，特别是弱势群体，多么希望党和政府撑开公平正义的大伞，为他们遮风挡雨。当每个人都心满意足地享受着属于自己的那一份蛋糕，社会就没有理由不更加和谐。

六、以核心价值观为支撑，以提高社会文明水平为要务

世界第二的经济总量，令人惊叹的购买力，没有人不承认中国已经是一个经济大国。但在文化和文明程度上，我们还不能说很强。我们的价值观在世界上还没有强大的影响力，我们的社会文明程度连自己都不满意。现在中国人无论是去欧美，还是去日本、韩国，回来后最大的感受，已不是他们的高楼大厦、基础设施、现代化建设水平，而是其社会文明水平和公民素养。在这方面，我们的差距还很大，要走的路还很长。怎么办？党的十八大为我们指出了路径，那就是以社会主义核心价值观为支撑，全面提高公民道德素质和社会文明程度。十八大报告提出要大力倡导富强、民主、文明、和谐，自由、平等、公正、法治，爱国、敬业、诚信、友善，这 24 个字，以中国特色社会主义理想为根本，吸收融合了中国传

统价值和世界其他文明的优秀因子，实际上就是我们的核心价值观。当务之急是要切切实实践行这一核心价值观，内化为高度的公民素质，外化为良好的文明风尚。从每个人做起，从现在做起，从点滴做起，不向车窗外扔垃圾，不乱穿马路，安安静静排队，给弱者施以援手，不做假冒伪劣产品，不搞坑蒙拐骗。这样，中国才真正是一个有力量的国家，中国人才会是让人肃然起敬的国民。

七、如何让中国永远美丽

中国本是一个美丽的国家，高山大河，草原湖泊，什么样的地理地貌都找得到；平沙落雁，渔村夕照，远浦归帆，什么样的美景都有。但是这些年来，我们有些地方不那么美了。垃圾成山，塑料遍地，童年清澈的小溪不见了，天空中的雾霾总也消散不了，江河里的鱼虾、山里的珍禽越来越少了。持续 30 多年的高速发展，我们付出了不小的环境代价。是时候结束这种发展模式了。近年来，包括湖南在内的许多省市都在积极探索两型社会建设和绿色发展的路子。党的十八大进而提出推进生态文明建设，努力建设“美丽中国”，给子孙后代留下“天蓝、地绿、水净”的美好家园，让每个中国人都怦然心动。如何才能让中国永远美丽？首先是要对自然有敬畏之心，珍爱她，呵护她，而不要糟蹋她，不要以牺牲环境为代价换取一时的经济发展。其次是要取用有度，刚好就好，以浪费为耻辱，视节约为美德。再次是要持之以恒地进行生态修复和治理。世界许多国家的经验表明，生态环境的恶化是可逆的。只要全民共同努力，一个“芳草鲜美，落英缤纷”的美丽中国一定会永在人间。

八、让中国梦想照亮现实

生活在今天的中国人是有幸的，因为我们参与并见证了中国的伟大历史进步。从 1980 年人均国内生产总值仅数百美元，到 2011 年人均 GDP 超过 5000 美元；从 1990 年基本解决温饱，20 世纪末基本达到小康，到 2020 年全面建成小康；从欠发达国家，到发展中国家，到中等收入国家，中国人民费尽移山心力，一步一个脚印，一代接着一代，以不到十年翻一番的速度，实现着对其他国家的后发赶超，实现着国家的和平崛起。这种崛起，使得原本对中国充满怀疑的人也不再怀疑了，让原来对中国不无嘲笑的人也心生敬意了。党的十八大报告提出，到 2020 年国内生产总值和城乡居民人均收入双双比 2010 年翻一番。现在可以说，这并不是一个难以企及的目标，很多省市可以提前实现。中国人民的雄心壮志，是要到 2050 年前后即新中国成立 100 周年前后，实现整个国家的现代化，和中华民族伟大复兴，也就是习近平总书记概括的“中国梦”。这是可能的吗？这是必须的，一定的！因为我们有一个作为主心骨的伟大的党，因为我们有亿万辛勤工作的人民，因为我们吃贫穷落后的苦和亏太多太久了，因为中华民族正走在一个不可逆转的上升通道里。只要我们心无旁骛，持续奋斗，中华民族更加幸福美好的未来，就一定会实现，中国梦想必将照亮现实。

（原载于《新湘评论》2013 年第 2 期，有删改）

在中华梦剧场续演惊天活剧

——祝贺 2013 年全国两会圆满闭幕

2013 年 3 月 17 日上午，为期半个月的 2013 年全国两会圆满落幕。在蛇年之春的这半个月中，人民大会堂恰如一个“梦剧场”。在这个庄严宏大的剧场里，2965 名全国人大代表和 2237 名全国政协委员在这里听报告、建箴言、议国是，行使自己的民主权利。在这里，党的新一届中央领导机构正式产生，中国政治“梦之队”精彩亮相。在这里，习近平主席以看似平易而内蕴激情的语调深刻阐述“中国梦”，他的声音，震撼了“梦剧场”，深深感染了每一位人大代表和全国人民；李克强总理纵论施政理念和施政蓝图，展现了自信干练、充满活力的形象。

人民大会堂虽然宏大，但还只是一个小的梦剧场，更大的梦剧场是辽阔的中华大地。在这个剧场里，我们的先人几千年来一直在上演惊天动地、威武雄壮的活剧。如今，中国人民以“中国梦”为剧名，以国家富强、民族振兴、人民幸福为主题，正在继续上演新的惊天大剧。人民大会堂的梦剧场虽然落下了帷幕，但中华梦剧场新一轮演出的大幕才刚刚开启。在这样一个梦想舞台上，个个都有机会，人人都是主角。锣已响，鼓声急，正需要 13 亿人民一起把《中国梦》演出新的精彩，推向新的高潮。

（2013 年 3 月 17 日）

纪念毛泽东，接力中国梦

2013 年 12 月 26 日是一代伟人毛泽东的 120 周年诞辰，中共中央举行了纪念座谈会，习近平总书记发表了重要讲话，会前，七常委瞻仰了毛主席遗容。这些天来，湖南陆续举办了学术研讨会、文艺晚会、向毛泽东铜像敬献花篮、纪念座谈会等活动。全国各地的人民群众也自发来到韶山，向毛泽东表达缅怀之情。昨晚开始，大型电视连续剧《毛泽东》同时登陆央视和湖南卫视黄金档。这一切都表明，毛泽东并未远去，他仍然深深活在中国人民的心中。

“掌上千秋史，胸中百万兵”，中国出了个毛泽东，是中国人民的骄傲、中华民族的骄傲，更是湖南人民的骄傲。我们骄傲，因为他是湖湘文化孕育出来的伟大人物；我们骄傲，因为他终身未改的湘音湘情；我们骄傲，因为他的精神之光永驻史册，垂范后人。

1949 年，毛泽东就宣告，中国人民从此站起来了。中国人民通过不屈不挠的努力，必将稳步实现自己的目的。这个目的，就是掌握自己的命运，实现一个伟大民族的复兴。如今，我们比任何时候都能更加清晰地聆听到中国梦的脚步声。

写好中国梦的湖南篇章和时代篇章，是我们的责任。今天的人们，能手握由毛泽东等老一辈传递过来的中国梦的接力棒，何其有幸，也应当更加奋发努力。我们要以出色的成绩，把这一棒跑好。

（2013 年 12 月 26 日）

元旦献词：再进一步，更上层楼

日子过得很快，转眼之间，2014 年已经来了。

回顾 2013 年，无论是整个中国还是湖南，都可圈可点。“中国梦”的提出，得到世界范围内的广泛认同，转化为亿万中国人民的生动实践；从八项规定的出台到党的群众路线教育实践活动的开展，一点一点地、不可逆转地改变着官场的特权与陋习，也深刻影响了老百姓的生活习惯；改革再出发，一场规划到 2020 年的全面深化改革正式启动，正在重塑我们的政府、社会、市场；反腐不手软，打虎不停歇，十八大以来已经有十八个省部级高官落马，反“四风”拍掉的苍蝇更是以十万计。中国经济继续在中高位运行，唯 GDP 论破除了，还获得了 7.7% 的增长。湖南与全国一样，经济稳中有进，生活稳中向好。

2013 年，我们也经历了经济转型的阵痛，口袋里的票子增加得不那么多。我们感受到雾霾的弥漫，就业的压力，房价的居高不下，还有日本右翼的越发嚣张。但是我们并不惊慌，也不害怕。因为我们处在上升期的中国；因为我们信任习近平总书记，信任党中央。无论遇到什么困难，中央都有战略、有定力、有办法。我们更相信人民的智慧与力量是无穷无尽的。

2014 年，我们离梦想又近了一步。现实虽不完美，生活也不总是尽如人意，但这是我们自己的国家，我们没有理由不爱她；这是我们自己的生活，我们没有理由不过好。“生活总是充满希望的，成功总是属于积极进取、不懈追求的人们。”

只要我们踏踏实实，迈稳步，不停步，就一定能做到年年都有新进步，更上层楼千里目。

（2014 年 1 月 1 日）

毋忘来路，致敬坚守

奔跑得太快了，有时会忘了我们是从哪里出发的。

日子好过了，有时会丢了草创时期的那股劲头。

一个人是如此，一个政党、一个民族何尝不是如此。七十年前，黄炎培先生就说过：“一人，一家，一团体，一地方，乃至一国……大凡初时聚精会神，没有一事不用心，没有一人不卖力，也许那时艰难困苦，只有从万死中觅取一生。既而环境渐渐好转了，精神也就渐渐放下了……”联想当下，那些发财了就抛弃含辛茹苦的发妻去找小三小四的“土豪”们，那些当官了就忘记小时候的艰难困苦去大肆索贿受贿的贪官们，不也是掉进了这样的“发达陷阱”吗？

因而，系列报道《县委大院》的播出就不是一次简单的党建宣传，而具有普遍的价值。这组报道聚焦的是湖南境内为数不多的老旧县委大院，播出的 11 家中，有原为蒋家花园（丁玲祖宅）、四栋砖木房一用六十年的临澧县委大院，有春秋四十度、“四大家”办公和老百姓健身并行不悖的衡东县委大院，有六十二年青砖黑瓦依旧的龙山县委大院，有毛主席1965年重上井冈山途中夜宿过的茶陵县委大院……在到处都在大拆大建的当下，在一些新修县级办公大楼如同白宫的中国，探究这些老旧的县委大院为什么还没搬，大院里的人为何能坚守至今，他们都在干什么想什么，便具有标本性的意义。

这些县委大院，不乏旧式的公馆宅院，古色古香，堪称文物；大多数简陋粗朴，是二十世纪五六十年代的产物，老鼠活跃，白蚁繁忙，墙皮年年掉，楼梯嘎吱响。不少号称大院，其实一无围墙二无岗哨。但它们无一例外，都有历史，有故事，有人物，有精神。报道以纪实的手法，把焦点对准从当初到现在活动在这些大院里的各色人等（有南下老干部，有建县之初参加建设的老人，更多的是现在的机关干部们），听他们讲述过去的事情，倾吐现在的感受。贯穿整个报道的，是薪火相传于一代代共产党人、一茬茬基层干部身上艰苦奋斗、心系百姓的情怀和精神。几十年中，他们不是没有条件、没有机会修新办公楼，而是把钱花在修路、建学校和医院、搞公共建设上了。他们奉行的是“先为群众筑坡，后为自己筑窝”。他们心怀敬畏，时任石门县委书记董岚说：“如果县委大院修得非常高大、富丽堂皇，感觉好像改革开放的成果首先被干部享受了，被几大家机关享受了。”他们知所轻重，时任临澧县人大常委会副主任陈隆财说：“如果我们把高楼大厦建起来了，群众的条件没有搞好，作为领导来讲，心里是过意不去的。”他们不觉得老百姓随时可以进来反映情况会有损自己的威严，也不觉得院子老旧一定会影响招商引资的形象。正如创造了招商引资“蓝山现象”的蓝山县委书记魏湘江所说：“虽然我们长的这张脸不好看，但是我们的心是好的，是真诚的，这样的东西还是会最终打动人打动客商的。”这些话不高调，很实在，但很有境界，体现了共产党人的执政良心。

唐代文学家陆贽说：“以公共为心者，人必乐而从之；以私奉为心者，人必咈而叛之。”这句话，镌刻在溆浦县城慕义亭上，也当镌刻在所有操公器者心上。

说实话，我并不把出现在报道中的芝麻官和芝麻官之下的“僚”和“吏”们看作老百姓之外的一个群体。其实，他们就是老百姓的一部分，就是我们的父辈和同辈。他们的奋斗史，就是当代中国人奋斗史的一个缩影；他们的期盼，也就是老百姓的期盼；他们面临的困扰，就是大多数人所面临的困扰。

难能可贵的是，以主流报道面目出现的《县委大院》，做到了不说教，不空洞，在物、人、情的交融中，立足现实与追怀历史、释放激情与真材实料完美结合。本报道在主流报道中植入民生的理念，在新闻中加入了电影化的元素。当每一集片尾沉郁的小号吹响，历任县委书记的名字在土黄的底色上翻过，一种历史的召唤訇然作响，澎湃于胸：我们不能忘记我们来自何方，去向哪里；我们要记得什么当坚守，什么是浮云。前人栽树，后人乘凉；筚路蓝缕，以启山林。每一个中年以上的人，都会有这样的感慨：想想当年，何其不易，瞻望前路，尤其要走稳走好。最后一集结尾引用毛主席 1965 年夜宿茶陵时说过的话：“日子好过了，艰苦奋斗的精神不要丢了。”很多人看到这里都掉泪了。那时的“日子好过”叫什么好过呀？今天大多数人的日子才叫好过呢，而且还在越来越好。在这样的时候，重温老人家的教诲，重拾老一辈的传统，稳住自己的定力，找到自己的方向，不是没有意义的。

回到原点，回到基本价值，从激情燃烧的岁月中获得启示，从生我养我的土地中汲取能量，不光是共产党人，恐怕所有中国人都当如此。苟如此，老旧的县委大院，便有了常看常新的意义。

（原载于《新湘评论》2014 年第 3 期，有删改）

解说社会主义核心价值观

富强

如果你对中国近现代史有所了解，你就会明白为什么“富强”会成为社会主义核心价值观打头的那个词。中国曾经是堪称富强的东方大国，汉唐雄风，两宋繁华，郑和七下西洋让中华文明远播海外，康乾盛世留下了封建帝国落日前最后的一抹辉煌。鸦片战争后，中国逐步陷入积贫积弱的境地。民生凋敝，国力羸弱，在与外国列强的战争中一败再败，以至于侵略者开几艘军舰来就可以在我们的国土上耀武扬威。“一穷二白”“东亚病夫”，一度成为中国和中国人的耻辱标签。

落后就要挨打，自立还需自强。民富国强，富国强兵，这是多少中国人的梦想。如今，经过鸦片战争后100多年的浴血奋战，新中国成立后60多年的艰苦奋斗，改革开放后30多年的高速发展，中国人民先后解决了挨打、挨饿的问题，站起来了，富起来了，也有点强国的模样了。我们的国内生产总值已经是世界第二，进入中上收入国家行列，没有人敢随便欺负我们了。但是，富强尚未完全达成，我们还须继续努力。以经济建设为中心动摇不得，发展还是第一要务。我们要朝着两个一百年的奋斗目标努力再努力，让中国人普遍地、持久地富裕起来，让国家无论硬实力软实力都强大起来，实现中华民族伟大复兴。这一天一定会来到。

民主

民主是个好东西。对于经历了几千年封建专制、当了几千年臣民的中国人来说，民主尤为珍贵，尤为来之不易。孙中山所领导的旧民主主义革命、毛泽东所领导的新民主主义革命，其主要目的之一，就是要实现民主。民主是浩浩荡荡的世界潮流，是人类发展的共同目标。人民民主是社会主义的生命，我国宪法规定，国家的一切权力属于人民。

民主就是人民当家作主。不是由别人做主，也不是由少数人做主。民主是多数人的选择，遵循少数服从多数的原则。民主不但是一种价值观念，更是一种政治制度。世界上并没有统一的民主模式。一人一票的直选是民主，选出代表代替自己去投票的间接选举也是民主。延安时期陕甘宁边区的农民用豆子来选举，现在普遍采用电子表决器。对于我们中国来说，实行的是具有中国特色的社会主义民主政治，其中有人民代表大会制度，有中国共产党领导的多党合作和政治协商制度，有民族区域自治制度和基层群众自治制度。

民主无止境，民主路漫漫。完善和发展社会主义民主政治，从各层次各领域扩大公民有序政治参与，是全面深化改革的重大任务。

文明

中国是个文明古国。中华民族一直以拥有五千多年不曾间断的灿烂文明而自豪，礼仪之邦、君子之风，共同构成了古代中国人的文化标识。当代中国人作为文明的传承者，应当有更高的文明素养才对。

但是，近代以来的一段时间内，中国不但在经济上、科技上落后了，在文化和文明程度上，我们也抬不起头来。追求文明，反对愚昧和野蛮；崇尚科学，反对迷信，是五四运动、新文化运动以来中国的先进分子所孜孜以求的。重建一个高度发达、高度文明的国家，一直就是我们革命和建设的主要目标。时至今日，我国的经济、科技已经比较发达了，文化也生机勃勃，但在文明程度上，我们还有很长的路要走。在公共场所大声喧哗，随地吐痰，乱扔垃圾；语言粗俗，脏话连篇；不好好排队，不礼让他人；喜欢攀花折木，乱刻“到此一游”；没有关爱和诚信，路人跌倒了不扶，好心扶了反而受到敲诈。如此等等，都是不文明的表现。

文明，对于一个国家来说，意味着高度繁荣的文化、高度自觉的精神；对于一个社会来说，意味着良好的秩序、优美的环境、淳朴的风气，人与人之间诚信友善；对于每一个公民来说，意味着比较高的精神文化修养，从言谈举止到内在心灵都很美好。这样的文明境界，值得我们每一个人去不懈追求。

和谐

和谐，是中国古人的一种社会理想，是植根于东方文化的一种独特价值追求。有人说，将这两个字拆开来看，“和谐”就是人人都有饭吃，人人都能开口说话。这样说虽然有点望文生义，倒也不无道理。实际上，和谐，是指人与自然、人与人、人与社会那种特别协调，恰到好处的状态。古代中国人特别强调以和为美，以和为贵。孔夫子讲究“中庸”之道，董仲舒倡导“天人合一”，对后世产生了深远的影响。但是，一个社会要和谐是很不容易的。一部中国古代史，政通人和的太平盛世少之又少，就像毛主席词中写的：“人世难逢开口笑，上疆场彼此弯弓月。流遍了，郊原血。”近代以来，为了反抗帝国主义的侵略和封建主义的压迫，一次又一次革命，一场又一场战争，人们更加不可能安享那种田园诗一样的生活。

如今，和平与发展是时代的潮流，我们希望有和谐稳定的国内环境与和谐安宁的国际环境，聚精会神搞建设，一心一意谋发展。这个时候，特别需要倡导和谐理念，培育和谐精神。家和万事兴，和气才能生财，和顺才能长寿。我们感到，现在社会还不够和谐，一些人心理失衡，行为乖张；个别人身上还有些戾气，甚至走向极端；有的地方环境恶化。怎样才能消除这些不和谐的现象呢，恐怕还是要发展经济，改善民生；缩小贫富差距，维护公平正义；尊重自然，节约资源，保护生态环境；尊重差异，包容多样，保证每个人的民主权利。还要加强心理疏导和人文关怀，让社会充满暖暖的正能量。

自由

“生命诚可贵，爱情价更高。若为自由故，二者皆可抛”，很多人都熟悉匈牙利诗人裴多菲的这首诗。可见自由是多么宝贵。法国思想家卢梭说，人生而自由，却无往不在枷锁之中。打碎枷锁，冲破牢笼，这是人类永恒的追求。从古罗马的斯巴达克斯到二十世纪的中国共产党人，他们起义、革命的目的，就是要争得个人和民族的自由。人类的历史，也可以说是一部从自然、他人和自身奴役中逐步获得解放的历史。

自由不是绝对的。有人说自由就是无拘无束，为所欲为。错。“我想要什么就是什么，我想要谁就是谁”，这是阿Q式的自由观，只会导致无法无天。个人的自由不能违反国家的宪法和法律，不能损害他人，不能因为你自由了，就让他人不自由。自由意味着责任，也意味着自律，你有多大的自由，你就有多大的责任。你可得想好了，当你自由地选择做什么时，你要对你选择的后果负责。德国哲学家康德说，自由不是你想做什么就做什么，而是不想做什么能不做什么。自由是对各种规律的掌握。越是掌握了自然的规律、社会的规律、人自身的规律，就越自由。孔夫子说他到了七十岁时才“从心所欲，不逾矩”，意思是有了丰富的人生阅历后，就能既驰骋心灵的自由，又不逾越规矩和法度。

平等

人人生而平等，没有人天生高人一等，这是平等的基本含义。在中国这样一个有着几千年专制等级制度的社会，确立起平等观念太不容易了。奴隶主和奴隶之间、皇帝和臣民之间、主人和仆人之间，是没有平等可言的。所以“等贵贱”从来就是历代草根阶层的美好理想。平等也是社会主义的根本追求，我国宪法规定，“中华人民共和国公民在法律面前一律平等”，同时规定男女之间、各民族之间都是平等的。

平等主要是权利的平等，不是先天条件的平等。也许我们性别不同，高矮胖瘦不同，出身家庭条件不同，但我们的基本权利是平等的。不能因为你爸是“李刚”就享受特权，也不能因为我是“穷矮矬”就被人看不起。一个平等的社会，一定是让每个人不受歧视的社会，是在公平的规则下通过自己的努力可以掌握自己命运的社会，是人人都能享受基本公共服务的社会，是“王子犯法与庶民同罪”的社会。有一点要提醒，平等不是绝对的平均。绝对平均主义不但是做不到的，硬要去做也只会造成社会的倒退。“不患寡而患不均”，宁愿大家都没有，也看不得别人有，这样的毛病，需要我们扬弃。

公正

如果说平等是一杆秤的话，公正就是那个掌秤的人。“天无私覆，地无私载，日月无私照”。公平正义如同日月光华，朗朗乾坤，让每一个人都平等地受惠。人们对公平正义的追求，有时比对吃和穿的追求还要强烈。在现实生活中，人们感到公平正义还有所缺失。比如，在人事方面，萝卜招聘，火箭提拔；在经济领域，权钱交易，暗箱操作；在司法领域，徇私枉法，滥用自由裁量权；在收入分配方面，贫富悬殊，城乡之间、不同群体之间政策差别大；等等。

正是因为看到了这些有违公正的现象，党的十八大、十八届三中全会才把促进公平正义作为全面深化改革的一个重点，提出要推动经济更加公平发展；发展成果要更多更公平惠及全体人民；要逐步建立以权利公平、机会公平、规则公平为主要内容的社会公平保障体系，努力营造公平的社会环境，保证人民平等参与、平等发展的权利；要推进公正司法，确保审判机关、检察机关依法独立公正行使审判权、检察权；等等。习近平总书记更要求让人民群众在每一个司法案件中都感受到公平正义。

我们是共产党领导的社会主义国家，中国共产党是代表最广大人民根本利益而没有自己的私利的，社会主义的本质是与特权、不公正格格不入的，我们一定要实现“公正”这一核心价值。

法治

自由、平等、公正都离不开法治。法治就是依法治国。法治和人治是相对立的，封建专制社会是典型的人治，“葫芦僧错判葫芦案”，具有很大的随意性和多变性。制度才能管根本管长远。法治是文明进步的体现，是对现代国家的基本要求。

如今，依法治国已经确定为我国的基本方略，法治已经成为我们的核心价值观。中央要求，加快推进法治中国建设，坚持依法治国、依法执政、依法行政共同推进，坚持法治国家、法治政府、法治社会一体建设，保障人民权益，维护社会公平正义。要维护宪法法律权威，法律面前人人平等，法治面前没有例外，任何组织或者个人都不得有超越宪法法律的特权，一切违反宪法法律的行为都必须予以追究。实现法治要加强宪法和法律实施，形成人们不愿违法、不能违法、不敢违法的法治环境，做到有法必依、执法必严、违法必究。

贯彻法治精神，就要改变长期形成的人治传统，充分发挥法治在国家和社会治理中的作用，运用法治思维和法治方式来破解难题。比如，在行政审批方面，对企业来说，法无禁止即可为；对政府来说，法无授权不可为。在信访方面，要树立法律权威，改变不信法院信上访的习惯。

爱国

爱国是千百年传承下来的对自己祖国的一种热烈的爱的情感，世界上许多民族和国家都把爱国作为核心价值。中华民族也有着深厚的爱国传统。从陆游的"位卑未敢忘忧国"到顾炎武的"天下兴亡，匹夫有责"，从文天祥的"人生自古谁无死，留取丹心照汗青"到鲁迅的"寄意寒星荃不察，我以我血荐轩辕"，都是强烈爱国情怀的体现。

爱国是感性的、自发的。很多人都有这样的体会：希望自己的国家好，希望为自己的国家做点什么，为祖国的成就由衷地自豪，不喜欢或特别反感别人说自己的国家不好，这就是爱国。爱国是具体的，包括爱祖国的大好河山，爱自己的骨肉同胞，爱祖国的灿烂文化。当祖国面临分裂时，坚决维护统一，反对分裂；当面临外敌入侵时，同仇敌忾，奋起保卫，以至愿意牺牲自己的生命。爱国有许多仪式化的符号，如升国旗、唱国歌、参加大型集会、在车上贴上爱国的标签等各种宣示对国家忠诚的行为。爱国也应该是理性的，爱国还要守法。爱国主义并不是为了自己的国家什么事都可以干，例如砸进口车、殴打用进口产品的人等，不能以爱国主义的名义，走向极端民族主义。

敬业

敬业是很有中国意味的价值观。咱们中国人对“业”看得很重，成家立业、安居乐业、敬业乐群等，都是讲的对“业”的态度。这“业”，也许是安邦定国的大事业，也可能只是糊口谋生的一份小差使。敬业，就是要尽心尽力地对待工作。

敬业的前提是要立业。孔子说“三十而立”，对一个成年人来说，游手好闲、无所事事是让人看不起的，艰苦创业才受人推崇。事业不在乎大小，“三百六十行，行行出状元”，当老师和做环卫工，都是光荣的。只要是正当的职业，凭自己的本事吃饭，就会受人尊敬。敬业离不开爱和忠诚。只有发自内心地爱一件事，才能做到恪尽职守，兢兢业业。敬业意味着勤业。“业精于勤，荒于嬉”，想轻轻松松就精通一门手艺、成为一个行家里手是不可能的。干一行钻一行，才能成一行。一天一天坚守，一步一个脚印，踏踏实实，你终究会站在行业的高处。即使你没有成为钱学森或巴菲特的理想，只想做个小职员或者小公务员，你也要对得住自己的这份职业，对得住国家和企业给你的这份工资。

总之一句话，一个敬业乐业的民族，必定会是一个取得非凡成就、令人肃然起敬的民族。

诚信

关于诚信，这些年来我们讲得可不少，这一方面是因为诚信很重要，另一方面是因为诚信缺失的现象还很严重。

真实无妄叫做诚，不食言、不欺瞒谓之信。世界上无论哪个民族、哪种文化，都提倡诚信。咱们中国人更是将诚信看得很重。诚信是做人之本，“人而无信，不知其可也”，一个人满嘴假话、口是心非，人们就会把他当作骗子、伪君子，他还能混得下去吗？诚信是交友之基，“与朋友交，言而有信”，言必信、行必果，能赢得最多的朋友；诚信是为政之道，“民无信不立”，如果信用破产，一个政府就很难获得老百姓的拥护；诚信是经商之魂，童叟无欺，一诺千金，既是古老的商业规则，也是现代市场经济的精髓；诚信还是心灵良药，君子坦荡荡，暗室不欺心，就吃得下饭，睡得着觉，没有心灵的烦恼。

我国的诚信现状不容乐观。有的人欺上瞒下，弄虚作假；有的人掺杂使假，短斤少两；有的人抄袭剽窃，欺世盗名，这样的例子可不少见。央视 2014 年春节联欢晚会上，小品《扶不扶》典型地反映了人与人之间缺乏诚信的困境。因此，大力宣传诚信理念，弘扬诚信之风，批评失信行为，很有必要。

友善

友善是人与人和谐相处的润滑剂。“良言一句三冬暖，恶语伤人六月寒”。谁都希望自己碰到的人是友善的，也都希望身处一个友善的社会。友善是待人心平气和、谦虚有礼，是在别人遇到困难时你伸出的一只手，是对陌生人的一个微笑。咱们中国人讲“行善积德”“勿以恶小而为之，勿以善小而不为”。与人为善，是公民应当具备的基本道德修养。

友善是爱心的外化，一个充满爱的世界才是美好的世界。赠人玫瑰，手有余香。一个人友善待人，别人就会友善待他。有的人因为一些鸡毛蒜皮的小事，就恶语相向，甚至大打出手；有的人“事不关己，高高挂起”，对别人的困难漠不关心；有的人在网络上一言不合，就大爆粗口，这都是不友善的表现。友善说起来容易做起来难。一个人可以对家人、朋友、同事友善，但对于陌生人却做不到这样。古人说，“老吾老以及人之老，幼吾幼以及人之幼”“四海之内皆兄弟也”，推己及人，广聚爱心，这才是友善的理想境界。一个人偶尔对人热情容易，难的是永远做一个暖心人。这既需要善良的天性，也要靠自觉的修养。按照生态文明的要求，我们不仅要友善地对待人类，还应当友善地对待动物和自然界。那些虐狗虐猫的人、糟蹋自然的人，就不能说是一个友善的人。

（本文系为《湖南新闻联播》撰写的系列评论文本）

（原载于《新湘评论》2014 年第 11 期，有删改）

十八届四中全会《决定》系列解读

一、法治离不开党，党不自外于法

十八届四中全会前，舆论场有人在讨论“党大还是法大”的问题。实际上这是一个脱离中国实际的书斋中的问题，也是一个根据西方宪政理论所设置的议题。在我国，党的领导、人民当家作主和依法治国是有机统一的。《中共中央关于全面推进依法治国若干重大问题的决定》讲得很清楚：“党的领导和社会主义法治是一致的，社会主义法治必须坚持党的领导，党的领导必须依靠社会主义法治。”我国宪法确定了中国共产党的领导地位，难道推进依法治国可以不要党的领导？宪法和法律代表了全体人民的共同意志，而中国共产党是代表最大多数人民根本利益的，由共产党领导制定宪法和法律、实施宪法和法律有什么问题吗？

《决定》中，党的领导不是虚的，而是有许多实在的内容。比如“善于使党的主张通过法定程序成为国家意志”等“四个善于”；比如“凡立法涉及重大体制和重大政策调整的，必须报党中央讨论决定”“党中央向全国人大提出宪法修改建议，依照宪法规定的程序进行宪法修改”“法律制定和修改的重大问题由全国人大常委会党组向党中央报告”等。《决定》还明确“政法委员会是党委领导政法工作的组织形式，必须长期坚持”。

坚持党的领导并不意味着党大于法。《决定》重申“任何组织和个人都必须尊重宪法法律权威，都必须在宪法法律范围内活动……都不得有超越宪法法律的特权”“任何党政机关和领导干部都不得让司法机关做违反法定职责、有碍司法公正的事情”；同时《决定》还要求：各级领导干部要带头遵守法律；绝不允许以言代法、以权压法、徇私枉法；广大党员干部不但要模范遵守国家法律法规，而且要遵守党规党纪，党规党纪严于国家法律。可见，共产党不但不自外于法，而且要以最高标准做遵守法律法规的模范。

二、立良法，行善治

十八届四中全会《决定》对立法工作高度重视，鲜明提出：“法律是治国之重器，良法是善治之前提。”由此，必须立法先行，发挥立法的引领和推动作用。

习近平总书记在全会上就《决定》起草作的说明中，坦率指出了我国立法领域面临的一些突出问题，包括立法质量和立法效率都还需进一步提高，立法工作中部门化倾向、争权诿责现象突出，“有的立法实际上成了一种利益博弈，不是久拖不决，就是制定的法律法规不大管用”，甚至利用法规实行地方保护主义，损害市场秩序和国家法治统一等。针对这些问题，《决定》对立法的主体和程序作了明确规定，提出要由有立法权的人大主导立法，政府主要是制定行政法规、规章，这在某种程度上是对过去立法工作中行政机关权重过大的纠偏；提出明确立法权力边界，对部门间争议较大的重要立法事项，由决策机关引入第三方评估，不能久拖不决；提出要明确地方立法权限和范围，既依法赋予设区的市地方立法权，又禁止地方制发带有立法性质的文件。

《决定》提出了加强重点领域立法的一揽子计划，包括但不限于：促进产权保护、加强企业社会责任等经济领域一系列法律法规，编纂民法典，完善国家机构组织法，推进反腐败立法，制定公共文化服务保障法、文化产业促进法，加强互联网领域、社区组织立法，制定社区矫正法，制定出台反恐怖法，制定完善生态补偿和土壤、水、大气污染防治及海洋生态环境保护法律法规。我们相信，这一系列法律法规制定出台后，我国的法律体系将更加完备，依法治国将更有保障。

三、法定职责必须为，法无授权不可为

依法治国，依法行政是重点；法治国家，法治政府是关键。习近平指出，老百姓对执法领域存在的有法不依、执法不严、违法不究甚至以权压法、权钱交易、徇私枉法等突出问题深恶痛绝，必须下大力气解决。十八届四中全会《决定》对行政机关的要求非常明确：法定职责必须为，法无授权不可为。坚决纠正不作为、乱作

为，坚决克服懒政、怠政，坚决惩处失职、渎职。《决定》特别对“法无授权不可为”提出了具体要求。(1) 推行政府权力清单制度，行政机关不得法外设定权力，没有法律法规依据不得作出减损公民、法人和其他组织合法权益或者增加其义务的决定；(2) 建立行政机关内部重大决策合法性审查机制，未经合法性审查或经审查不合法的，不得提交讨论；(3) 建立重大决策终身责任追究制度及责任倒查机制；(4) 建立健全行政裁量权基准制度，细化、量化行政裁量标准；(5) 全面推进政务公开，以公开为常态、不公开为例外。可以说，这五招相当于行政机关和官员头上的五道紧箍，紧箍咒一念，那种“拍脑袋决策、拍胸脯保证、拍屁股走人”的“三拍”干部，那种“我走后，哪管洪水滔天”的不负责任，那种“拿着鸡毛当令箭，罚你多少是多少”的任意裁量，那种动不动以“国家机密”为借口拒绝信息公开的暗箱操作，就会大大减少。

四、司法是维护公平正义的最后一道防线

“一次不公正的审判，其恶果甚至超过十次犯罪。”英国哲学家培根的这句话道出了司法公正的极端重要性。习近平指出，当前我国司法不公、司法公信力不高问题十分突出。一些司法人员作风不正、办案不廉，办金钱案、关系案、人情案，“吃了原告吃被告”，让老百姓有冤无处申，有理无处说，有的就此加入上访大军。

公正是法治的生命线，让人民群众在每一个司法案件中感受到公平正义是依法治国的明确要求。为此，十八届四中全会《决定》做出了许多重大的制度设计。(1) 完善确保依法独立公正行使审判

权和检察权制度，包括建立领导干部干预司法活动、插手具体案件的记录、通报和责任追究制度，这是在乱打招呼的官员头上悬了一把达摩克利斯之剑；建立健全履行法定职责保护机制，“非因法定事由，非经法定程序，不得将法官、检察官调离、辞退或者作出免职、降级等处分”，这是为坚持原则、依法办事的法官和检察官撑起了一把保护伞。（2）最高人民法院设立巡回法庭，探索设立跨行政区划的人民法院和人民检察院，以有利于审判机关就地解决纠纷，有效防止地方保护主义。（3）变立案审查制为立案登记制，做到有案必立、有诉必理。（4）探索建立检察机关提起公益诉讼制度，一方面督促纠正行政机关的不作为和乱作为，另一方面加强对公共利益的保护。（5）推进以审判为中心的诉讼制度改革，实行办案质量终身负责制和错案责任倒查问责机制。那些办了冤假错案的公安、司法人员恐怕再也不可能一推二五六了。

落实这些重大制度后，司法公正将不是一句空话，老百姓将更多感受到公平正义的阳光。

五、全民尊法，全民守法

法律的权威源自人民的内心拥护和真诚信仰。在我国，信法守法的人是多数，但也有部分公民的法律意识比较淡薄。有的是只要求他人守法，自己却为所欲为；有的是如同开车碰到红灯，有监控就停，没有监控就闯；有的是抱着法不责众的侥幸心理，“和尚摸得，我就摸不得”；有的是选择性守法，于己有利就守，于己不利就丢到九霄云外。针对这些问题，十八届四中全会《决定》要求弘扬社会主义法治精神，增强全民法治观念，形成守法光荣、违法可耻的社会氛围。

《决定》提出，全民普法和守法作为依法治国的长期基础性工作，深入开展法治宣传教育，引导全民自觉守法、遇事找法、解决问题靠法。把法治教育纳入国民教育体系，从青少年抓起，在中小学设立法治知识课程。树立有权力就有责任、有权利就有义务的观念。推进多层次多领域依法治理，提高社会治理法治化水平。建设完备的法律服务体系，保证人民群众在遇到法律问题或者权利受到侵害时获得及时有效的法律帮助。健全依法维权和化解纠纷机制，强化法律的权威地位，解决老百姓“不信法律信上访”的问题；信访也要纳入法治化轨道，使合理合法诉求依照法律规定和程序就能得到合理合法的结果，而不是靠“青天大老爷”的批示。要把依法治国和以德治国结合起来，以法治体现道德理念，以道德滋养法治精神，实现法律和道德相辅相成，法治和德治相得益彰。

普法要日积月累，违法在一念之间，只有大家都来尊法、守法、护法，法治的阳光才会普照中华大地。

六、建设高素质法治专门队伍

任何工作都要靠人去做，法治工作也不例外。在法治工作队伍建设方面，十八届四中全会《决定》有两点非常重要。(1) 提出“四忠于”“三至上”“两拥护”，即“忠于党、忠于国家、忠于人民、忠于法律”“党的事业、人民利益、宪法法律至上”“拥护中国共产党的领导、拥护社会主义法治”，这是对法治工作者的总要求，是必须坚守的根本政治方向。它也许和西方对法官、检察官、律师的要求不一样，但这是中国特色社会主义法治道路的必然要求。(2) 在“队伍”前面加了“专门”二字，这和其他领域队伍建设的要求又不一样。所谓专门，也即有专长、有门槛的意思，不是什么人都可以干的。具体来说就是“三化”：正规化、专业化、职业化。对于如何实现“三化”，《决定》有很多具体规定。在法治工作人员的进口方面，提出要建立从符合条件的律师、法学专家中招录立法工作者、法官、检察官制度，畅通具备条件的军队转业干部进入法治专门队伍的通道，健全从政法专业毕业生中招录人才的机制。注意这里多处有“符合条件”的表述。在法官、检察官遴选方面，提出要逐级遴选：“初任法官、检察官由高级人民法院、省级人民检察院招录，一律在基层法院、检察院任职。上级人民法院、人民检察院的法官、检察官一般从下级人民法院、人民检察院的优秀法官、检察官中遴选。”这就是说，今后的法官、检察官要由省级招录，积累基层经验后逐级上调。在律师方面，提出构建社会律师、公职律师、公司律师等优势互补、结构合理的律师队伍。

七、厉行法治，前进中国

我们注意到，十八届四中全会《决定》和习近平总书记作的说明中多次提到要“厉行法治”。

为什么要厉行？首先是因为我国的法治传统比较薄弱。几千年的封建专制统治，主要是人治而非法治。中国古代有法家，有“阳儒阴法”或“儒表法里”的统治术，但很少有建立在人权、平等、公正基础上的现代法治思想。其次，是因为当前的法治建设还不完善。在立法、执法、司法等许多方面都弊端丛生，立法部门化、部门利益化现象突出，有法不依、执法不严、违法不究严重，司法不公和腐败问题反映强烈。不厉行法治不足以振衰起敝。再次，是因为从领导干部到一般群众的法治意识都有待加强。“文革”的无法无天对法治的破坏贻害至今，市场经济的不规范又导致“撑死胆大的，饿死胆小的”。

新加坡等国家的治理经验表明，法治是一个国家走向现代化的必由之路。而一些国家和地区的乱象说明，法治也是脆弱的，如不厉行谨守，坍塌只在一夜之间。

如何厉行法治？立法要先行，形成完备的法律体系，做到有法可依。执法要严格，法律的生命力在于实施，要以约束公权力为重点，坚持法律面前人人平等，绝不法外开恩，绝不搞“刑不上大夫”那一套。司法要公正，贯彻宽严相济的原则，既要疑罪从无、排除非法证据；又要织严法网，不使犯罪分子轻易漏网，使每个人都对法律怀有敬畏之心，牢记法律红线不可逾越，法律底线不可触碰。

坚持不懈地厉行法治，加上在民主、科学、文化等方面的不断进步，中国必将拥有光明的未来。

（本文系为《湖南新闻联播》撰写的系列评论文本）

（《潇湘声屏》2014 年第 12 期）

决胜“十三五” 实现百年梦

一、发展还是头等大事

中共中央关于“十三五”规划建议的指导思想中，明确提出坚持发展是第一要务。在 22000 多字的建议稿中，“发展”就出现了 250 次，几乎每个段落的关键词都是“发展”。

改革开放 30 多年来，以经济建设为中心、发展是硬道理的观念深入人心，我国也尝到了发展的甜头，取得了令世界刮目相看的重大发展成就，国内生产总值稳居世界第二位，离第一名美国越来越近，已经是第三名日本的两倍有余；人均 GDP 达到 7800 美元，进入中上收入国家行列。老百姓的腰包也越来越鼓，别的不说，庞大的出国旅游大军和惊人的扫货能力就是证明。

但我们千万不要以为已经发展得差不多了，可以松口气了。发展还是头等大事，以经济建设为中心不能动摇。习近平总书记在关于“十三五”规划建议的说明中提出，确保如期全面建成小康社会，“十三五”期间经济必须保持中高速增长，年均增速底线是6.5%。

当然，慢有慢的问题，快也有快的烦恼，如产能过剩、效益下滑、重大安全事故频发、资源约束趋紧、生态环境恶化等，但解决这些问题不是不要发展，而是要做到更加科学地发展。说到底，不唯GDP不是不要GDP，发展中的问题还必须靠继续发展来解决。就湖南来说，“十二五”期间虽然实现了高速发展，GDP总量跻身全国十强，但人均GDP和城乡居民人均收入指标都偏低，要与全国人民一道进入全面小康，还要又好又快发展才行。

二、创新是第一动力

从来没有一个时代像今天这样重视创新。十八届五中全会提出五大新的发展理念，位居第一的是创新。并且强调创新是引领发展的第一动力，要让创新贯穿党和国家一切工作，让创新在全社会蔚然成风。习近平总书记把创新驱动视作中国经济新常态的三大标志之一，李克强总理认为大众创业、万众创新是中国经济的重要引擎。

近代中国曾经被看作一个抱残守缺的国家，以至于鲁迅先生说，在中国搬动一张桌子都要流血。但自从新中国成立特别是改革开放以来，中国人的创新激情极大迸发，自主研发“两弹一星”、屠呦呦发现青蒿素、天河超级计算机、中国高铁等都是证明。在互联网领域，阿里巴巴对商业模式的创新，微信对网络社交工具的创新，更是颠覆性的创新。

“十三五”规划建议所说的创新，是一个包括培育发展新动力、拓展发展新空间、深入实施创新驱动发展战略、大力推进农业现代化、构建产业新体系、构建发展新体制、创新和完善宏观调控体系在内的一揽子创新，涵盖了科技创新、产业创新、制度创新、管理创新在内的全方位创新。其目的在于向改革要红利，向创新要动能，使中国经济保持中高速增长，迈入中高端水平。

湖南很早就把“创新型湖南”作为“四个湖南”的战略重点，湖南人创新创业的脚步从未停歇，袁隆平 80 多岁了还在攻关超级杂交稻，中车株机不断有新品下线，蓝思科技把手机面板做到了极致，湖南卫视被誉为电视创新的大本营。敢为人先的湖南人，以长株潭国家自主创新示范区为引领的三湘大地，一定会在“十三五”时期走在创新发展的前列。

三、在协调中发展，使发展更协调

在中国这样一个庞大的国家，到底该采取什么样的策略才能更好地发展呢？过去的改革开放是一种梯度推进的模式，如让一部分人先富起来，先富带动后富；先是四个经济特区，然后是十四个沿海开放城市，再然后是全国性的开放开发；先是农业支持工业、农业为工业化提供原始积累，然后是工业反哺农业、城市支持农村。这样做的好处是让先富起来的人、先发展起来的地区产生示范效应和辐射功能，最终实现整个国家的现代化；带来的副作用是城乡之间、区域之间发展不平衡、不协调的矛盾日益凸显。如果不能发挥强大的国家功能加以调控，就会出现一系列问题。

好在我们是共产党领导的社会主义国家，“总揽全局、协调各方”是共产党的职责，不让一个人掉队、不让一个地区落后是我们的宗旨。2000 年以来，党中央、国务院一直在采取各种措施解决发展不平衡、不协调的问题。十八届五中全会更加鲜明地提出了解决之道。一是区域协同，包括西部大开发、东北老工业基地振兴、中部崛起、东部率先发展、京津冀协同、长江经济带等战略。二是城乡一体，继续坚持工业反哺农业、城市支持农村，发展县域经济，推进以人为核心的城镇化。三是物质文明与精神文明并重，在增强国家硬实力的同时提升国家软实力，建设社会主义文化强国。四是经济建设与国防建设融合，而且要军民深度融合，通俗地讲就是要在产业领域鼓励“军转民”“民参军”，据估计这将创造一个万亿元级别的市场。

湖南在这一协调发展的战略格局中，有多方面的战略空间可以利用，如“一带一部”、中部崛起、长江经济带、新型城镇化、支持老少边穷、实施重大文化工程、军民融合发展等。只要我们抓住机遇，主动对接融入，就一定能加快发展步伐。

四、让绿色成为发展的主色调

绿色本来只是众多颜色中的一种，但在当下中国，它却有着丰富的含义。绿色意味着自然、生命、健康、和谐、清洁、节约、安全、友好……中共中央关于“十三五”规划的建议正式把绿色发展列为未来中国的五大发展理念之一，有很多新的提法、新的构想。

建议第一次提出“绿色富国、绿色惠民”，将中国美丽提高到国家富强、人民富裕同样的高度。在促进人与自然和谐共生和加快建设主体功能区部分，明确提出设立国家生态文明实验区、国家公园、绿色发展基金。在生产方面，是绿色能源、绿色出行、循环生产、绿色建筑建材的绿色全链条。在节约高效利用资源方面，首次提出探索实行耕地轮作休耕制度试点，让年复一年过度开垦的耕地喘口气，休个假。在环境治理方面，提出城镇污水处理厂垃圾站不但要全覆盖，而且要稳定运行；建立全国统一的实时在线环境监控系统；实行省以下环保执法垂直管理制度，防止地方保护主义。在保护生态环境方面，要开展大规模国土绿化行动，退耕还林、还草、还湿，退养还滩，这就是说，人类活动的触角要尽可能收缩，给森林、草原、湖泊、滩涂松绑。

在这方面，湖南的长株潭两型试验区进行了积极的探索，创造了宝贵的经验。山清水秀、人杰地灵的芙蓉国，正争当绿色发展的排头兵。

五、迈向更高层次的开放型经济

开放，是 30 多年来中国经济腾飞的宝贵经验。中国外贸从 1978 年的排名世界第 32 位到 2014 年货物贸易的全球第一，没有对外开放是不可能做到的。中共中央关于“十三五”规划的建议指出，开放是国家繁荣发展的必由之路，必须发展更高层次的开放型经济。

（1）完善对外开放战略布局，加强内陆沿边地区口岸和基础设施建设，加快对外贸易优化升级，再也不能只重数量不讲实惠了。(2) 形成对外开放新体制，像上海那样的自贸区会要在更大范围内推广复制；全面推行准入前国民待遇加负面清单管理制度，内外资企业一视同仁、公平竞争；推动人民币加入特别提款权，成为可兑换、可自由使用的货币，今后中国人揣着人民币就可走天下了。(3) 推进“一带一路”建设，用好亚洲基础设施投资银行、金砖国家新开发银行和丝路基金等金融合作平台。(4) 深化内地和港澳、大陆和台湾地区合作发展。(5) 积极参与全球经济治理。还记得奥巴马总统说过“不能让中国这样的国家书写全球贸易规则”，凭什么？中央鲜明提出中国不但要参与全球经济治理，而且要积极引导全球经济议程，就像习近平总书记说的，国际上的事情要由各国商量着办，不能一国或少数几个国家说了算。(6) 积极承担国际义务，咱们要争取话语权，也要承担相应义务，像减少碳排放、对外援助、反恐反腐合作、维和、防核扩散等。

湖南这些年外贸增长很快，但总量在全国的排名还不高，潜力很大。今后五年，“一带一路”、内陆口岸和长江经济带等新的经济走廊建设、装备制造成为出口主导产业等国家战略，为湖南打造内陆开放型经济新高地提供了重大机遇。

六、没有共享，就没有获得感

从毛泽东的“为人民服务”到习近平的“人民对美好生活的向往，就是我们的奋斗目标”，中国共产党一直把人民看得很重很重。十八届五中全会明确提出坚持以人民为中心的发展思想，以更有效的制度安排，使全体人民有更多获得感，实现共同富裕。

改革开放以来，中国人大多数摆脱了贫困，过上了小康生活。但贫富差距拉大，公平正义有所缺失，也是不争的事实。如何增强老百姓的获得感，减少失落感；如何分好蛋糕，让发展成果由全体人民共享而不是少数人独享，成为不能回避的一个大问题。中央关于“十三五”规划的建议从衣食住行、生老病死、教育就业、社保扶贫等各方面做出了一整套的制度安排，亮点很多。

增加公共服务供给，这是李克强总理眼中的经济发展引擎之一。实施脱贫攻坚工程，这是习近平总书记操心最多的事，现在是全党动员，全社会参与，实行责任制，打响了精准扶贫、精准脱贫的攻坚战。教育方面，从鼓励普惠性幼儿园到普及高中教育再到高考招生改革，目的是促进教育公平。就业方面，提出完善就业失业统计指标体系，把数据搞准，就业优先，扶持创业。收入方面，调整国民收入分配格局，规范初次分配，加大再分配力度，持续增加城乡居民收入。社保方面，实施全民参保计划，大病医保也要全面推开。争论激烈的渐进式延迟退休将要推行，其实过些年中国全面进入老龄化社会后，60 岁以上老年人还在干活的情况恐怕不会是少数。医疗方面，提出“健康中国”概念，从医到药，从生理、心理健康到食品安全，都有考虑。人口方面，就是引起轰动的“全面二孩”政策，有的人觉得幸福来得太快了，有的人感叹早几年出台就好了。还有养老问题、妇女和未成年人权益保障问题、残疾人扶助问题，也都涉及了。

这么多的好政策，相信会很快落地，让公平正义的阳光普照三湘大地，让湖南人民和全国人民一齐迎接更加幸福的时光。

七、上下同欲，决战决胜

多年以后，当我们回顾从改革开放到二十一世纪中叶的奋斗历史，一定会感慨万分；当子孙后代听到他们的先辈从救亡图存到民族复兴的艰难历程，一定会觉得这是个了不起的传奇。现在离全面建成小康社会的第一个百年奋斗目标只有五年多时间，离第二个百年奋斗目标，也即中华民族伟大复兴的中国梦实现只有三十多年时间。用毛主席充满诗意的语言来描述："它是站在海岸遥望海中已经看得见桅杆尖头了的一只航船，它是立于高山之巅远看东方已见光芒四射喷薄欲出的一轮朝日，它是躁动于母腹中的快要成熟了的一个婴儿。"习近平总书记说，现在我们比历史上任何时期都更接近实现中华民族伟大复兴的目标。任何不带偏见的外国人也都承认，中国的崛起不可阻挡。

但接近不等于实现，趋势不等于结果。行百里者半九十，实现中国梦，首先要如期全面建成小康社会；如期全面建成小康社会，今后五年是决战阶段。而这个决战阶段，如同跑马拉松，越到后面越难。这么大的经济体量，实现中高速增长不容易；多年形成的经济结构，转型升级不容易；人口红利消失，保持制造业的比较优势不容易；7000 多万人的脱贫攻坚，五年之内全部完成不容易……但唯其艰难，更显勇毅。我们已经千辛万苦走到今天，难道还要半途而废？正如南岳半山亭的一副对联："遵道而行，但到半途须努力；会心不远，欲登绝顶莫辞劳。"迎难而上，才能攻坚克难；攻坚克难，才能决战决胜。

综合来看，我们仍然处于可以大有作为的战略机遇期，虽然艰和险都对我们构成挑战，但时和势都在我们这里。在这样的时候，上下同欲者胜，坚持到底者胜。李克强总理前不久在经济形势座谈会上说，我们要充满信心，也要咬紧牙关。目前湖南正处于爬坡过坎的关键阶段，屏住气、咬咬牙、加把劲，就可能抓住机遇，实现跨越式发展。

（原载于《新湘评论》2015 年第 23、24 期，有删改）

2016，一路向前

今天，古老而新鲜的太阳已经照临这个世界，我们来到了2016。

正如习近平总书记在新年贺词中指出的，2015年中国人有了更多的获得感和自豪感。我们的经济仍在中高速区间运行，“互联网+”让很多行业赚得盆满钵满。伴随着出国旅游的热潮，中国高铁和人民币也在走向世界。我们修了那么多路，架了那么多桥，也提高了工资和退休金。比起中东的战乱、欧洲的恐怖袭击和美国的枪击案，中国人过着难得的安宁时光。屠呦呦给中国科学家长脸了，内地电影票房过了400亿元，宁泽涛让体育迷们有了新偶像。反腐的铁锤一声声敲打，脱贫攻坚的步伐一步步加快。更重要的是，从十八届五中全会到年末的三个中央工作会议，从五大发展理念的提出到供给侧结构性改革的一系列组合拳，表明中央治国理政的思路务实而清晰。上下一心，励精图治，这是当代中国的写照，也是一切升平之世的特征。

当然，2015 年我们也并非一帆风顺。从年初的上海踩踏事件，到年末的深圳滑坡，令人揪心的安全事故不少；经济告别了高歌猛进的时代，一些行业赚钱不像过去那么容易了；过山车一般的中国股市，让人欢喜让人忧；雾霾挥之不去，老龄化加速到来。但中国人有足够的智慧和韧劲解决自己的问题。我们有这样的心气，也有这样的底气。

2016，笑容荡漾在每个人脸上，愿望种在每个人心中。我们离这个国家的百年梦想又近了一步。我们走在正确的路上，也许还会遇到风风雨雨，但比起百多年来的忧患困苦，没什么大不了的。为了我们自己的幸福生活，请珍惜眼前，握住未来。不因一时的挫折而泄气，也不因逆水行舟的艰难而松劲。边稳步，不停步，积小胜为大胜，再回首已行千里远。

2016，我们一路向前。

（2016 年 1 月）

在亲情和暖阳中沉醉

——向广大读者拜年

亲爱的读者，当我们准备出这份报纸时，已是暮色四合，万家灯火。热气腾腾的年夜饭已经上桌，珍藏的美酒已经打开，笑意荡漾在每个人脸上，祝福的话语在乡村、城市，在每一个家里、每一片天空穿梭回响。

当这份报纸带着油墨芳香分发到三湘四水，已是猴年的第一个早晨。阳光灿烂，雪消风软，人们祭拜先人，致敬长者，走亲访友，享受着亲情的温暖，岁月的美好。

我们过年了。

是啊，忙了一年了，也该歇歇了；累了一年了，也该轻松了；分别一年了，也该团聚了。

对很多中国人来说，在刚刚过去的羊年中，为了生活，为了亲人，四处奔波，劳作不止。起得比鸡还早，睡得比狗还晚，跑得比马还累。

但我们也有收获。收入又多了一点，房子又大了一点，幸福指数又高了一点。越来越多的人有了车，成了家，出国旅游了一趟。孩子很出息，身体还硬朗。这是上天对我们的奖赏，这是我们应该有的生活。

所以，我们要过年。以中国人的名义，好好过个节，犒劳我们自己，祭拜我们的祖先，传承我们的仪式，延续我们生生不息的传奇。

一个“年”字，如此紧密地将亲人之间、你我之间、生者与逝者之间连接在一起。这是我们古老又新鲜的文化密码，是我们心灵深处最柔软的地方。

一个“年”字，有着如此丰富的含义。年是充满喜悦的丰收，年是铭心刻骨的岁月，年也是对未来的美好憧憬。一年又一年，我们回家休整，然后再次出发。

祝福你，我的亲人；祝福你，我的朋友；祝福你，我们血脉相连唇齿相依的兄弟姐妹。无论你已经到家还是人在旅途，无论你正在团圆还是在坚守岗位，我们都要祝福你。

祝福老人，为了他们的健康长寿；祝福我们的孩子，为了他们的好好学习，天天向上；祝福所有勤劳善良的人们，为了一份更有价值和尊严的生活。

雨雪过后，冬去春来，大地在阳光的抚摸下渐渐苏醒，让我们共同祈福来年。人努力，天帮忙，猴年一定有个好收成，一定是个好年景。

（《湖南日报》2016 年 2 月 7 日）

最是难得“火车头”

——我们该向左亭学习什么

一辆奔驰的火车头停歇了，一盏温暖的生命之灯熄灭了。这辆火车头，这颗滚烫的生命，就是“三严三实”好干部、湖南省发改委原副主任左亭。

湖南省委书记在批示中评价左亭是“真正的时代先锋，我们的楷模”，省长称赞左亭是“全省广大党员干部和各级公务员学习的好榜样”。《光明日报》在其长篇通讯中将左亭的精神表述为火车头精神，这于左亭的职业——长期在铁路战线工作、于他获得过的荣誉——“火车头奖章”，都十分恰当。更为内在的，是他那驰而不息的火车头精神。这种火车头精神，值得我们深入挖掘，见贤思齐。

左亭火车头精神特质之一：忠诚，担当

火车头具有这样一种品格：指到哪里，跑到哪里，忠于指令，

绝不跑偏。左亭就是这样一个火车头。大学毕业以后，他干过多个岗位，从基层的站点，到原铁道部的机关；从铁总下面的公司，到湖南省发改委的班子成员。不管在哪个岗位，他都忠于铁道事业，忠于自己的职守，担当起应该担当的责任。他的信念是：“官多大、职务多高都不重要。关键是你在现任的职务上，兢兢业业做事了没有。”在每一个岗位，他都迎难而上，敢做敢当。在沪昆铁路客运湖南公司，他创造了征地拆迁的“怀化速度”和人地和谐的“怀化经验”。担任广铁集团长沙总公司安监室主任，面对爆炸事故，人群往外疏散，他却奋勇逆行，坚守最前线。担任湖南省发改委铁路建设办公室主任，他担当起了为武陵山片区争取铁路项目的重任，一条铁路从动议到开工的十多个步骤，他都一一落实。

忠诚和担当都是中国传统文化倡导的优秀品德之 ，《论语》“吾日三省吾身”，第一省就是“为人谋而不忠乎”。古话又说：“食人之禄，忠人之事。”忠诚，是一名党员、一名公务员、一名党的领导干部的首要品格。担当，也即勇于任事，“为官避事平生耻”，是忠诚的具体体现。没有忠诚，就不会担当；不敢担当，何以体现忠诚？

五千年悠久历史在左亭身上，完美地体现了忠诚与担当的结合。习近平总书记关于好干部标准的多种表述中，对党忠诚、敢于担当都是不可或缺的。而在改革开放后的一段时期内，忠诚、担当都被弱化了，以致党内、社会上出现了不少无操守的投机分子、无诚信的伪君子，以及精致的利己主义者。但是，斯文不坠，吾道不孤，有着五千年悠久历史的中华文化，培育了一代又一代忠义之士、任事之人，他们是我们这个社会的脊梁。从焦裕禄、孔繁森到谷文昌、林北川，都是这样的脊梁。左亭们的存在，再一次让我们看到了忠诚、担当打底的火车头精神的可贵。

左亭火车头精神特质之二：带头，争先

过去有一句话，“火车跑得快，全靠车头带”。现在尽管已经进入高铁时代，不是只靠车头驱动了，但车头的牵引作用仍极为重要。左亭就是这样一个自觉带头的火车头、奋勇争先的火车头。

首先是在事业上带头。在衡阳站长任上，他将处于困境中的衡阳站带到了连续两年考核的优秀站；在沪昆客运公司，每年春节他都留守值班；发生安全事故，他带头往里闯；推进铁路建设，他带头搞调研下工地跑北京。更重要的是在做人上带头，廉洁上争先。他把自己的奖金拿出来和同事共享；下工地，员工吃什么他吃什么，不开小灶不去小饭馆；分管稽查工作，从不报私人发票领补助；当领导了，爱人依然做普通会计，家依然在老旧小区，早晨上班比卫生人员来得都早。他以实际行动践行着“三严三实”的要求。

带头、争先，是对共产党员的基本要求。革命战争年代是冲锋在前，视死如归，把生的机会留给他人，建设年代是“吃苦在前，享受在后”。但有那么一段时间，一些党员放松对自己的要求，把自己混同于一般群众甚至落后于普通群众，使党的形象受到极大损害。如今，党中央大力加强党的先进性和纯洁性建设，强调发挥党员干部的表率作用。要求别人去做的，自己首先做到；要求别人不做的，自己带头不做，使中国共产党永远成为中国人民的先锋队。左亭就是这样一个模范的先锋队员。

左亭火车头精神特质之三：眼望远方，脚踏实地

车头一旦开动，都是奔向远方；但火车要跑得稳，跑得安全，必须要紧贴大地。眼望远方，脚踏实地，这就是火车头，这就是每天在神州大地上奔驰的无数列车。这也是左亭的精神写照。

“世界那么大，我想去看看”。每个人心中都有一个远方。在年轻的左亭心中，也有一个充满魅力的远方。他出生、成长在湖南，然后负笈京城，在北方交通大学就读。大学毕业后，他回到湖南工作，后来又上调到铁道部。我想，左亭求学、就职两次进京，当然是不满足于家乡的一隅天空，希望在远方的天地里翱翔。但左亭从来不是好高骛远的人，他最终回到了湖南，回到了这块生他育他需要他的土地，并且踏踏实实为家乡的铁路事业而奋斗。干稽查，搞安监，建设沪昆客运专线，开拓湖南新铁路项目，他对每一件事都全情投入，绝不敷衍，从不漂浮。官当到省发改委副主任，他唯恐自己在舒适的工作环境中迷失方向，“进山变少，进京变多”。他热爱这片土地，奉献这片土地，这片土地上的人们也热爱他。出差路过衡阳，老职工专门在站台上等他，只为了在 10 分钟的时间里和他握个手；老大姐和他亲如姐弟；他去世后，同事称赞他没有官气，很接地气：“与其说他是个厅级领导干部，倒不如说他就是一个地地道道的铁路工人。”

远方是人生的梦想之翼，大地是人生的力量之源。每个人年轻

时的远方都要最终化作脚底下的日常。紧贴大地，就能越跑越快；越是高速奔驰，越要紧贴大地。不做无处着陆的飘蓬，而做扎根大地的爬山虎，把日常的每一件事做好，在平凡的岗位上发光。这就是左亭给我们的启示。

左亭火车头精神特质之四：不辞辛苦，驰而不息

火车头一旦启动，就会不辞辛苦，一路向前。哪怕关山万重，哪怕风霜雨雪，也要驰而不息。

英年早逝的左亭其实是累死的。去世前半年他身体已发出预警，去世前 5 天他每天的事都满满当当，去世前他的工作笔记上列着 5 条铁路事项。我们为左亭的过早离去而痛惜，也不提倡完全不顾身体去拼命。很多人都说，除了身体是自己的，其他都是身外之物；身体健康是第一位的。这些道理都对，相信左亭也懂。但是，如果人生能够重来，左亭的生命列车会不会有不同的结果呢？

《简·爱》的主人公简·爱说过：“人活着就是为了含辛茹苦。”叶剑英谈到任弼时的骆驼精神时说：“他是我们党的骆驼，中国人民的骆驼，担负着沉重的担子，走着漫长的、艰苦的道路，没有休息，没有享受，没有个人的任何计较。”这样两句话用在左亭身上也是非常贴切的。左亭也是一匹骆驼，担负着沉重的担子，走着漫长艰苦的道路，不知疲倦，顾不上休息。从身体出发，需要劳逸结合，注意养生。可是职务越高，责任越大，事情越多。很多事情必须专责处理，及时处理，我不做谁做呢？今天不做哪天做呢？耽误了进度和效率怎么办呢？于是，只好把身体撑到极致。这是左亭的

情况，也是许多正当盛年的公务员和党员干部的现状。他们为了国家，为了事业，超常规付出，透支生命，我们理应向他们表达深深的敬意。

近代以来，为了中华民族的崛起与复兴，为了国家的现代化，多少人赴汤蹈火，冒身犯难，或者浴血沙场，或者积劳成疾，才取得了今天的成就。台湾学者颜元叔多年前就高度称赞大陆人民这种“一辈子吃了两辈子的苦”的奋斗精神：“苦心孤诣胼手胝足，不仅流汗甚至流血地干，干，干！把大庆油田打出来，把北大荒垦出来，把葛洲坝拦江筑起来……难以屈指的各种建设，无数的建设，把中国建设起来……”他认为中国的前途就在这些人身上。如今，中国已经开始崛起，我们的日子也不再那么苦巴巴了，但要实现“两个一百年”的奋斗目标，完成中华民族伟大复兴的千秋伟业，还需要继续艰苦奋斗。幸福不会从天而降，梦想不会自动成真。正如习近平总书记所说，“好日子是干出来的”。

左亭虽然离我们而去，但他的精神列车将继续奔驰不息，他的宝贵品格将长留于天地之间。

（原载于《光明日报》2016 年 2 月 21 日，有删改）

光荣属于中国共产党人

今天，是中国共产党成立 95 周年纪念日。最近这些日子里，很多人在探究一个问题：95 年了，中国共产党为什么“能”？

一个成立时只有 50 多名党员、只是 300 多个党派之一的政党，发展为拥有 8800 多万成员、在一个古老而辽阔的东方大国连续执政 67 年的世界第一大党。这份成绩，无比光荣，值得自豪。

光荣来源于何处？中国共产党的成功密码是什么？

这份光荣，源于中国共产党人是用“特殊材料”制成的。

他们是超越了庸常生活而有着坚定信仰和远大理想的人。生活不止眼前的苟且，还有远方的光芒。对马克思主义的信仰，对社会主义和共产主义的信念，对这些“主义”所代表的平等、公正、理想社会的追求，构成了共产党人聚集在一起的最大公约数和最强动力源。

从 1921 年至 1949 年的 28 年间，三百多万共产党人慷慨赴义，血沃中华。

不是“过好每一天就行”，不是“开心就好”，不是“好死不如赖活”，共产党人对信仰的忠诚、对理想的追求，不但远远超越芸芸众生，就是比起历史上那些“圣徒”“苦行僧”也毫不逊色。

他们是超越了个人利益而献身于国家民族的人。一般人只要无害于他人，老婆孩子热炕头、管好自己的一亩三分地就行。但共产党人完全不同，他们也有个人的利益，但将国家、民族的利益放在更高更重要的位置。国家那么穷，受苦人那么多，像周恩来、瞿秋白、彭湃这些出身优裕的共产党人，都把锦衣玉食、独善其身看作是可耻的。

这些人也是肉身凡胎，也要穿衣吃饭，他们的“特殊性”，不在于肉体上多么超凡脱俗，而在于其信仰、意志、品格金刚不坏。

这份光荣，源于中国共产党始终“以人民为中心”的立党之本。

世界上有几个政党，自始至终代表最广大人民的根本利益而不是只代表一部分人的利益，也没有自己的私利？曾经有人提出共产党可以有自己的党产，被毛泽东断然否决，并且一直延续至今。共产党人最宝贵的品质，就是全心全意为人民服务，始终把人民对美好生活的向往作为自己的奋斗目标。

从“为人民服务”到“以人民为中心”，中国共产党的人民本位观体现在毛泽东在开国大典上的那一声“人民万岁”，体现在我们的国家是“人民共和国”，体现在我们的各级政府都是“人民政府”，体现在炼钢工人、拖拉机手、少数民族妇女可以出现在“人民币”上。

一个政党，怎么对待人民，人民就会怎么对待它。“以人民为中心”，使共产党在“从哪里来，到哪里去”“我是谁，为了谁，依靠谁”这样的根本问题上从来不曾迷失。

谁也不能否认，中国共产党集合了中国人民中最多的精英分子，拥有最广泛的群众基础。这是它的执政之基、力量之源。

这份光荣，源于中国共产党是一支用严明纪律淬炼出来的钢铁队伍。

拥有铁一般纪律，是中国共产党有别于其他政党最鲜明的特征。在英国，同为保守党重量级人物的卡梅伦和约翰逊可以在“留欧”“脱欧”问题上公开唱对台戏；在美国，共和党、民主党党员可以想加入就加入，想退出就退出，甚至今日为“驴”，明日为“象”，而中国共产党拥有最严格的党员标准。

95 年的漫长岁月中，中国共产党不是没有过失误，不是没有经历各种斗争，但它从来没有分裂，永远坚如磐石。

党的十八大以来，以习近平同志为核心的党中央全面从严治党。以雷霆手段正风肃纪，“打虎”“拍蝇”，营造良好政治生态。党的作风、纪律、团结都达到了一个新高度。

95 年的光荣史，很多由湘籍共产党人写就：从一大时 13 名代表湖南人有其四，到七大时“五大书记”湖南人有其三；从创党领袖毛泽东，到雷锋等一大批优秀共产党员，从三湘四水走上历史舞台的共产党人如璀璨繁星、光彩夺目。而今天，为了建设富饶美丽幸福新湖南，390 余万共产党人在接力奋斗。

光荣已成过往，未来值得期待。对于一个立志带领中国人民实现中华民族伟大复兴中国梦的政党来说，95 年还只是万里长征走完了前几步。“作始也简，将毕也钜”。更大的历史使命在等待中国共产党来担当，更为辉煌的业绩在等待中国共产党人来创造。

让我们牢记：“发扬革命传统，争取更大光荣”。

（《湖南日报》2016 年 7 月 1 日）

扫除心底的“垃圾”情绪

这几天，一则类似黑色幽默的社会新闻让人大跌眼镜——长沙一位网约车司机与乘客因小事闹得不可开交，网约车公司最后的处理办法是：经过后台设置，在这个租车平台上，他们今后将“永不匹配”。

“永不匹配”！这是多么决绝的态度。对网约车公司来说，作出这样的决定可能是出于不引发再次冲突的无奈之举、“聪明”选择，但在我们看来，透出的却是一股悲凉之气。

引发纠纷的成因并不复杂——乘客举止不当，司机没给好脸色，乘客赌气给出差评，双方你来我往，互不示弱，以至于情绪恶化到不可收拾。这样的情况并不鲜见。去年成都女司机因“路怒”反复别车被暴打是一例；前不久，在湘潭高铁站，一个人因随地吐痰而遭人一把推下月台，险遭不测，是又一个极端事例。

在这些案例里，“人世间的每一次相遇都是久别重逢”的小资情调被打脸，“百年修得同船渡”的古训被遗忘，“让他三尺又何妨”的君子之风荡然无存。我们不禁想问：这究竟是怎么啦？

每个人都有“垃圾”情绪，都有心理暗角，如何管理好自己的情绪，将心理的暗影移除，以阳光健康的心态对待生活、对待他人，还真得好好修炼。

我们真心想说，生活不是战场，无需一较高下。人与人之间，多一分理解就会少一些误会；心与心之间，多一份包容就会少一些纷争。忍耐不是懦弱，而是宽容；退让不是无能，而是大度。

据了解，两人事后其实颇有悔意，都觉得在高温之下太冲动了。其实，清夜扪心，假如是我们碰到这种情况，恐怕都会反思：何必呢？活着已是幸运，遇到更是缘分，为什么要因为一点小事成为永远的敌人呢？这对自己有什么好处呢？

那么，以极端情形设计的“永不匹配”模式，是否可以根据这种情况作出调整呢？“永不匹配”，看似一劳永逸地解决了问题，其实留下的是永远的遗憾。我们真诚地希望，这样的伤痛，能在善良人性的光照下得以抚平；这样的遗憾，能在社会的共同努力下得以弥补。

化干戈为玉帛，变仇怨为笑谈。这不是奢望，而是正途，是可以做到的。

（《人民日报》2016 年 8 月 4 日）

站在真理和道义的高山上

——让我们“不忘初心　继续前进”

“不忘初心，继续前进”，是习近平总书记向全党同志发出的号令，是党在新的历史条件下“赶考”“长征”的总动员。随着时间的推移，这八个字更加显示出深刻的内涵。

对于共产党人来说，初心如何恪守？前进的动力从何而来？首要的是坚持马克思主义的指导地位，把马克思主义基本原理同当代中国实际和时代特点紧密结合起来，推进理论创新、实践创新，不断把马克思主义中国化推向前进。

为什么马克思主义是第一位的“初心”？因为马克思主义是第一代中国共产党人苦苦求索找到的“真经”；因为马克思主义是共产党人之“本”，也是中国特色社会主义之“源”；因为马克思主义是真理和道义的高山。

毛泽东曾经说过，“有了学问，好比站在山上，可以看到很远很多东西；没有学问，如在暗沟里走路，摸索不着，那会苦煞人”。

马克思主义就是一座学问的高山，共产党人站在这样一座高山上，视野辽阔，俯仰自如；神清气爽，心明眼亮。站在这样一座高山上，能穿透历史的重重迷雾，掌握人类社会发展的规律；能引导革命者更快走出黑暗的丛林，找到救国救民的道路。中国革命的方向感、方法论、前行的道路和最初的制度设计，都是马克思主义教给我们的。没有马克思主义的指引，就“如同在暗沟里走路”，跌跌撞撞，摸来摸去，难以找到一条正确的、通往光明的路。

马克思主义不单是真理的高山，还是道义的高山。对剥削、压迫、侵略，以及一切诸如此类不公正不平等现象的抗争，为人类理想社会而奋斗，对共产主义道德品质的追求，让马克思主义者和共产党人永远站在道义的制高点上，让一切腐朽统治者、寄生虫、蝇营狗苟之辈相形见绌。

习近平总书记“七一”讲话所说的马克思主义，既包括马克思主义经典作家创立的马克思主义，也包括马克思主义中国化的几大理论成果：毛泽东思想、邓小平理论、“三个代表”重要思想、科学发展观。一百多年来，马克思主义的学说不断与时俱进，真理和道义高山的形象愈发鲜明。从毛泽东到习近平，中国共产党人坚持和发展马克思主义的立场从未改变。党的十八大以来，以习近平同志为核心的党中央运用马克思主义的根本方法治国理政，提出了一系列新理念新思想新战略，形成了马克思主义中国化的最新成果。

在马克思主义中国化、时代化、大众化的道路上，毛泽东、刘少奇、胡耀邦、李达等湖湘伟人和先贤做出了特殊的贡献。湖南人有着探求“大本大源”和追求道德完美的传统，我们要发扬湖湘文化“心忧天下、敢为人先”和“实事求是、经世致用”的优良传统，立足湖南改革发展实践，坚持问题导向，倾听时代声音；紧紧抓住马克思主义这把通向真理之门的钥匙，牢牢把握辩证唯物主义和历史唯物主义这个“看家本领”，回答时代赋予我们的课题，凸显哲学中的湖湘因子，放大理论中的湖湘声音，为发展马克思主义做出我们应有的新贡献。

过去已然过去，未来即将到来。我们站在巨人的肩膀上，但不能坐享其成。“泰山不拒细壤，故能成其高”，真理和道义的高山从未停止它伟大的造山运动，需要我们不懈垒土，让它不断长高。这样，我们就一定能稳稳站在真理和道义的高山之巅，达到“不畏浮云遮望眼，自缘身在最高层”的境界。

（本文系与奉清清合作完成）

（《湖南日报》2016 年 9 月 8 日）

闻声而动　踏上征途

2016年11月15日上午，庄严朴素的湖南省人民会堂，一个洪亮的声音激荡着每一位听众的心灵。杜家毫同志代表中国共产党湖南省第十届委员会所作的报告，是一份擘画建设富饶美丽幸福新湖南的政治宣言和行动纲领，是一曲决胜全面小康、实现湖南愿景的嘹亮集结号。

建设富饶美丽幸福新湖南，是三湘儿女孜孜以求的世纪之梦，是三湘大地蓄之既久的发展愿景。从“一化三基、富民强省”，到“四化两型”“四个湖南”“三量齐升”，再到“富饶美丽幸福新湖南”，一代代湖南共产党人不忘初心，朝着一以贯之的奋斗目标开拓前行。如今，百年梦想照耀下的湖南愿景正朝着我们款款走来。

何谓富饶美丽幸福新湖南？“富饶”的湖南，就是全面建成小康社会、人均地区生产总值力争达到10000美元、经济社会发展整体达到中等发达国家水平的湖南；“美丽”的湖南，就是山清水秀、天朗地净、家园美好的湖南；“幸福”的湖南，就是生活更舒心、工作更称心、办事更顺心、全社会更有爱心的湖南——倾听主政者的报告，眼前仿佛浮现一幅“公私仓廪俱丰实，水色山光与人亲”的秀美图画。

在这幅图画中，人民始终是主角，民生始终是最亮的那抹色彩。“确保到2020年农村贫困人口全部脱贫，决不落下一个贫困地区，决不落下一个贫困群众！”“给留守儿童美好的明天，给孤寡老人幸福的晚年，让全省父老乡亲生活得更有质量更有尊严”……报告通俗朴实却饱含爱民情怀，数字精简却“含金量”极高。这是湖南共产党人对全省人民的庄严承诺。

愿景的大厦不能建在沙滩之上。建设“富饶美丽幸福新湖南”，经济强省、科教强省、文化强省、生态强省、开放强省是安放愿景的基石。

美好的愿景需要精准的定位。发挥东部和中西部“过渡带”、沿海和长江“结合部”的优势，找准“坐标系”，标注“路线图”，我们方能大有作为。

美好的愿景离不开科学的战略牵引。这就是“创新引领、开放崛起”，它如同鸟之两翼、车之两轮，将成为驱动湖南发展愿景加快实现的核心引擎。

美好的愿景需要有力的抓手推动落实。“三个着力”“四大体系”“五大基地”，这些嵌入鲜明时代特色的名词，清晰呈现着创新引领、开放崛起战略向各领域渗透时的发力点、落子处，既凝聚着习近平总书记的悉心指点，也集纳了全省人民的智慧与呼声。

承载全体三湘儿女梦想的愿景奏凯之日，恰逢中国共产党成立一百周年之时。站在新的历史起点，从不甘于平庸、从不惧怕困难的湖南人民，向来“吃得苦、霸得蛮”“扎硬寨、打硬仗”的湖南人民，血脉里灌注着“心忧天下、敢为人先、经世致用、坚韧不拔”精气神的湖南人民，必将在集结号的召唤下，闻声而动，踏上征途，去书写属于自己的精彩人生，去创造属于自己的幸福生活。

（本文系与欧阳金雨合作完成）

（原载于《湖南日报》2016 年 11 月 16 日，

原题为《湖南愿景，新征程的嘹亮集结号》，有删改）

遇见 · 改变

——走笔十八洞村

冬日和煦的阳光中，记者来到花垣县十八洞村。

时值除夕前一天，村民黝黑的木板房上，贴满了大红的春联，挂上了通红的灯笼。温暖的光线打在屋檐上、墙壁上、每个人的脸上，泛出柔和的色彩。

远处，群山环绕，视野辽阔。空气清新，令人迷醉。

梨子寨里，行人不多，三三两两的游客安静地走着，并未打扰村民的安宁。28 户人家，每家都开着门，火塘上挂满了腊肉。乡亲们忙着打糍粑、洗腊肉，准备过年的那些事情。他们的脸上，都有着或深或浅的笑容。

这样的笑容，3 年前可不多见。村支书施金通告诉记者，2013 年 11 月习近平总书记来到十八洞村时，一左一右拉着施成富、龙德成老人的手，龙德成有一丝不易察觉的忧愁。不久前有人问她，总书记来后最大的变化是什么。“是心情。如今日子一天天变好，再也没那么发愁了”。

一切来自3年前的那场遇见。对于总书记来到十八洞村，从县扶贫队长吴式文到很多村民，都感到是个奇迹，是种缘分。记者看到，石拔三、施成富等人家里，都贴有习近平总书记的照片，摆着厚厚的《习近平谈治国理政》。一份朴素的、深深的情愫，不言自明。

但这样的遇见并不是偶然的。决胜脱贫的号角吹响于3年前，但共产党人为老百姓奋斗了95年。精准脱贫的思想首倡于十八洞村，减贫扶贫的探索却至少有了20年。“以乡村旅游打开十八洞村的致富路，我们2005年就开始提出了，只是一直没什么进展。”施金通介绍说。

吴式文则对十八洞村3年来的变化如数家珍：全村人均纯收入由2013年的1668元增加到2016年的8313元。全村原有贫困户136户533人，一年脱贫一部分，如今实际上已可全部脱贫摘帽，只待上级认定。央视2016年初连续报道后，旅游火爆起来，算下来一天接待的游客有800人次以上。

改变还不止此。3年来，村民都用上了放心电，喝上了干净水，新修了进村的柏油路。在村里，通向每一户家门口的都是一色的青石板路，平坦整洁。

这还是那个贫困了千年的苗寨吗？这还是那个锁在深山人未识的“夜郎十八洞”吗？

“你来，或者不来，我都在那里”。十八洞村，可以说是遇上了贵人，更准确地说是遇见了一个好时代。一个梦了盼了千百年的时代。

正在杂屋劈柴的杨东仕老人看见记者来了，主动停下活计攀谈。去年一场大雪，压坏了不少树枝，他捡回来的柴火，堆了一屋子。他指着边上的“幸福人家”说，这是他的房子，侄儿杨超文借用来搞农家乐，一个月收入 8000 多元。

说话间，两个穿着时尚的阿妹从旁走过。她们是一对姐妹，姐姐叫杨云妃，是村里的义务讲解员；妹妹叫杨云秋，在吉首打工。与她们交谈，记者毫无违和感。

来到另一条小道，回家过年的华东师大大四学生杨英华告诉记者，准备毕业后去援藏，“合同签了 10 年”。

一拨拨外面的人来到十八洞村，他们遇见了一个不一样的苗寨。十八洞村人也在走出去，他们又将遇见什么？改变什么？

雄鸡一唱千门晓，春风吹拂万峰开。十八洞村的好日子还在后头。

（原载于《湖南日报》2017 年 1 月 28 日，有删改）

红白喜事铺张之风何时休

近年来，笔者节假日多次往返长沙和益阳之间，发现老家一个现象：红白喜事的铺张之风愈演愈烈。尤以新流行的拱门气球为甚。一场寿宴、一个婚礼、一起丧事，总会竖起一长溜拱门气球，从村口或镇头到主人家，密密排列，少则二三十个，多则五六十个，绵延几百米到几公里不等。拱门上、气球悬挂的条幅上，书写有祝贺或哀悼之词，落款为某亲戚某朋友。据笔者亲人介绍，这种情况在乡镇很普遍。

中国是个人情社会，每逢婚丧嫁娶，一般家庭都喜欢请请亲友、办办酒席，图个热闹体面。被请者愿意去助兴，请人者觉得很有面子。千百年来流传至今，本也无可厚非。但将拱门气球搞到几十个之多、几公里之远，延续几天，还是太过分了。

这是一种什么心理呢？拱门气球越多，表示给主人家捧场的人越多，面子越大？送拱门气球的人让自己的名字迎风招展，众人仰视，很有满足感？拱门气球花费不菲，礼金还要另算。怪不得说乡村的人情负担越来越重。这是不是“死要面子活受罪”呢？

此外，密集的拱门气球还会带来用电、交通、人身伤害隐患。

党的十八大以来，以习近平同志为核心的党中央大兴节俭之风，出台八项规定，持续反“四风”、治陋习，党风政风为之一变。会场上一般不摆放鲜花了，悬挂的标语口号少了，过去大型活动爱搞的气球拱门、过街横幅不多见了，大吃大喝、红包礼金更是几近绝迹。应该说，党风政风的转变还是给社会风气带来了好的影响。

正是看到这种情况，春节前，中宣部、中央文明办召开了推动移风易俗树立文明乡风电视电话会议。要求各地坚持以社会主义核心价值观为引领，把反对铺张浪费、反对婚丧大操大办作为农村精神文明建设的重要内容，推动移风易俗，树立文明乡风。

但风俗的形成不止一天两天，要改变也绝非易事。犹记新中国成立后，党和政府在移风易俗方面下了很大功夫，但 20 世纪 80 年代后一些陈规陋俗又死灰复燃，甚至变本加厉。所以，推进移风易俗改革，绝非一日之功，也不是搞几次突击行动能奏效的。正如美国作家爱默生所说的：“用太阳的温暖去移风易俗，要比用暴风骤雨好。”

形成“以简朴为荣、以节约为美”的社会新风，必须大力宣传，善加引导，让新观念成为最大公约数，变成行为自觉，形成行为习惯，再推广而成为社会习俗。同时坚持下去，巩固起来，如此方能久久为功。

（原载于《湖南日报》2017 年 2 月 10 日，有删改）

创新，让深圳再次领跑的密钥

2017 年 5 月，正是初夏时节，笔者因参加一个媒体界的会议来到深圳。两天的采风中，我们先后参观了华强、超多维、大疆、腾讯等高科技创新型企业，感受到深圳是一座年轻的创新之城。这里的创新，如惊涛拍岸，如夏夜繁星。创新的基因，深植于这座城市的土壤中；创新的血液，澎湃于深圳人的身体内，形成了发人深思的深圳创新现象。

其一，创新是年轻人的通行证

“出名要趁早”，创新更要趁早。因为年轻人少暮气而多锐气，没有条条框框束缚，敢想敢干，不怕失败，所以，创新，如果不能说是年轻人的专利的话，也更多打上了青春的烙印。1998 年，马化腾和他的伙伴们开始创业的时候，刚刚 27 岁；2006 年，汪滔在深圳研发无人机时，还是香港科技大学的硕士研究生，时年 26 岁。

这样的故事不光发生在中国。无论是比尔·盖茨还是扎克伯格，研发创立微软和脸书（Facebook）时，都是二十出头的大学生。

其二，创新有个极为艰苦的过程

如今，腾讯是世界级的互联网巨头，其QQ和微信将中国人的网络社交生活几乎一网打尽，但谁能想到马化腾们也曾经历狼狈不堪的岁月：第一款产品失败，主营业务搁浅，资金入不敷出，“这似乎是一家看上去奄奄一息的创业公司”。大疆无人机现在占据全球无人机80%、中国无人机90%的市场份额，但十年前在深圳莲花村的一间民房内鼓捣时，公司根本招不到优秀的人才，“人来了，门一开，看是小作坊，基本上掉头就走”。因为看不到希望，创业四人组中，除汪滔外，其余的人在大疆第一款产品正式发布前，全部离职了。完全可以说，“从来创业皆寂寞，唯有韧者留其名”。成功与否，就看你能不能咬紧牙关，熬过黎明前的黑暗。

其三，创新需要全社会的呵护，特别是政府的支持

正因为创业艰难，创新不易，从事创新创业者又多是年轻人，所以格外需要伯乐的慧眼、“天使”的垂顾、政府的扶持。汪滔在创业时，他的导师李泽湘始终对他充满信心，以各种方式鼓励他；腾讯在面临生存还是毁灭的关键节点时，得到风险投资IDG资本和香港盈科的资金投入。如今，深圳市区两级设立了多个创投基金，对创新创业者进行扶持。在“星河WORLD”公司，几十家初创高科技企业拎包入驻，无数心怀大志的年轻人在这里孵化他们的梦想，期待一飞冲天的日子。超多维科技集团专利墙上的上百项专利证书，也在等待着飞入寻常百姓家的那一刻。

深圳，曾经凭借最早的特区身份而领跑全国。十五年前，一位年轻人的一纸长文《深圳，你被谁抛弃》，震动了深圳上下。这一问问醒了深圳人。经过十多年蜕变，深圳已经从一座以改革拓荒、“三来一补”为特色的城市，转型升级为一座国内领跑、全球领先的高科技城市。

每天，莲花山上，游人如织，他们都要向一座铜像——邓小平铜像致敬，这位中国改革开放的总设计师目光如炬，大步向前。这是改革家的姿态，也是创新创业者的姿态。

（原载于《湖南日报》2017 年 5 月 30 日，有删改）

其来有自，返本开新

——十九大报告那些来自毛泽东的重要提法

党的十九大报告，内容丰富，博大精深。既新论迭出，又体现了对马克思列宁主义、毛泽东思想、邓小平理论、“三个代表”重要思想、科学发展观的继承和发展。其中一些重要提法、重要表述，直接或间接来自毛泽东，可谓其来有自，返本开新。本文试举几例，做一点钩沉分析。

“党政军民学，东西南北中，党是领导一切的”

十九大报告指出，新时代中国特色社会主义思想有 14 条基本方略，其中第一条就是坚持党对一切工作的领导。“党政军民学，东西南北中，党是领导一切的。必须增强政治意识、大局意识、核心意识、看齐意识，自觉维护党中央权威和集中统一领导，自觉在思想上政治上行动上同党中央保持高度一致，完善坚持党的领导的体制机制……提高党把方向、谋大局、定政策、促改革的能力和定力，确保党始终总揽全局、协调各方。”

“党领导一切”这一概念在党内最早出现是在抗日战争时期。1942 年，抗日战争进入最艰难时期，为应对残酷的战争环境，同时也为了克服这一时期党内出现的山头主义和分散主义倾向，有必要进一步加强党的领导，统一领导根据地内的政治、经济、军事等各项工作。为此，中共中央在 1942 年 9 月 1 日通过《关于统一抗日根据地党的领导及调整各组织间关系的决定》，其中明确规定：党是无产阶级先锋队和无产阶级组织的最高形式，他应该领导一切其他组织，如军队、政府与民众团体。根据地领导的统一与一元化，应当表现在每个根据地有一个统一的领导一切的党的委员会。这是关于“党领导一切”的规定，第一次在党的正式文件中出现。20 世纪 50 年代，毛泽东明确指出：“领导我们事业的核心力量是中国共产党。”

1962 年 1 月 30 日，毛泽东在扩大的中央工作会议上指出：“工、农、商、学、兵、政、党这七个方面，党是领导一切的。党要领导工业、农业、商业、文化教育、军队和政府。”20 世纪 70 年代，毛泽东对这一思想又有所重申，如 1973 年 12 月，毛泽东在主持召开的中共中央政治局会议上说：“政治局是管全部的，党政军民学、东西南北中。”

习近平继承了毛泽东的这一重要思想。2016 年 1 月 7 日，中共中央政治局常务委员会召开会议，听取全国人大常委会、国务院、全国政协、最高人民法院、最高人民检察院党组工作汇报，听取中央书记处工作报告。中共中央总书记习近平主持会议并发表重要讲话。他强调，党中央集中统一领导要实现制度化、规范化。党政军民学，东西南北中，党是领导一切的。

“中国共产党始终把为人类作出新的更大的贡献作为自己的使命”

十九大报告的第一部分指出，中国特色社会主义新时代“是我国日益走近世界舞台中央、不断为人类作出更大贡献的时代”。第十二部分指出：“中国共产党是为中国人民谋幸福的政党，也是为人类进步事业而奋斗的政党。中国共产党始终把为人类作出新的更大的贡献作为自己的使命。”这一提法，显然来自毛泽东的“中国应当对于人类有较大的贡献”。

1956 年，毛泽东两次在较大的场合谈到中国要对人类有较大的贡献。一次是在《纪念孙中山先生》的文章中说：“辛亥革命，到今年，不过四十五年，中国的面目完全变了。再过四十五年，就是二千零一年，也就是进到二十一世纪的时候，中国的面目更要大变。中国将变为一个强大的社会主义工业国。中国应当这样。因为中国是一个具有九百六十万平方公里土地和六万万人口的国家，中国应当对于人类有较大的贡献。而这种贡献，在过去一个长时期内，则是太少了。这使我们感到惭愧。”另一次是在八大期间。在八大开幕前夕的预备会议上，毛泽东指出：“我们团结党内外、国内外一切可以团结的力量，目的是为了什么呢？是为了建设一个伟大的社会主义国家。我们这样的国家，可以而且应该用‘伟大的’这几个字……六亿人口的国家，在地球上只有一个，就是我们。过去人家看我们不起是有理由的，因为你没有什么贡献……我们这个国家建设起来，是一个伟大的社会主义国家，将完全改变过去一百多年落后的那种情况……而且会赶上世界上最强大的资本主义国家……这是一种责任。你有那么多人，你有那么一块大地方，资源那么丰富，又听说搞了社会主义，据说是有优越性，结果你搞了五六十年还不能超过美国，你像个什么样子呢？那就要从地球上开除你的球籍！所以，超过美国，不仅有可能，而且完全有必要，完全应该。如果不是这样，那我们中华民族就对不起全世界各民族，我们对人类的贡献就不大。”在八大期间，他在会见南斯拉夫共产主义者联盟代表团时说：要使中国变成富强的国家，需要 50 年到 100 年的时光。“中国是一个大国，它的人口占全世界人口的四分之一，但是它对人类的贡献是不符合它的人口比重的。将来这种状况会改变的。”1983 年 12 月 1 日，邓小平在会见美国客人时回顾历史说：“中国应对人类有较大的贡献。在古代我们做得不错，对人类有突出的贡献。”而自鸦片战争以来，“中国沦为半殖民地，我们落后了近 150 年，这一段对人类的贡献较小”。1985 年，邓小平同志讲道：“到下世纪中叶……社会主义中国的分量和作用就不同了，我们就可以对人类有较大的贡献。”

经过几十年的努力，中国正在实现老一辈无产阶级革命家关于要对人类做出较大的贡献的嘱托。首先，我们解决了十几亿人口的温饱问题，即将全面建成小康社会。其次，五年来我国经济保持中高速增长，在世界主要国家中名列前茅，国内生产总值从 54 万亿元增长到 80 万亿元，稳居世界第二，对世界经济增长贡献率超过百分之三十。再次，中国特色社会主义道路、理论、制度、文化不断发展，拓展了发展中国家走向现代化的途径，给世界上那些既希望加快发展又希望保持自身独立性的国家和民族提供了全新选择，为解决人类问题贡献了中国智慧和中国方案。

在经过几十年的努力，当中国建成富强民主文明和谐美丽的社会主义现代化强国、中华民族实现伟大复兴时，我们就将对人类作出更大贡献。

“必须进行具有许多新的历史特点的伟大斗争”

十九大报告在谈到党的历史使命时说：“我们党要团结带领人民有效应对重大挑战、抵御重大风险、克服重大阻力、解决重大矛盾，必须进行具有许多新的历史特点的伟大斗争，任何贪图享受、消极懈怠、回避矛盾的思想和行为都是错误的。”“坚持和发展中国特色社会主义是一项长期而艰巨的历史任务，必须准备进行具有许多新的历史特点的伟大斗争”这句话被写入十八大报告。

“必须准备进行具有许多新的历史特点的伟大斗争”来自1962年1月30日，毛泽东同志在扩大的中央工作会议——也就是通称的“七千人大会”——上的讲话。他说：“从现在起，五十年内外到一百年内外，是世界上社会制度彻底变化的伟大时代，是一个翻天覆地的时代，是过去任何一个历史时代都不能比拟的。处在这样一个时代，我们必须准备进行同过去时代的斗争形式有着许多不同特点的伟大的斗争。”

从1962年扩大的中央工作会议到2017年党的十九大，55年过去，半个多世纪里中国面貌发生翻天覆地的变化，习近平总书记又用毛泽东当年的话语，对中国共产党的任务进行描述，一以贯之的是崇高的使命意识、与时俱进的品格和伟大的斗争精神。

（2017 年 11 月）

致敬过往，期待来年

——新春致读者

在公历 2018 年整整过去一个半月后，我们终于告别农历丁酉鸡年，迎来戊戌狗年。

丁酉之岁，必定深深镌刻进我们的人生记忆。

丁酉这一年，有点长。因为一个闰月，这一年有 384 天。从一个立春到又一个立春，从闻鸡起舞到伴狗而眠，日子就这么过来了。时间无言，唯甘苦自知。

丁酉这一年，不容易。回望三湘四水，抗击了夏天历史罕见的暴雨高洪，又让严冬的低温雨雪给碰了一下腰；与贫困鏖战正酣，又打响了湘江和洞庭湖生态环境治理攻坚战。不管是创业、打工、务农，还是办企业、做生意、教书育人、当公务员……都不容易。憧憬着岁月静好，但我们一直在负重前行。

丁酉这一年，大事多。党的十九大，一场政治盛会，因为对这个国家未来几十年的蓝图规划，因为对人民获得感、幸福感、安全感的关切期许，因为从幼有所教到弱有所扶的制度安排，更因为新时代人民领袖的诞生，而与每一个人息息相关。就湖南而言，创新引领开放崛起拉开大幕，富饶美丽幸福新湖南踏上新征程。

这一年过去，一个古老的文明离伟大复兴的目标又近了一点；越来越多的人摆脱了贫困，过上了富足的生活；家园越来越美，小车越来越多；新的高铁、高速公路开通的消息不断传来，有的还经过自家门口，“从容出行，这件曾经的奢侈品，正成为普通人的日用品”；不少人出国闯荡，很多人回国创业，还有一大批人走向诗和远方，去看看不一样的世界。

如今，在这个特殊的日子，我们陆陆续续，从四面八方回来，回到家乡，回到亲人身边，只为一个不言自明的约定，只为一个相沿已久的习惯。树高千尺也忘不了根，人走得再远也离不开故乡。

“柴门闻犬吠，风雪夜归人”。为什么很多人天天吃得像过年，还这么盼望过年？为什么我们随时随地可以和亲人音频视频交流，还要专门回家过年？

因为过年让我们的身体得以休整，心灵得以安顿，因为聚在一起的感觉是什么也替代不了的。

无论如何，此刻，让我们抛开工作，忘掉忧愁，陪父母姊妹辞岁，和亲朋好友聊天，去看看先人的墓地，对他们默默告白。在老家的床上睡个安稳觉，在故乡的土地上撒点野，在亲人面前放回肆，和童年的玩伴喝个痛快酒。

这是述往思来的时刻，这是万家团圆的时光。

此刻，有很多人还在旅途，很多人仍在坚守岗位，为了让他人过好年而自己过不好年，让我们向他们道一声辛苦，送上最真诚的祝福。

几天之后，我们又将告别亲人，迎着春天的阳光重新出发，去追寻梦想，去创造新的人生，就像一首歌中所唱的：“我想超越这平凡的生活，我想要怒放的生命，就像飞翔在辽阔天空。”

新的一年，对国家、对个人，都十分紧要。为梦想而努力，为希望而打拼，让自己和自己爱的人过得更好一点，让经历百年忧患、抗争、奋斗的吾土吾民迎来它越来越高光的时刻……这是我们的念想，也是我们的荣光。

（原载于《湖南日报》2018 年 2 月 16 日，有删改）

坚持“房子是用来住的，不是用来炒的”定位

——论促进长沙房地产市场平稳健康发展

“安得广厦千万间，大庇天下寒士俱欢颜。”杜甫这句 1000 多年以前心系苍生的锥心之问，也是今天很多老百姓最牵肠挂肚的事，理应成为一个地方念兹在兹的执政追求。

住有所居是安居乐业的起点，是维护社会和谐稳定的基石，也是中国特色社会主义的内在要求。

改革开放后特别是 20 世纪 90 年代以来，我国房地产市场快速持续发展，改善了千万家庭的住房条件，有力促进了经济社会发展。但随着时间的推移，问题也开始显现，尤其伴随房地产的高歌猛进，一些一线城市和沿海城市的房价飙升不止，工薪阶层只能“望房兴叹”。高房价的出现，“宁炒一座楼、不开一家厂”的盛行，在导致大量资金“脱实向虚”加剧泡沫的同时，助长了浮躁的社会心态。

多年来，长沙的房地产市场一直保持稳定发展，房价总体理性

可控，提升了长沙的幸福指数。但近来，长沙房地产市场出现了不正常的现象：房价特别是二手房价格上涨过快，炒房客来势汹汹，出现了开发商捂盘惜售、中介投机违规等市场乱象，真正的刚需者排队难、中签难、买房难……

“房子是用来住的，不是用来炒的。”习近平总书记用这样一句再通俗不过的话，道出了住房的根本属性，道出了广大老百姓的心声，也为我国房地产市场平稳健康发展指明了方向。住房既具有商品属性和经济功能，更具有民生属性和社会功能。如果过分强调前者，房地产正常的供需关系就会被扭曲，进而偏离解决人民居住需求和改善民生这一根本方向。贯彻落实新发展理念，推动高质量发展，就要牢牢坚持习近平总书记提出的这个定位，防止经济发展过度依赖房地产业，让住房真正回归居住本性。

山水洲城，宜居宜业。长沙作为中部城市，既不沿边，又不靠海，近年来为何各类青年才俊竞相涌入、新兴产业相继落户、新业态新模式不断涌现？一位企业家给出的答案简单直白：因为在长沙“买得起房子、娶得到妻子、养得好孩子”。

城市竞争，归根结底是人才的竞争。目前，国内人才争夺战狼烟四起，很多地方纷纷推出优先落户、提供创业资金支持、放宽职称评定条件等“人才新政”。一个地方要想真正留住人才，必须保持房地产的健康发展，实现房价的基本稳定。一座被房价绑架的城市，四处“抢人”又有何用？万千优秀人才，如果居不易、望房愁，又怎能把心留住？

通过房价洼地，打造人才高地。“人才新政”问题，我们不去赶热闹，也不去图花哨，很重要的就是要保持定力，扎扎实实做好稳房价、优安居的工作，让人才真正触摸到长沙这座城市的温度，感受到来长沙发展的温暖。在这个问题上，有些党员干部还存在模糊认识，或认为高房价是刚需过旺的正常表现，或认为房价应完全由市场调节，或认为房价不高与城市的综合实力不相匹配，等等。真正实现城市的健康发展，就要解开这些思想认识上的“结”。长沙的房价稳住了，社会和谐、城市宜居，就会产生吸引人才的“磁场”。

长沙要成为安居乐业的家园，不能成为投机者的乐园；要成为创业者的乐土，不能成为投机者的福地。我们一定要从关心百姓福祉、关乎长远发展的高度，认真落实习近平总书记提出的“房子是用来住的，不是用来炒的”这个定位，对故意捂盘惜售、妄图浑水摸鱼混淆视听、制造恐慌情绪的，要采取法律的、经济的、行政的手段予以坚决整治，确保长沙房地产市场平稳健康发展，确保房价稳定在合理区间。只有这样，长沙市民才会有持久的、稳稳的幸福感，富饶美丽幸福新湖南才会如约而至。

（署名“晨风”，系集体创作，本人任总撰稿）

（《湖南日报》2018 年 6 月 17 日）

修炼“心学” 永葆初心

习近平总书记多次指出，党性教育是共产党人修身养性的必修课，也是共产党人的“心学”。因此，修炼共产党人的“心学”，就是锤炼共产党人的党性。对于每一个党员来说，都存在一个不断修炼共产党人的“心学”、永葆共产党人的初心的问题。

“心学”，发端于孟子，光大于陆（九渊）王（阳明）。在明代哲学家王阳明眼里，所谓“心学”，就是“致良知”之学。王阳明关于人性善恶的理论是：“无善无恶心之体，有善有恶意之动，知善知恶是良知，为善去恶是格物。”他认为，“天地虽大，但有一念向善，心存良知，虽凡夫俗子，皆可为圣贤”。什么是“良知”？就是懂是非、明善恶、辨美丑、知廉耻，就是孟子说的“四端”：“恻隐之心，仁之端也；羞恶之心，义之端也；辞让之心，礼之端也；是非之心，智之端也。”孟子、王阳明的心学，存在唯心主义色彩，但重视心的作用，强调心性修炼的重要性，还是抓住了道德建设的关键。

对于共产党人来说，修炼“心学”不只是修炼普通人的良知良能，而是要锤炼共产党人的党性，唤醒共产党人“为中国人民谋幸福，为中华民族谋复兴”的初心。这是比“致良知”更高的要求。应该说，每一个共产党员，入党之后都认同党的初心与使命，也都具备了一定的党性修养。但初心也好，党性也罢，不是与生俱来的，也不是一劳永逸的，必须经受反复的、终生的锤炼，否则就可能出现变异。我们党参加一大的十三位创始人，应该说都具备了共产党人的初心吧，但为什么除了毛泽东、董必武、何叔衡、王尽美、邓恩铭、陈潭秋等以外，一些人后来脱党的脱党、叛变的叛变、当汉奸的当汉奸？还不是忘记乃至背弃了自己的初心？党的十八大以后陆续披露的一些“老虎”“蛀虫”的案情，常常让人震惊不已：他们或政治野心极度膨胀，或不择手段疯狂敛财，或毫无敬畏胆大妄为，或廉耻尽丧腐化堕落……这些人入党多年，也曾接受过党性教育，但最后不但没有一丝共产党人的气味，有的甚至毫无人性、良知可言。

怎样才能修炼好共产党人的“心学”？

首先，要念好共产党人的“心经”。这就是要读好马克思主义的经典，学习好党的创新理论。必须用习近平新时代中国特色社会主义思想武装自己的头脑，把坚定理想信念作为锤炼党性的首要环节，牢记党的宗旨，挺起共产党人的精神脊梁，解决好世界观、人生观、价值观这个“总开关”问题，自觉做共产主义远大理想和中国特色社会主义共同理想的坚定信仰者和忠实实践者。学习马克思主义的经典、习近平新时代中国特色社会主义思想，不能毕其功于一役，要常学常新，常学常深，学深悟透，融会贯通。

其次，要锻炼共产党人的“心性”。所谓“心兵不乱，万事从容”，所谓“破山中贼易，破心中贼难”，从正反两方面说明“心性”的重要性。习近平总书记说，共产党人要做到“心中有党、心中有民、心中有责、心中有戒”，共产党人还要做到“铁一般信仰、铁一般信念、铁一般纪律、铁一般担当”。要做到这些并不容易，需要经受反复的锤炼和各种各样的考验。党性如铁，淬炼才能成钢；党性如镜，擦拭才能永远明亮。佛家有云：“身是菩提树，心如明镜台。时时勤拂拭，勿使惹尘埃。”不经常擦拭，不加强修为，党性就可能蒙尘，初心就可能褪色。

再次，要持守共产党人的“戒律”。“心中有戒”就是要牢记党纪党规，做遵守党纪党规的模范，不做破纪违规的典型。新修订的《中国共产党纪律处分条例》，以严明党的政治纪律和政治规矩为核心，把坚决维护习近平总书记党中央的核心、全党的核心地位，坚决维护党中央权威和集中统一领导作为出发点和落脚点，对党的政治纪律、组织纪律、廉洁纪律、群众纪律、工作纪律、生活纪律都有详细的规定，对违反这些纪律的行为都有具体的处分办法。这一条例就是共产党人的“总戒律”，就是共产党人的“高压线”，必须严格持守，不越雷池。经过修炼，达到这样的境界：让外在的戒律变为内心的自觉，让有形的条款变为无声的行动，真正融入血脉中，浸透到骨子里。

“不能胜寸心，安能胜苍穹？”修炼共产党人的“心学”，重点是去掉“四心”：

要去掉“竞进”之心，涵养淡泊之志。“众皆竞进以贪婪兮，凭不厌乎求索”，这是屈原对楚国宫廷中那些不择手段奔走求官者丑态的描写。共产党内也不乏这样的人。一心往上爬，视当大官为人生目标，甚至觊觎最高权力，这样的人没有不翻船的。前有高岗、林彪，近有令计划、孙政才。对于共产党人来说，必须立志于做大事，而不能立志于做大官；必须着眼于自我完善，而不能热衷于自我设计。权力来自于人民，晋升自有组织管。只要你德才兼备、业绩突出，自然会有合适的位置，除此之外的任何非分之想、非法活动，都只会适得其反。

要去掉贪财之心，保持君子之节。“君子爱财，取之有道”。习近平总书记告诫领导干部：“当官不要发财，发财不要当官。”又要当官又要发财，还想发大财，没有不出事的。近些年出事的一些贪腐分子，所贪之财达亿万之巨，所拥之房达数十之所，令人感到匪夷所思。作为领导干部，国家已经给予较好的生活保障，有较之于普通群众更高的收入水平，不应该再起贪财之心，要多念念《红楼梦》里的《好了歌》：“世人都晓神仙好，只有金银忘不了。终朝只恨聚无多，及到多时眼闭了。”

要去掉纵欲之心，坚守道德底线。古语曰：“食色，性也。”陈毅元帅《手莫伸》诗云：“岂不爱粉黛，爱河饮尽犹饥渴。”但发乎情还需止乎礼，绝不可放纵情欲泛滥。古往今来，党内党外，因为拜倒在石榴裙下而声名狼藉甚至违纪犯法的人不在少数。所谓管不住“下半身”，就过不好“下半生”。延安时期，长征老战士黄克功因强迫女青年刘茜嫁给自己而开枪杀人，以致被处以极刑；十八大以来，被采取组织措施的腐败分子，90%都违反了生活纪律，有的性质还十分恶劣；当前国外如火如荼的反性侵运动，让不少头戴光环的知名人物官司缠身，轰然倒塌。这些都是前车之鉴。

要去掉作秀之心，养成求实作风。延安时期，毛泽东多次提出“实事求是，不尚空谈”“深入群众，不尚空谈”；习近平总书记回忆他在梁家河的知青岁月，感慨最大的收获之一是“让我懂得了什么叫实际，什么叫实事求是，什么叫群众”，从此立下“要为群众干实事”的信念。担任总书记后，他反复强调“空谈误国，实干兴邦”，对形式主义、官僚主义深恶痛绝。但实际生活中，总有一些党员干部不是踏踏实实做事，而是轰轰烈烈作秀。他们或者夸夸其谈，头头是道，其实是“绣花枕头稻草芯”；或者“当面拍胸脯，背后拍屁股”，表态多调门高，行动少落实差；或者做了一点事就吹上了天，做足了文章，生怕领导不知道……凡此种种，都是党性不纯的表现。社会主义是干出来的，改革开放是闯出来的，“三大攻坚战”，无一不需要挺膺负责，攻坚克难。作为党员干部，一定要以求实的作风、务实的行动，走在前列，干在实处。

修炼好共产党人的“心学”，永葆共产党人的初心，不是那么轻轻松松的，需要来一场自我革命。革命性，这是一种宝贵的品质；革命者，这是对追求远大理想、勇于改造社会和自我的人的美好称呼。时至今日，中国共产党已经不是过去年代的革命党，而是带领全民族奋力实现中国梦的执政党，但这不意味着共产党人就不要再保持革命精神。执政党更要防止革命精神退化，更要有革命党的蓬勃朝气和昂扬锐气。正如毛泽东所说，每一个共产党人，都“要保持过去革命战争时期的那么一股劲，那么一股革命热情，那么一种拼命精神，把革命工作做到底”。习近平总书记在十九大报告中宣示：“勇于自我革命，从严管党治党，是我们党最鲜明的品格。”十九大后他又多次强调“必须以党的自我革命来推动党领导人民进行的伟大社会革命”，这是对共产党人“自我净化、自我完善、自我革新、自我提高”精神的深化。

每一个共产党员，都要响应总书记的号召，进一步加强党性修养，更加自觉、更加主动地投身到这场伟大的自我革命中来。只有这样，我们才能做到“不忘初心，方得始终”。

（原载于《新湘评论》2018 年第 23 期，有删改）

陕北印象

岁在甲申，时维九月，因为一次培训学习的机会，笔者第一次来到陕北大地，所见所闻，印象颇深，略记如下。

一、绿色高原

陕北是黄土高原的一部分。无论是电影《黄土地》《人生》，还是各种地理教材，都给我们一个印象：黄土高原遍地黄土，沟壑纵横，一片苍凉。但笔者初到延安，看到延河两岸的山梁，到处都被绿色覆盖，恍如来到南方。我以为这只是延安的绿化搞得特别好的缘故，其他地方不一定如此。但后来我们奔延川、赴洛川、去照金，发现所有山坡都是如此，虽然多数是灌木，树木也不算特别茂密，成片的森林不多，但看不到裸露在外的大片黄土。

同行的国土、林业部门的同志证实，从卫星遥感图像上看，黄土高原的确已经变绿了。新中国成立初期，延安的森林覆盖率不足

10%，如今已达46%，陕西的森林覆盖率进入了全国前十。要知道，以绿色大省著称的湖南，森林覆盖率也只有60%。

据了解，陕西在黄土高原实行退耕还林是从20年前开始的。短短20年，濯濯童山换新颜。

黄土高原正在变成绿色高原，这是一个鼓舞人心的消息，不光对西北、对黄河流域，对整个中华民族都具有重大意义。

曾经，中国的环境问题十分严重，生态恶化现象也令人忧虑。但黄土高原的变化表明，只要精心保护，持之以恒，生态系统是可以修复的，环境恶化的现象是可逆的。君不见，因为多年的封山育林，现在南方的一些山里，已经找不到路，进不去人。

“一个在那山上哟，一个在那沟，咱们拉不上那话话，哎呀招一招哟手。”这是陕北民歌《泪蛋蛋抛在那沙蒿蒿林》的歌词。笔者想，过去黄土高坡光秃秃的，情哥哥情妹妹一个在山上一个在山沟里，的确可以互相看到，招手传情。等到今后黄土高原到处是森林了，还能互相招手吗？这陕北民歌是不是要另唱了？

如果整个黄河中上游的绿化搞好了，水土涵养住了，那“俟河之清”的千年梦想是不是也有可能实现？

二、秋英摇曳

在延川县梁家河的路边坡上，一片片白里透红、红白相间的花地扑入眼帘。这里的花儿叶细碎，茎细长，每一株都有一米多高，密密麻麻，看起来弱不禁风，却没有一株倒伏的。

我不认识这种花，经问询得知，她叫秋英。

秋英，一个带有“村姑”气息的名字，一个很“中国”的名字。

据说，这种花极易种植。种子露天撒播即可发芽；在生长期间也可扦插繁殖，6 至 7 天即可生根。她生性强健，喜阳光，耐干旱，对土壤要求不严。如果土壤过于肥沃，反而容易引起枝叶徒长，影响开花质量。秋英自播能力很强，一经栽种，就会生出大量自播苗；只要稍加保护，便可生长开花。

在梁家河，我们听到了上世纪 60 年代末一批北京知青来到陕北插队的故事。那时候，陕北的土壤是贫瘠的，生活是艰苦的，但陕北乡亲用广阔的胸膛接纳了知青，知青们也从陕北的土地里获得了人生的养分，走出了包括习近平总书记和路遥、史铁生等栋梁之材。

我想，陕北的老百姓和插队的知青们，不就如同秋英吗？不需要肥沃的土壤，不需要精心的照料，顽强地生长，自在地开放，并不艳丽，但很动人。

在文安驿镇，我看到一个巨幅广告，说是附近建了个薰衣草庄园。但我毫无兴趣。

我的视线被那一片片红白相间黏住了。秋阳灿烂，秋风和煦，秋英摇曳。

三、薛家寨传奇

薛家寨首先是一座山，其次也是一批寨子，位于铜川市照金镇东北五公里许。

不去不知道，一去吓一跳。薛家寨是一座多重传奇加持的山。

传奇之一，因艺术而不朽。这座山和它对面的龙家寨，双峰对峙，壁立千仞，山石呈赭红色，属典型的丹霞地貌，这在黄土高原和关中平原之间显得十分独特。北宋画家范宽有幅名作《溪山行旅图》，画中崇山峻岭，一线飞瀑。人们长期不能确定它的原型在哪里，前些年前经考证，画的就是薛家寨。这幅画如今藏于台北故宫博物院，是该院的镇馆之宝之一。于是，“溪山行旅，红色照金”，成了照金的宣传词。

传奇之二，薛家寨大有来头。相传唐代薛刚父子在此招兵买马，聚众反唐，薛家寨由此得名。山上贴着悬崖峭壁有一山洞，两头开口，形如隧道，长五六十米，宽约两米，高不到一米，躬身才能穿过，名“箭穿岩”。箭穿岩这一自然奇观是如何形成的？相传，宋太宗时期，辽兵大举南下，进逼中原。杨八姐奉命与辽使议和，划分“国界”。八姐慨然向辽使说：“我在此射一箭，箭头射多远，你们就向北撤退多远。”辽使觉得无所谓，满口答应。杨八姐神情自若，拉弓搭箭，瞄准东方，射向天空。只听“嘭”的一声，天摇地动，箭从薛家寨南端的岩石中穿过，越过八百里秦川，射在了潼关县的城墙上。于是，辽兵无条件后退至千里之外。至今，潼关的古城墙上，还残留着箭头的痕迹。这就是“杨八姐一箭，辽兵退千里”的故事。据说，薛家寨后沟山上还有杨八姐的“梳妆台”。

传奇之三，就到了现代了。上世纪三十年代，由于党内“左”倾错误，众多红色根据地不保，唯陕北根据地硕果仅存，成为中央红军长征后的落脚点。陕北根据地的前身之一是陕甘边根据地。

1933年春，刘志丹、谢子长、习仲勋等创建的陕甘边根据地大本营迁驻薛家寨，这里成为西北地区革命根据地的政治、军事、经济中心。1933年9至10月，红军进行了著名的薛家寨保卫战，苦苦坚守，最终因叛徒出卖而陷落，游击队总指挥李妙斋牺牲，红军余部退往甘肃南梁地区。

我们从后山爬上了薛家寨，一一走过当年红军驻扎的4个寨子（山洞）。这些寨子不但要住红军战士，还分别是兵工厂、被服厂、红军医院、指挥部、仓库。说是山洞，其实就是岩石因流水冲刷、侵蚀而凹陷进去的狭长台地，宽不过两三米。只有4号寨稍微宽敞一些。从3号寨往前，穿过箭穿岩，走过一条悬崖上的小道，就到了4号寨。这里是红军的指挥部，里面除了一张当年开会的石桌和一个据说用来当床的土台子外，没有别的遗迹。往下看，万丈悬崖；往后看，大山挡道。我们打量许久，感慨当年红军的艰苦，也猜想着寨子陷落时，剩余的红军指战员是如何突围远走的。

四、窑洞，摇篮

陕北遍地是窑洞。

这种依山而建、凿土而成、门呈拱形、排列整齐的民居，如同蜂窝一样，密密麻麻地点缀在黄土高原上。

对我这个南方人来说，窑洞很新鲜。学习期间，看得最多的是窑洞，还体验了一把住窑洞的感觉。

窑洞不只是窑洞，更是摇篮。

窑洞是中华先民的摇篮。据考证，早在4000多年前，中华民族的先祖就在黄土高原上开凿窑洞了。这种冬暖夏凉、安全实用、朴素美观的建筑，让中华先民有了繁衍生息的居所，有了牢固可靠的家园。

窑洞是中国革命的摇篮。中共中央、中国革命大本营在陕北十三年，最深刻而共同的记忆恐怕就是窑洞了。毛泽东住的是窑洞，不算保安、洛川和转战陕北时期，在延安他先后住过凤凰山、杨家岭、枣园、王家坪等处的窑洞。

在窑洞里，毛泽东开了无数的会，作出过许多重大决策；在窑洞里，他写了大量著作——《毛泽东选集》四卷凡 158 篇，其中 112 篇出自陕北的窑洞，占总数的 71%；在窑洞里，他接待过国内外众多的来访者：与埃德加·斯诺回忆峥嵘岁月，与梁漱溟竟夕抵足而谈，与黄炎培展开著名的“窑洞对”，接受安娜·路易斯·斯特朗采访，做出“一切反动派都是纸老虎”的著名论断；在窑洞里，他指挥过数不清的大小战斗，转战陕北时更是“在窑洞这个世界上最小的指挥所里，指挥着世界上最大的人民战争”……陕北窑洞，是孕育毛泽东思想、形成毛泽东领袖地位的摇篮。

延安时期，各种教育机构都在窑洞里办学：抗大、鲁艺、马列学院、陕北公学……窑洞是培养抗日将士、作家、艺术家、党的干部的名副其实的摇篮。在清凉山的窑洞里，办有党的重要新闻出版机构：新华社、《解放日报》、延安新华广播电台、《解放》周刊、《共产党人》，等等。在陕北的窑洞里，共产党人用延安作风打败了西安作风，将陕甘宁边区建成了模范边区，使这里出现了“一没有贪官污吏，二没有土豪劣绅，三没有赌博，四没有娼妓，五没有小老婆，六没有叫花子，七没有结党营私之徒，八没有萎靡不振之气，九没有人吃摩擦饭，十没有人发国难财”的新气象，为党在全国执政积累了经验。

窑洞也是知青成长蝶变的摇篮。1969 年 1 月 13 日，一批北京知青来到延安插队，住进了农民的土窑洞，过起了被戏称为“山顶洞人”的生活。习近平就先后住过三个地方的窑洞，一住就是 7 年。在这里，他过“四关”：跳蚤关、饮食关、劳动关、思想关；他博览群书，“一物不知，深以为耻”；他入党、参加“整社”、当村支书，带领知青和村民修淤地坝、建铁业社、挖沼气池……“我的成长进步始于陕北，最大的收获一是懂得了什么叫实际，二是培养了我的自信心。”对于习近平来说，从 15 岁来到黄土地的“迷惘、彷徨”，到 22 岁离开黄土地的坚定和充满自信，窑洞无疑起了催化的作用。

“陕西是根，延安是魂。”而延安的窑洞，就是习近平成长、成熟的摇篮。

（原载于《湖南日报》2018 年 9 月 28 日，有删改）

痕迹管理可以有，“痕迹主义”不能要

“现在‘痕迹管理’比较普遍，但重‘痕’不重‘绩’、留‘迹’不留‘心’。”

2018年11月26日，习近平总书记在中共中央政治局第十次集体学习时的讲话，切中“痕迹主义”的弊端。

科学适度的痕迹管理，是检验过程真伪、提高工作质量的有效途径。然而，痕迹管理发展为“痕迹主义”，显然背离了初衷，异化为形式主义、官僚主义的新变种，让基层苦不堪言。

“痕迹主义”有多严重？一位基层干部说得真切：“过去一年，光领导讲话内部通报发了100多期，各类会议纪要发了八九十期，这还不算各种综合汇报、专题汇报、调研简报……特别是今年（2018年）以来，领导开口就要有记录，开会就要出纪要，调研就要有微信，会议就要有传达，‘凡事留痕’已然成了常态。”

做工作，当然会留下痕迹。但“痕”只是表象，真正重要的是实绩。正如泰戈尔有诗云："天空没有留下鸟的痕迹，但我已飞过。"因为没有痕迹，就能说大雁没有从天空飞过吗？过去有一句话叫"只问结果，不问过程"，固然偏颇，但过于重视过程，不管绩效如何，恐怕也是矫枉过正。

进而言之，考察一个干部，其显在的痕迹、看得见的绩效固然重要，但更重要的是内在的心迹和潜绩。有一副对联流传很广泛："百善孝为先，原心不原迹，原迹贫家无孝子；万恶淫为首，论迹不论心，论心世上无完人。"这话不完全对，但对"迹"和"心"的关系倒是说得比较辩证。对于共产党人来说，"为官一任，造福一方"，辛勤耕耘，留下政绩，于己于人都是好事。但也要有"功成不必在我"的心理准备，对那些打基础、利长远的事，尽管千辛万苦，很可能一时留不下什么痕迹，显不出什么绩效。对于上级部门来说，就不能简单地查痕迹、看绩效，而应该问口碑、看长远。

"痕迹主义"之所以盛行，根源在于有的部门对中央精神理解不透，机械执行。

有人反映，现在各级各口的督察、检查、巡查接踵而至，样样都要看记录、查文件、找"留痕"，一旦发现所谓的"痕迹断档"或"留痕缺项"，就要通报甚至问责，导致基层事事都要开个会、留个记录以备查。正如总书记所说，"这些问题既占用干部大量时间、耗费大量精力，又助长了形式主义、官僚主义"，真真是急死人、害死人！

"矜伪不长，盖虚不久。"好在中央已经察觉到"痕迹主义"的弊端，正在全力纠偏。期待各地区各部门各方面抓好落实，真正把干部从一些无谓的事务中解放出来。

（本文系与邹晨莹合作完成）

（《人民日报》2018 年 11 月 30 日）

走过冬雪，迎接春光

——新春佳节致读者

“旧岁迎新岁，新天接旧天。”仿佛狗年春节还在眼前，我们又要过年了。

时光匆匆如流水，岁月一去不回头。生活的节奏越来越快，世界的变化让人眼花缭乱。但年可以让我们停下匆匆的脚步，在至少一周的时间里调整状态、放松心情；年可以让我们离开都市的繁华喧嚣，在故乡的怀抱里沉醉和酣睡。过年，这古老的农耕时代留下的仪式，尽管千百年来几乎没什么变化，但我们依然兴致勃勃、乐此不疲。

辞旧迎新，述往思来。这是回顾、感怀的时刻，也是瞻望、憧憬的时刻。

元旦前的一场大雪，仿佛给 2018 年做了一个注脚：这一年，中国延续了改革开放以来的良好势头，我们在奋斗中收获了更多自信和勇气，但也有人给我们凉凉的感受。来自某些国家的表演让我们明白，没有什么超乎利益之上的绝对的爱，也没有什么“普世价值”。我们拼命地工作，诚实地劳动，只为了让自己拥有一份该有的幸福。可有人只许自己吃肉，不许他人喝汤。

这一年，一些行业多多少少经历了艰难时分，小微企业、上市公司、代工企业、地方政府、传统媒体……有人感叹，生意不那么好做了，赚钱不那么容易了，发到手的年终奖有点少……老百姓的烦心事、揪心事还有不少，工作、生活的压力也有点大。但大雪过后迎朝阳，严冬过后是春天。四季有轮回，月亮有圆缺，生活并非总如人意。这点困难，难不倒我们。

这一年，一些人离开了我们，他们有的是贤哲尊长，有的是至爱亲朋；有的是寿终正寝，有的是天不假年。按中国人的习惯，在这新灵就位的时候，我们要献上最虔诚的祭奠和最深切的思念。而堂屋里的列祖列宗、墓园里的显考显妣，也将得到我们的邀请和奉飨。行礼如仪，毕恭毕敬，祭神如神在。在袅袅香烟中、在隆隆爆竹声中，家族的密码、民族的文明，就这样代代传承。

“一年好景君须记。”这一年可能谈不上翻天覆地的变化，但也有着一点一滴的进步。水泥路通到了家门口，小车可以直接开到地坪里；手机更新换代了，农村老家信号也那么强；多年的旱厕变成了抽水马桶，小镇上整齐有序的垃圾桶取代了原来的垃圾堆；老旧小区装上了电梯，社区里的步道又翻了新；低保每月多了一百多块，退休金也在年年上涨……虽然还会吐槽，或者打点“埋伏”，但大多数人的幸福指数、“财务自由”程度，都有了不同程度的提升。

一年辛苦不寻常。为了过上更好的生活，我们自己在努力，党和政府也很给力。官员越来越清廉，办事越来越方便，社会治理严密而有效率。尽管远非尽善尽美，但毫无疑问，这是一个蒸蒸日上的国家，这是一个越来越进步的社会。向上的通道已经开启，光明的未来就在前方，我们一定要紧紧抓住，让稳稳的幸福照亮每一个人的生活。历经千辛万苦走到今天，我们一定要将更好的世界交给我们的下一代。

此刻，让我们好好地过一个年吧，轻松轻松，乐和乐和。找回因为奔忙于生活而疏忽了的情感，调理因为打拼于职场而受到轻慢的身体。如今的团年饭，哪怕摆在面前的是山珍海味，吃已经不是主要目的，团聚的味道才是最美的味道，陪伴的快乐才是最深沉的快乐。尽管手机让我们天天都可以隔空相望和语音聊天，但相对而坐、围炉漫谈，或者只是相视一笑，也能细细品味血浓于水的感觉，感受彼此的心跳与体温。

2 月 4 日，既是除夕，也是立春。戊戌的最后一天，开启了己亥的第一个春日。这是很有意味、也极为难得的时序交替。己亥年将是一个怎样的年份？也许压力不会比戊戌年小到哪里去，但我们的抗压、应变能力也是杠杠的。五千多年了，中华民族在这里繁衍生息，我们的祖先哪个不是筚路蓝缕、披荆斩棘而来？近代以来，为了国家富强、民族振兴、人民幸福，我们经过了多少浴血奋斗，闯过了多少惊涛骇浪？经历了那么多风风雨雨，我们更知道国之于家的意义，更知道抱团取暖、合群奋斗的必要。新的一年，我们将和这个国家一道进发，忧乐与共，风雨无阻。

古人说，“别易会难君且住”，如今，别易，会也不再难。但无论如何，请珍惜当下，珍重每一位亲人、每一位主人和客人，让年的记忆成为我们继续前行的动力，成为未来岁月历久弥香的珍藏。

（原载于《湖南日报》2019 年 2 月 5 日，有删改）

为基层减负要破解三个深层次矛盾

最近中共中央办公厅印发了《关于解决形式主义突出问题为基层减负的通知》，确定 2019 年为“基层减负年”，这不啻重负如山的广大基层干部的福音。

怎样切实为基层减负？必须破解困扰基层的三个深层次矛盾：

“上面千条线，下面一根针。”这是老话了。骆驼穿不过针眼，线是可以穿过的。但千条线一起，要穿过也难。怎么办？把上面的线口减少一点是其一。历次机构改革，都在精简上面的机构，把该由社会办的交给社会，该由市场决定的交给市场，该归并的归并，要贯穿到底的线自然就少了。把下面的针眼做大是其二。针眼变大了，穿过的线自然就可以多一些。不加强基层基础，很多工作无法落地、做实。2018 年开始的本轮机构改革，有一个鲜明的导向，就是“加强基层政权建设，夯实国家治理体系和治理能力的基础”。允许地方因地制宜设置机构和配置职能，推动治理重心下移，使基层有人有权有物，保证基层事情基层办、基层权力给基层、基层事情有人办。让上面的线有序穿过针眼是其三。如果所有的线要同时穿过，只怕最大的针眼也难以做到。

"上面千张嘴，下面一双腿。"做工作，既要有人动嘴又要有人动腿，有时候先动嘴再动腿也是可以的。但如果上面动嘴的人多，下面动腿的人少，那动腿的人就是5+2、白+黑、8+X，天天忙得团团转，也完不成动嘴的人的要求。发文、开会、要材料，都是动嘴的一种方式，但谁来落实？怎样落实？能不能落实？动嘴的人通常是不管的。于是以文件贯彻文件、以会议落实会议、以材料应付材料，就成为不可避免的事。毛主席曾一针见血指出："今天通知明天要，只能是假报告"，批评一些地方报材料要求过急。"上面千张嘴，下面一双腿"还有一种情况，就是歪嘴和尚一大堆，指令不一，你要往东，他要往西；你要干这，他要干那，弄得跑腿的人不知所措，只好疲于奔命，或者原地打转，干不成几件像样的事。

"上面千把锤，下面一颗钉。"这主要是指对基层干部的压力积聚和严苛问责。钉子不敲是进不去的，但千万把锤子一顿猛敲，钉子也是受不了的。不少基层干部，工作保障不充分，工作责任一大堆，工作压力千钧重。据专家调查，现在的乡镇，基层干部责任状最多的足足签了51份，最少的也有36份。而且一年到头，只见各级主管部门走马灯似的督导检查，让基层没有多少时间安安心心地做事。过于频繁的各类问责，也让部分基层干部患上"问责恐惧症""问责麻木症"。好在中央对这类情况了如指掌，已经在全力纠偏：一是清理精简各类督查检查考核；二是解决重"痕"不重

“绩”、留“迹”不留“心”现象；三是解决问责泛化简单化的问题，严格控制“一票否决”事项，不允许动不动签“责任状”。

（原载于《湖南日报》2019 年 3 月 15 日，有删改）

“不忘初心、牢记使命”的内涵要义和逻辑要求

“不忘初心、牢记使命”，是党的十九大主题的核心词，也是十九大提出的党的建设重大任务，但它实际上有更早的渊源和逐渐明晰的过程。它凝聚着习近平总书记对历史的深沉思考、对民族的使命担当、治党强党治国兴国的宏大抱负。它适应中国特色社会主义进入新时代的形势需要，针对党内的思想实际和诸多病灶病源，是目标导向和问题导向的统一。

习近平总书记关于中国共产党初心使命的重要思想，萌发于2012年11月15日的十八大中外记者见面会讲话和11月29日参观《复兴之路》展览时的讲话，雏形于2016年7月1日在中国共产党成立95周年大会上的讲话，正式提出于2017年10月18日党的十九大报告，系统阐述于2018年1月5日总书记在新进中央委员会的委员、候补委员和省部级主要领导干部学习贯彻习近平新时代中国特色社会主义思想和党的十九大精神研讨班的讲话，完备于2019

年5月21日中央关于主题教育的文件和5月31日总书记在主题教育工作会议上的讲话。

初心和使命的内涵与要义

不忘初心，牢记使命，首先要明了初心和使命是什么。我认为，可以从四个方面来理解它的丰富内涵。

（一）奋斗目标。这就是“为中国人民谋幸福、为中华民族谋复兴”这个奋斗目标，是立党之初的也是一以贯之的，是集中于中国共产党的，也代表了近代以来中国所有进步分子的，是中华民族的最大公约数，也具有最大感召力。1921年中共一大党纲就确定了中国共产党是工人阶级的党，是以为人民服务为根本宗旨；1922年党的二大，制定了党的最低纲领和最高纲领，已把实现中华民族的独立和复兴作为自己的目标。从此以后，虽然有个体的党员背弃了初心，但作为一个整体，党从未改变这一初心和使命。

2012年党的十八大后，习近平在两个场合的重要宣示，现在看来，表达了他作为总书记最核心的思考。（1）中外记者见面会，他提出“人民对美好生活的向往，就是我们的奋斗目标”，提出“我们的责任，就是要团结带领全党全国各族人民，接过历史的接力棒，继续为实现中华民族伟大复兴而奋斗”；（2）参观《复兴之路》展览，将中华民族伟大复兴命名为中国梦：“我以为，实现中华民族伟大复兴，就是中华民族近代以来最伟大的梦想。”我认为，这就是“不忘初心、牢记使命”的最早表述，也是逻辑原点。

对这个奋斗目标，总书记有时合起来说，有时分开来说，但意思是一致的。十九大报告指出：中国共产党的初心和使命，就是为中国人民谋幸福、为中华民族谋复兴。习近平在 2018 年 1 月 5 日的讲话中说：我们党的初心就是为中国人民谋幸福，使命就是为中华民族谋复兴。

（二）理想信念。这就是共产主义远大理想和中国特色社会主义共同理想。前者是后者的源头和根本，后者是前者的阶段性任务。不能只讲前者而忽视后者，也不能只讲后者而否定前者。两者统一于共产党人的革命理想。

习近平总书记多次说，“革命理想高于天”。理想信念是中国共产党人的政治灵魂，“不要忘记我们是共产党人，不要忘记我们是革命者，任何时候都不要丧失理想信念”，要做共产主义远大理想和中国特色社会主义共同理想的坚定信仰者、忠实实践者。他把理想信念看作共产党人精神上的“钙”：对马克思主义的信仰、对社会主义的信念，是共产党人精神上的“钙”。没有理想信念，理想信念不坚定，精神上就会得“软骨病”，就会在风雨面前东摇西摆。在庆祝中国共产党成立 95 周年大会上的讲话和纪念红军长征胜利 80 周年大会上的讲话中，习近平总书记都一再阐述这一思想，一再强调不能丢掉理想信念。“理想信念动摇是最危险的动摇，理想信念滑坡是最危险的滑坡。一个政党的衰落，往往从理想信念的丧失或缺失开始。”“石可破也，而不可夺坚；丹可磨也，而不可夺赤”“理想之光不灭，信念之光不灭”，没有理想信念，就会变成一个物质主义者、一个蝇营狗苟的人、一个贪腐堕落之徒。

（三）一种精神气质和精神状态。这就是奋斗精神、革命精神。

因为理想，所以奋斗；因为信念，所以革命。初心使命和奋斗精神、革命精神如影随形、相伴相生。在庆祝中国共产党成立 95 周年大会讲话中，习近平说：“我们要永远保持建党时中国共产党人的奋斗精神，永远保持对人民的赤子之心。”2017 年 10 月 31 日下午，习近平在南湖革命纪念馆参观结束时发表讲话说：“只有不忘初心、牢记使命、永远奋斗，才能让中国共产党永远年轻。”后来他更把奋斗精神上升为革命精神。“不忘初心、继续前进，就包含着不忘革命精神这个重大命题。”“不忘初心，牢记使命，就不要忘记我们是共产党人，我们是革命者，不要丧失了革命精神。”一切贪图安逸、不愿继续艰苦奋斗的想法都是要不得的，一切骄傲自满、不愿继续开拓前进的想法都是要不得的。

针对一段时间有人谈革命色变，千方百计抹去共产党的革命性的情况，习近平对“革命党”与“执政党”的关系问题进行了精辟论述，澄清了错误认识：“有人说，我们党现在已经从‘革命党’转变成了‘执政党’。这个说法是不准确的。我们党的正式提法是，我们党历经革命、建设、改革，已经从领导人民为夺取全国政权而奋斗的党，成为领导人民掌握全国政权并长期执政的党……这里面并没有区分‘革命党’和‘执政党’，并没有把革命和执政当作两个截然不同的事情。”革命为了执政，执政以后必须继续保持革命精神。一言以蔽之，“我们党是马克思主义执政党，但同时是马克思主义革命党，要保持过去革命战争时期的那么一股劲、那么一股革命热情、那么一种拼命精神，把革命工作做到底”。

（四）对人民的赤子之心。对人民的赤子之心，是习近平总书记在庆祝建党95周年大会上的重要讲话中提到的两个初心之一。永远不要忘记我们来自人民，永远不要脱离群众，不要成为异化为人民之外的利益集团和权贵阶层。总书记之所以几次讲述“半条被子”的故事，就是特别看重这里面体现的共产党和人民群众的血肉联系，特别看重共产党对人民的真实感情。“什么是共产党？共产党就是自己有一条被子，也要剪下半条给老百姓的人。”人民立场是中国共产党的根本政治立场，必须以人民为中心，把人民放在心中最高位置，不断实现好、维护好、发展好最广大人民的根本利益。人民，特别是底层人民，是中国共产党的阶级基础和群众基础，是我们的基本盘，决不能弃之不顾。总书记之所以把扶贫工作看得那么重，强调“全面建成小康社会，一个不能少；共同富裕路上，一个不能掉队”，就是基于这样一种考虑。

不忘初心，方得始终，不要因为走得太远，忘记了为什么出发。“一切向前走，都不能忘记走过的路；走得再远，走到再光辉的未来，也不能忘记走过的过去，不能忘记为什么出发。”

“不忘初心、牢记使命”的逻辑要求

（一）念好“心经”——首要任务和根本前提

主题教育从哪里入手？从理论武装和思想教育入手。

自我革命建立在自觉自愿的基础上。自觉自愿的前提是要有很高的思想觉悟和理论水平。“欲事立，须是心立”（张载），加强思想教育和理论武装，是历次主题教育活动的首要环节。必须修炼共产党人的“心学”，念好共产党人的“心经”。

共产党人的“心经”是什么呢？是马克思主义。与一切宗教经典不同，这部“心经”是不断丰富的，与时俱进的。当下，最佳途径、最好办法是学习习近平新时代中国特色社会主义思想，因为它是当代中国马克思主义、21 世纪马克思主义。这个思想，熔毛邓于一炉；融马克思主义和中国传统文化精华于一体；既有穿越千年的历史眼光，又有俯瞰世界的全球视野；既有不忘老祖宗的守正，又有自出机杼的创新；既有对马克思主义和中国特色社会主义的理论思考，又有对人民需要和时代问题的现实回答。既是世界观，又是方法论；既“内圣”又“外王”，立德立功立言三不朽，也就是柏拉图所说的“哲学王”，也就是张载所说的“为天地立心，为生民立命”。其立场的坚定性、体系的完备性、思想的丰富性、知识的渊博性、语言的生动性，的确达到了一个新高度。真正学深悟透了习近平新时代中国特色社会主义思想，很多大本大源的问题，都可迎刃而解。

（二）自我革命——亟待发扬的鲜明品格

总书记讲的革命，包括社会革命和自我革命。社会革命指党领导人民进行的革命、建设、改革的全过程，自我革命就是自我净化、自我完善、自我革新、自我提高。

习近平总书记极为重视“自我革命”。2016 年在庆祝中国共产党成立 95 周年大会上他就提出：“全党要以自我革命的政治勇气，着力解决党自身存在的突出问题。”年底他在全国政协新年茶话会上提出“将革命进行到底”，后来数次谈自我革命问题。“实践充分证明，中国共产党能够带领人民进行伟大的社会革命，也能够进行伟大的自我革命。”“勇于自我革命，从严管党治党，是我们党最鲜明的品格。”等等。

党的十八大前之所以党风政风出现大问题，腐败分子层出不穷而且触目惊心，与理论上的“去革命化”、与很多人急于去掉革命党的标签，陷入精神上的自我放逐、自甘堕落，是有极大关系的。革命的退场、革命精神的消退，是根本性、整体性的溃败。因为“去革命化”，所以一段时间，革命、斗争、英烈、牺牲、奉献，以及作为其支撑的马克思主义、共产主义……革命话语谱系里的几乎所有词汇都被淡化乃至被抛弃了，历史虚无主义盛行，理论自信几乎完全没有了。

如同毛泽东一样，习近平总书记一直在思考怎样防止长期执政后共产党腐化变质，先进性、纯洁性蜕化，丧失革命精神，最终垮掉的悲剧。“千秋伟业，百年恰是风华正茂。”共产党不是只搞一百年的问题，是要成就千秋伟业。中国历史上最长的王朝没有超过1000年的，但也有几个长达数百年的王朝，如两汉407年，唐朝289年，明朝276年，清朝268年。共产党领导的人民共和国没有理由不超过这些封建王朝。但要做到这一点是不容易的，必须永葆先进性，永远走在时代前列，永不懈怠自满，防止重演李自成、洪秀全的悲剧。“功成名就时做到居安思危、保持创业初期那种励精图治的精神状态不容易，执掌政权后做到节俭内敛、敬终如始不容易，承平时期严以治吏、防腐戒奢不容易，重大变革关头顺乎潮流、顺应民心不容易。”

新时代的自我革命要找到一种实现途径，这种途径不外乎两种：（1）坚决惩治腐败，刀刃向内，刮骨疗伤，清除毒瘤；（2）开展以自我完善、自我净化为目的的主题教育。破立并举、惩防结合。党的群众路线教育实践活动、三严三实、“两学一做”，都是这样一种方式，通过自己查摆、检视问题来解决问题。这个传统来自延安整风，党的十八大以后得到发扬光大。

自己给自己看病，自己给自己疗伤。这是一个世界性的难题，很多人认为不可思议，但共产党做到了。而且不是做样子，是真治病，真解决问题。“中国共产党的伟大不在于不犯错误，而在于从不讳疾忌医，敢于直面问题，勇于自我革命，具有极强的自我修复能力。”

（三）继续赶考，新的长征——战胜新的风险挑战

对于党在新时代的历史使命，总书记有三个比喻：（1）赶考，他引用毛泽东中共七届二中全会后“进京赶考”的故事，指出今天我们党团结带领人民所做的一切工作，就是六十多年前那场考试的继续。时代是出卷人，我们是答卷人，人民是阅卷人，我们要争取考个好成绩，向历史、向人民交出新的更优异的答卷。（2）接力跑，“实现中华民族伟大复兴，是一场接力跑，我们要一棒接着一棒跑下去，每一代人都要为下一代人跑出一个好成绩”。（3）长征，“每一代人有每一代人的长征路，每一代人都要走好自己的长征路。今天，我们这一代人的长征，就是要实现‘两个一百年’的奋斗目标、实现中华民族伟大复兴的中国梦”。他讲述了很多长征故事，深刻阐述了长征精神，试图从长征的丰富资源中找到今天应该继承发扬的资源，以便走好新时代的长征路。当年毛主席率领中央红军

走过了长征路，今天总书记要带领我们进行新长征。

无论是赶考、接力跑还是新长征，都是从历史叙事中生发开来的。先辈们为我们蹚出了成功之路、树立了精神标杆、留下了不朽传奇，所以重返现场、回望先烈，开展革命传统教育、传承红色基因，就成为一种必需。

走好新时代的长征路，必须增强忧患意识，发扬斗争精神，增强斗争本领，战胜各种风险挑战。

领导党和人民实现中华民族伟大复兴，这是总书记念兹在兹的大事，他的使命感和最大担当在这里。但他反复提醒，“中华民族伟大复兴，绝不是轻轻松松、敲锣打鼓能实现的”。他最担心的是这一使命因各种原因受到冲击，不能完成。他经常说，现在，我们比历史上任何时期都更接近实现中华民族伟大复兴的目标，比历史上任何时期都更有信心、更有能力实现这一伟大目标。但越是这个时候，越要居安思危，如临如履，警惕“灰犀牛”和“黑天鹅”事件，防止功亏一篑。2018 年初，党的十九大刚刚开过不久，习近平总书记就敲响了警钟：前进道路不可能一帆风顺，越是取得成绩的时候，越是要有如履薄冰的谨慎，越是要有居安思危的忧患，绝不能犯战略性、颠覆性的错误。他指出：“各种风险我们都要防控，但重点要防控那些可能迟滞或中断中华民族伟大复兴进程的全局性风险。”

从 2018 年开始，美国当政者发动对华贸易战、科技战，开始全力打压、遏制中国，甚至极限施压。这是中华民族伟大复兴面临的一个重大乃至最大的风险。很多人都已经认识到，美国不只是要解决对华贸易逆差、多薅一点中国的羊毛的问题，而是要从根本上剥夺中国人民继续发展的权利，破坏中华民族伟大复兴的进程。对此，中国人民坚决不答应，必须坚决斗争。面对这场斗争，作为党员干部，什么是我们应有的姿态？一是信任，坚决相信以习近平同志为核心的党中央有能力、有办法领导我们打好这场战斗；二是支持，从民意上、舆论上支持这场重大斗争；三是全力以赴做好自己的事情。

战胜风险挑战，关键是党要坚强有力，继续成为中国人民、中华民族的主心骨。

（原载于《新湘评论》2019 年第 15 期，有删改）

传承红色基因，聚力创新开放

峥嵘70载，弹指一挥间。

70年，热土潇湘哪些成就可圈可点？三湘儿女怎样的奋斗可歌可泣？

这是从落后时代到大踏步赶上时代的70年。湖南GDP总量从1952年的27.81亿元跃升到2018年的3.64万亿元；人均GDP从1952年的86元，增长到2018年的5.29万元。

这是从“百废待兴”到“百业兴旺”的70年。在一穷二白的基础上建立起门类齐全、独立完整的现代工业体系，形成了3个万亿级产业、11个千亿级产业、20条工业新兴优势产业链。

这是从封闭半封闭到创新开放的70年。从僵化的计划经济到活跃的市场经济，从“关起门来搞建设”到高水平引进来、走出去，湖南和湖南人的面貌发生深刻变化。超级计算机、超级杂交水稻、磁浮技术、“海牛号”深海钻机等世界级先进科技成果，皆出于湘；国际经贸“朋友圈”拓展至200多个国家和地区，1/3以上的世界500强企业在湘有投资，刚刚举行的首届中非经贸博览会万商云集、盛况空前。

这是从绝对贫困到全面小康的70年。湖南农村贫困人口从1978年的4458万人减少到2018年底的83万人；高速公路覆盖全省98%的人口，高铁通车里程位居全国前列；城镇化率由1949年的7.9%提高到2018年的56.02%。

事非经过不知难。湖南的深刻变化，是新中国70年巨变的缩影，生动印证了中国人民从站起来、富起来到强起来的历史跨越，生动展现了中部崛起的历史进程，生动彰显了中国道路的正确和中国特色社会主义制度的优势。

“雄关漫道真如铁，而今迈步从头越。”中国人民正在进行中华民族伟大复兴的新长征，湖湘儿女也将在习近平新时代中国特色社会主义思想指引下，按照总书记对湖南工作的重要指示精神，加快建设富饶美丽幸福新湖南。

让红色基因燃动未来。作为开国领袖毛泽东和一大批老一辈无产阶级革命家的家乡，作为“断肠将军”陈树湘和“半条被子”鱼水情的故事发生地，作为共产主义战士雷锋的出生地，湖南的红色基因十分强大，这样的基因，和湖湘文化陶冶而成的“心忧天下、敢为人先”“吃得苦、霸得蛮”“扎硬寨、打硬仗”等地域性格相结合，成为湖南继续前进的强大动力。

让创新引领湖南智造。牢记习近平总书记“把创新驱动发展作为面向未来的一项重大战略实施好”的嘱托，坚定不移实施创新引领开放崛起战略，着力打造以中国智能制造示范引领区为目标的现代制造业基地，建设好岳麓山大学科技城和马栏山视频文创产业园，湖南的创新创业创造将出现风生水起、争奇斗艳的生动局面。

让开放打开崛起空间。位居中部不能甘于中游，地处内陆还要眼光向外。“湖南要发挥作为东部沿海地区和中西部地区过渡带、长江开放经济带和沿海开放经济带结合部的区位优势。”习近平总书记“一带一部”的精准定位，为湖南实施开放崛起战略提供了根本遵循。坚守这一定位，积极融入“一带一路”、长江经济带、粤港澳大湾区等国家重大倡议与战略，大力实施五大开放行动，湖南的发展空间将无限打开。

（原载于《光明日报》2019 年 7 月 29 日，有删改）

胜花村里腊肉香

农历腊月廿七，大寒刚过，春节临近。记者来到凤凰县，沿沱江而上，翻过一座高耸的大坝，进入长潭岗水库右岸，这便是千工坪镇胜花村了。

这是一个纯苗村，1800 多人口，背枕大山，前临沱江，一字长蛇般蜿蜒在十来公里的狭长地带上。过去这是个有名的贫困村，有 99 户建档立卡贫困户。

车行在一条不算很宽但十分平坦的柏油路上，眼前出现了一大片猕猴桃林和密密麻麻的木耳棒。“猕猴桃有一千多亩，黑木耳十万棒。”县职中驻村工作队队长田洪贵说。猕猴桃林的边上，就是古色古香的村党群服务中心。

不过我不是来看村容村貌的，我想看看村里的脱贫户，看看脱了贫的苗族同胞是怎么准备过年的。

在龙兴忠家的火塘边坐下，得知老人家走亲戚去了。一个矮矮胖胖的年轻人陪我们聊天，他是老人的孙子龙燕平。

“这么多腊肉，怕有几百斤吧?”记者的目光被火塘上空的腊肉吸引了。火光明灭，腊香四溢。

“有三百多斤呢，杀了两头猪。”

“那你们可有口福了……”

“也就是这几年呢，自从省里来了扶贫队，日子一天比一天好。过去哪有得吃啊，人又多，又没什么挣钱的门路。”

“你们是个大家庭吧，有多少伯伯叔叔姑姑?”记者看着屋里进进出出的大人，蹦蹦跳跳的小孩，不禁好奇。

“我爷爷有 5 儿 2 女……”龙燕平告诉我，爷爷龙兴忠是 1948 年生人，结婚早，生得多，那时还没有严格的计划生育政策。可以想见，这么大一个家庭，生活的负担该有多沉重。

正说着话，一位戴帽子的老人进来，拉着田洪贵和村干部的手一顿猛摇，说着一大串苗语，表情十分生动。旁人介绍，这位就是龙兴忠，他又抓着我的手猛摇，一张古铜色的脸被火苗映得通红。村干部告诉我，龙兴忠年轻时候是个狠角色，篮球打得好，喜欢喝两口。如今儿女大了，荷包鼓了，不愁吃了，天天要喝三两苞谷烧。

拾村道上行，一栋漂亮的江浙风格小楼映入眼帘，这是村民龙自奎家。龙自奎身体不好，不怎么说话，妻子吴英莲跟我们拉家常。她告诉记者，她有两个儿子，在浙江台州打工，做汽车坐垫，都成了家，有一个孙子、一对双胞胎孙女。儿子儿媳打工收入一个月一万多，老两口种了 6 亩猕猴桃，一年也有好几万；还有生态补偿、退耕还林补贴、社保扶持。

吴吉胜家，也是一栋两层小楼，不过貌似没有完工，里外都只抹了水泥，没有贴瓷砖，二楼也没有窗户。

“我们的房子都是一点一点修，2017 年修了第一层，2019 年修了第二层，今年赚了钱要把装修搞了。”看到记者疑惑，吴吉胜说。

这个计划能实现吗？吴吉胜给记者算了一笔账：两女一儿，种猕猴桃 4 亩，养殖黑木耳的收入 4000 多；妻子刘凤秀在村里的益民合作社务工，每个月 2000 多；儿子儿媳在浙江打工，女儿在凤凰县城打工；2017 年村里给了危房改造补贴 4 万元，青苗补偿每年也有 5000 多元。

“这是我们这边的习俗，赚了钱，首先是盖房，而且早就不满足于只盖个简陋的农舍了。”县里的同志告诉我，“一时建不起怎么办？分几年建，三五年过去，一栋宽敞舒适的房子就建成了。”

燕子垒窝，蚂蚁雄兵，这就是勤劳朴实的中国老百姓。如何在脱贫的基础上迅速奔向小康，过上向往的美好生活，老百姓的动力和办法是无穷的。

走出吴吉胜家，边上一个小房子烟雾缭绕，香气阵阵，走进去一看，也是一大串腊肉，吊在火塘上。如今讲究卫生了，像龙兴忠老人那样在堂屋里、床铺边熏腊肉的越来越少，很多人家都有一个单独的烘烤房。

离开胜花村时，暮色将合。回望村里鳞次栉比的房屋，耳边不时传来烟花升空的噼啪声，记者心里涌起莫名的感动和无声的祝福。祝福我们的苗族同胞，祝福这越过越好的日子。

（原载于《湖南日报》2020 年 1 月 24 日，有删改）

防控重大疫情，我们在一起

1 月 20 日以来，一场重大疫情骤然牵动着全国人民的神经。截至 22 日 22 时 30 分，全国累计报告新型冠状病毒感染肺炎确诊病例 543 例（湖南 4 例），疑似 137 例，其中治愈 25 例，死亡 17 例；日本、泰国、韩国、美国等国也发现了确诊病例。疫情发展速度之快、牵涉地域之广，让人十分揪心，可以说，这是我国自 2003 年 SARS 以来面临的又一场重大公共卫生疫情。

疫情就是命令。1 月 20 日，习近平总书记对做好疫情防控工作作出重要指示，强调要把人民群众生命安全和身体健康放在第一位，坚决遏制疫情蔓延势头。号令既出，三军用命。从中央到地方，“全国一盘棋”的举国体制，高速高效运转；在湖南，省委常委会专题研究部署新型冠状病毒肺炎疫情防控工作，成立了由省长任组长的疫情防控工作领导小组，要求全省各级各地确保人民群众生命健康安全和社会大局稳定。很多人取消休假，很多人奔赴一线，坚决抗击疫情的“作战图”迅速铺开。

对这样一场来势汹汹的重大疫情，任何疏漏与轻敌都是不应该的：国家卫健委确认，已经出现了人传人和医务人员感染，存在一定范围的社区传播；目前病毒传染源尚未找到，疫情传播途径尚未完全掌握，病毒仍存在变异的可能。国家卫健委副主任李斌指出，疫情存在进一步扩大的风险，决不能掉以轻心。

但不掉以轻心绝不意味着要人人自危、惶惶不可终日。目前，一些地方和一些人群已经出现过度恐慌的现象。如此下去，最大的敌人不是疫病，而是对疫病的恐惧。勤洗手、常通风、出门戴口罩，尽量避免出入人群密集场所，感觉不适及时就医……做到这些，绝大多数人就是安全的。我们既要小心为上，又要有一颗“强大的心脏”，不自乱阵脚。

我们有党和政府的坚强领导，有当年抗击 SARS 的经验，有强大的应急动员能力和工作体系，一定能打赢这一场重大战役，中华民族一定能迈过这道坎。

打赢疫情阻击战，每个人都不是看客，更不能添堵。不为不真实的信息所惑，不传播不科学的所谓“秘方”，不开不合时宜的玩笑，是每个人的应有姿态。生命面前，请多一份敬畏；大敌当前，请多一份鼓励。当战斗正在进行，各方还在紧张努力，一味埋怨、指责无济于事，唾沫横飞只会让人沮丧。

疫病无情，人间有爱。已是耄耋之年的钟南山院士，临危受命奔波在抗击疫情最前线；曾随国家卫健委专家组首批前往武汉的北京大学第一医院专家王广发，被证实疑似感染病毒；“最勇敢逆行”，中南大学湘雅医院感染控制专家吴安华毅然前往疫情一线；“不计报酬，无论生死”，同济医院的医生写下请战书；武汉市 15 名医务人员确诊为新型冠状病毒感染的肺炎病例……我们要向所有奋战在抗击疫情一线的医护人员致敬！

“现在能不到武汉去就不去，武汉人能不出来就不出来。”这样一种倡议和安排，对于防止疫情蔓延是十分必要的。但是，我们可曾想到，许多武汉人、在武汉工作的外地人，在“团圆”与“防疫”的两难选择上，承受着多大的心理压力？疫情暴发以来，一些人感染了，一些人离去了，很多人被医学隔离……他们就是我们的父老乡亲、骨肉同胞。“人饥己饥、人溺己溺”，当此艰难之际，我们身有隔而心无碍，我们永远在一起……同时，我们祈祷所有不幸感染病毒的同胞渡过此劫、早日康复。

明天就是除夕了，对不少人来说，这将是一个战斗的春节；对大多数人来说，还是要欢度良辰吉日，安享团圆时光。这正是防控此轮重大疫情的最大目的。

（本文系与沈德良、欧阳金雨合作完成）

（原载于《湖南日报》2020 年 1 月 23 日，有删改）

迎光，向着我们的黄金 30 年

这是 2021 年元旦，这是一个崭新的早晨。

此刻，辽阔的神州大地，旭日东升，光芒万丈。新的一天来临了，新的阶段开始了，新的百年奋斗目标开启了。

此刻，我们想起梁启超先生 1900 年写的一段话：“红日初升，其道大光。河出伏流，一泻汪洋。……美哉我少年中国，与天不老！壮哉我中国少年，与国无疆！”

此刻，我们想起伟人毛泽东 1949 年发出的豪迈预言：“中国的命运一经操在人民自己的手里，中国就将如太阳升起在东方那样，以自己的辉煌的光焰普照大地。”

日月轮回，时节如流。东升西降的太阳，也照见过 2020 年的四季。

这一年，很多人都有过焦虑。突如其来的疫情，打乱了人们习以为常的节奏，冲击着大众的神经。原来一切并非理所当然，美好有可能戛然而止。经济的一度停摆，让大家的生活过得不太容易。许多人遭遇了最难毕业季、最难求职季。许多人自嘲是“打工人”。

这一年，我们多少有些无奈。世界变得更加光怪陆离，某些人的言行让人大跌眼镜。别人的世界我们不懂，但不断被恶意招惹的感觉并不愉快。好像无论我们怎么做、怎么说，都无法叫醒那些装睡的人。但“把戏不可久玩”，把戏面前，我们学会了见怪不怪、见招拆招。

这一年，更多的人为自己生在“种花家”而骄傲。抗疫我们是模范生；经济最早复苏，来了一个漂亮的 V 型反转；脱贫攻坚走完最后一公里；“嫦娥五号”九天揽月，带着宝藏翩然回家。疫情之后，熙熙攘攘的人流，一刻不停的物流，在自己的国度自由地呼吸、出行、购物、游玩、聚会……这样的景象惊起“哇”声一片。

“没有一个冬天不会过去，没有一个春天不会来临。”这是我们笃定的信念。

“那些打不死我们的，终将让我们更加强大。”这是我们多么深刻的领悟。

“我怎么这么好看，这么好看怎么办?”这是我们并不盲目的自信。今天，中国更好看了，中国的男孩女孩更好看了，中国人更自信更从容了。

“一切过往，皆为序章。”此刻，太阳已经升起，这是 2021 年的第一缕阳光，这是未来 5 年的第一缕阳光，这也是未来 30 年的第一缕阳光。而未来 30 年，将是中国新的黄金 30 年，也是每一个中国青年的黄金 30 年。

未来 30 年，我们将通过一个又一个 5 年奋斗，到 2035 年基本实现社会主义现代化，到本世纪中叶建成社会主义现代化强国，实现一个古老民族的伟大复兴。而那时，大多数今天的青年，都将不到 60 岁。

太阳冉冉升起，天空一片澄明。2021 年的阳光，已经照亮了我们。最青春的我们，如早上八九点钟的太阳的我们，天生轻盈，生而有翼；生而有翼，何须匍匐。所以，迎着阳光展翅飞翔吧，飞向那大海之上，飞向那雪山之巅。

我们来了，以“80 后”“90 后”之名，以“Z 世代”之名。疫情加速了我们的成长，越出国，越爱国；越年轻，越责任。我们是打工人，也是追梦人。路很苦，也曾犹豫痛哭；路太长，也曾午夜彷徨。但我们相信，只要胸有朝阳，常年饮冰，难凉热血；十年蛰伏，一飞冲天。

我们是难以定义的一代，我们也是有无限可能的一代。我们将自己定义自己，和所有人一起用奋斗来定义这个国家，定义我们的未来。

2021 年滚烫的太阳已经升起，正在海平面上烙印出一个闪亮的惊叹号：黄金时代，不在我们身后，而在我们面前。

（本文系为湖南卫视《破晓》节目写的台本，与孙吉军合作完成，有删改）

（2021 年 1 月 1 日）

胡湘平：致敬伟大的中国共产党

再过几个小时，我们将迎来中国共产党百年华诞。当此之际，每一位共产党员、每一个中华儿女，无不心潮为之而澎湃、热血为之而沸腾！

这些日子以来，从各种庆祝活动到各大城市的灯光秀，从人民群众通过各种方式自发为党庆生，到世界各国政党纷纷发来贺电，祝福响彻万里山河，喜悦充盈神州大地。

光荣属于伟大的中国共产党。伟大源于何处？中国共产党为什么“能”？

伟大，源于马克思主义的真理伟力。不断推进马克思主义中国化、时代化、大众化的中国共产党，用真理力量激活了五千年古老文明，用创新理论照亮了中国特色社会主义的前进道路。

伟大，源于百折不回的信念坚守。为了人民幸福、民族复兴，一代代先进分子信仰如铁、视死如归，生命不息、奋斗不止，用中国共产党人的精神谱系，为古老的中华民族注入强劲动力！

伟大，源于从不褪色的人民情怀。江山就是人民，人民就是江山，一切为了人民，一切依靠人民。我们的党，是老百姓眼中“自家的党”，得到中国人民的衷心拥护。

伟大，源于铁一般的纪律和自我革命的胆魄。不断自我净化、自我完善、自我革新、自我提高。一百年来，共产党人永远是最勇敢、最高尚、最纯洁的那一群；一百年来，我们党始终生生不息、生机勃勃。

因此，这个在成立之初只有五十多名党员的政党，才能发展为拥有 9500 多万党员、在最大的社会主义国家连续执政 70 多年的世界第一大党！因此，这个年轻人无比敬佩的“史上最牛创业团队”，才能带领亿万人民，完成改写历史的三次伟大飞跃，创造人类历史上惊天动地的发展奇迹！

百年的光荣史，很多由湘籍共产党人写就。他们从三湘四水走上历史舞台，甘洒热血、击水中流，书写了不朽的英雄传奇。今天，在以习近平同志为核心的党中央坚强领导下，400 余万湖南共产党人，正带领三湘儿女，大力实施“三高四新”战略，奋力建设现代化新湖南。

此时此刻，我们致敬伟大的中国共产党。为百年辉煌而颂，为青春风华而歌。让我们以新的百年为新的起点，赓续百年大党的壮志雄心，开创民族复兴的千秋伟业！

伟大的中国共产党万岁！

（本文系与尹中合作完成）

（2021 年 6 月 30 日）

《问苍茫》是怎样炼成的

——写在电视剧《问苍茫》收官之际

全网争说《问苍茫》

2024 年 1 月 4 日，随着毛泽东和杨开慧以令人泪目的方式分别，在隐隐的《东方红》旋律中走上发动秋收起义的凶险道路，32 集电视剧《问苍茫》在央视一套及芒果 TV 等平台收官。湖南卫视、江苏卫视还在播出中，与此同时，央视已经安排重播。从 2023 年 12 月 12 日央视一套开播以来，该剧在 CVB（中国视听大数据）总局大数据份额 10.835%，排名全国所有频道第一，湖南卫视收视居省级卫视第一，芒果 TV 各端口总播放量 5.97 亿次，全媒体触达观众 6 亿。媒体关注度之高、话题之热、各界反响之好、专业平台评分之高，已形成年度现象级大剧之势。新华社在 2023 年度宣传思想文化工作综述中，将该剧列为电视剧之首，各大主流媒体刊发报道评论 1800 余篇。仲呈祥、王一川、吕帆、杨乘虎、冷淞、陈立强、杨毅、张斌等专家学者纷纷撰文肯定。特别是，除了主流媒体、精英人群，该剧在网络端及青年族群中获得超高关注度，众多网络创作者、UP 主纷纷下场；全网话题阅读量超 40 亿，其中抖音主话题 11 亿，微博主话题 4.4 亿。“#看问苍茫一秒都不敢快进#，#今晚的眼泪都给了问苍茫#，#问苍茫中的亲情好感人#”……年轻人自发追剧、评剧、推剧形成热潮，堪称全网争说《问苍茫》。知乎评分 9.0，豆瓣评分 8.9，微博剧集榜最高第二名……

为什么要拍摄《问苍茫》

《问苍茫》是湖南广播影视集团（湖南广播电视台）策划创制、主投主控，由湖南广电旗下潇影集团当燃影业承制的一部作品。2021 年，当庆祝中国共产党成立 100 周年的各项活动还在进行的时候，我们就想到，2023 年 12 月 26 日是毛泽东同志诞辰 130 周年，作为毛主席家乡的广播影视机构，湖南广电应当推出一部有分量的电视剧，以纪念这位伟大人物。但拍哪一段，却颇费思量。毛泽东的一生，波澜壮阔，轰轰烈烈。反映毛泽东的影视作品，汗牛充栋，佳作迭出。最终我们确定写 1921 年建党之后到 1927 年上井冈山之前的毛泽东。这一时期的毛泽东，从一名马克思主义的信仰者到一名经验丰富的职业革命家，从一名革命的理想者到一名革命的实干家，从一名普通的党代表到一名走上“农村包围城市、武装夺取政权”道路的领导者，这六年对他的成长及后来的道路选择至关重要，值得深度挖掘。而现有的影视作品，集中写这六年的还没有，因此，《问苍茫》在毛泽东题材的影视作品中，具有填补空白、完成拼图的作用。很多网友说，《问苍茫》是《觉醒年代》的续集。事实上，这也是我们策划时的自觉追求。

《问苍茫》想塑造什么样的毛泽东

毛泽东是党的一大13名代表之一，但大浪淘沙，党的创立者们后来分化剧烈，只有毛泽东创造了不世之功，成长为党的领袖。为什么？这是《问苍茫》要着力揭示的。

从一大会场回到湖南的毛泽东，除了坚定的马克思主义信仰和远大的革命理想外，有三个显著特点：一是向下扎根，向上生长。他深深地扎根中国的大地，获取丰厚的营养，同时不断生长，不断进阶，在早期的共产党人中脱颖而出。二是知行合一，执行力超强。他积极履行党交给他的使命，出色完成各项工作任务。陈独秀在党的三大上表扬他“只有湖南的同志，可以说工作得很好”，是对他整个这一时期才干和业绩的高度概括。同时他又独立思考，决不盲从。三是视官位和钱财如粪土，忠于革命理想。毛泽东在国民党一大上当选候补中央执行委员、代理宣传部长，月薪120大洋，官不可谓不高，禄不可谓不厚，如果是一般人，很可能就脱离共产党了，而毛泽东毅然决然地舍弃优渥的生活和飞黄腾达的前程，选择颠沛流离、生死未卜。这需要何等坚定的信仰和何等顽强的意志品质！所有这些，对当代青年都有极大的启示意义。

《问苍茫》以毛泽东为主角，但注意把他放在时代的洪流和风云际会的人物群像中去塑造。陈独秀、孙中山、李大钊、周恩来、蒋介石、汪精卫、蔡和森、张国焘等和毛泽东发生过交集的风云人物一一出场，并且戏份不少，其中有大量历史细节第一次呈现，更造就了孙中山与毛泽东之间、陈独秀与毛泽东之间、汪精卫与蒋介石之间等大量名场面。

此外，这一时期毛泽东和杨开慧的爱情，也是令人怦然心动、荡气回肠的。二人既是“算人间知己吾和汝”“重比翼、和云翥”的灵魂伴侣、革命夫妻，也有“知误会前番书语”“汽笛一声肠已断，从此天涯孤旅”的情感误会和冰释前嫌，这与现在恋爱婚姻中的小儿女一般无二。剧中激昂的革命叙事和动人的爱情叙事有机融合，很多人都被剧中毛杨照全家福、杨开慧煮寿面为毛泽东过生日、最后毛泽东发动秋收起义永别杨开慧的画面深深泪目。

“问苍茫大地，谁主沉浮”，这是青年毛泽东在《沁园春·长沙》中的灵魂拷问，其声音穿越百年，直击人心。剧名《问苍茫》就是“问苍茫大地”的简写，既不离毛词原意，也借鉴了杜甫“独立苍茫自咏诗”的句式，别有一番意味。

《问苍茫》是怎样炼成的

三年来，作为组织者的湖南广电，怀着对毛主席的深厚感情和打造精品力作的坚定决心，出题目，定方向，搭班子，组团队，筹资金，抓调度，一直紧紧抓住不放，全程指导把关，又充分信任当燃影业制作团队。终于在前几年推出《江山如此多娇》《百炼成钢》《理想照耀中国》《麓山之歌》《底线》的基础上，再上层楼，攀登高峰。

这部剧的成功，得益于专业且敬业的主创团队。总编剧之一的陈晋是中央文献研究室原副主任，著名的毛泽东研究专家，既是大学者，又是会心人。他的大量党史著作都有思想者的独特眼光、史学家的严谨和文学家的才情。另一位总编剧梁振华是近些年创作颇丰、艺术上越来越成熟的中年实力派，他将无限的热情和全部的功力都投入创作中。主创团队查阅近百本权威史料书籍，与党史专家多次座谈，进行了三次采风，走访长沙、韶山、安源、广州、上海、武汉等数十个地方，开展“沉浸式”体验。青年导演王伟才华横溢，对艺术要求一丝不苟。电影般的影像质感、完美的叙事节奏和精彩的人物表演，使全剧具有极高的品质。马少骅、王仁君、宁理、嘉泽、白客等一众演员个个出色。艺术家们的倾情付出，使这样一部有一定观赏门槛的电视剧收获了几乎一致的好评，而且越到后面越受喜爱追捧，用网络大 V 的话是“倒吃甘蔗，越吃越甜”，用网友的话是“这部剧后劲好大”。

《问苍茫》在创制、播出过程中，得到中宣部、国家广电总局、中央广播电视总台和中共湖南省委的极大重视、关心和支持。国家广电总局和湖南省委将之列为纪念毛泽东同志诞辰 130 周年的重点作品，中央广播电视总台慧眼识珠并悉心指导，湖南省委宣传部、湖南省广播电视局全力支持，还有诸多联合出品单位积极参与。正是各方的强大合力，成就了这样一部现象级作品。

（2024 年 1 月）

后记

我是半路出家干新闻的。大学本科、硕士学的都是文学，大学毕业后一直从事文艺工作，直到 2010 年底调入湖南广播电视台，之后在湖南广电和湖南日报社兜兜转转，一转眼也十有四年了。

我很庆幸也很感恩这十多年的媒体经历，它丰富了我的人生阅历，延伸了我的职业半径。2010 年代的前半程，是湖南广电高歌猛进的时候，在综艺娱乐一骑绝尘的同时，湖南广电的新闻板块也开始崛起，开创了全国媒体界独一无二的“新闻大片”现象，那时我分管新闻；始于 2015 年的集团（台）一体化改革，湖南卫视芒果 TV 实施“一体两翼、双核驱动”战略，我有幸参与方案设计和会议组织。我一直有一种理论偏好，对毛泽东、梁启超那种“笔锋常带感情”的政论文章十分喜欢。从在湖南广电撰写《解读社会主义核心价值观》、“胡湘平”系列评论，到担任湖南日报社总编辑时策划组织编辑部文章、“湘声”、评论员文章、新春献词，都留下了媒体评论的串串足迹，而用功最深、成就感最大的，则是 2018 年在湖南日报时组织并担任总撰稿的“晨风”系列评论。一时间，《湖南日报》一纸风行，新湖南客户端频频刷屏，言论评论成为党报最亮的那抹红色，党报评论进入了最有为的阶段、最高光的时刻，这也是我党报生涯中最难忘的时光。

2020 年再次来到湖南广电，一场突如其来的疫情，加上一场急速的媒体形态变革，让主流媒体面临前所未有的挑战，也打开了新的广阔空间。我和我的同事们一道，奋力奔跑在建设主流新媒体集团的路上。

收集在这本书里的文章，就是我这十多年来的行与思。所谓行，主要不是行走，而是行动。第一辑很多是从组织者与管理者的角度谈的，但我力图让文章有专业性；第二辑是一些技痒之后的创作，以言论评论居多。屐痕处处，行脚深深。作为一个媒体管理者，我的使命还在继续，思考也还在继续……

龚政文

2024 年 1 月